《人民检察院公益诉讼办案规则》
理解与适用

RENMINJIANCHAYUAN GONGYI SUSONG BANAN GUIZE
LIJIE YU SHIYONG

最高人民检察院第八检察厅／编

中国检察出版社

图书在版编目（CIP）数据

《人民检察院公益诉讼办案规则》理解与适用 / 最高人民检察院第八检察厅编 . — 北京：中国检察出版社，2022.8

ISBN 978-7-5102-2740-0

Ⅰ.①人… Ⅱ.①最… Ⅲ.①民事诉讼—司法监督—规则—法律解释—中国 ②民事诉讼—司法监督—规则—法律适用—中国 Ⅳ.① D926.405

中国版本图书馆 CIP 数据核字（2022）第 068227 号

《人民检察院公益诉讼办案规则》理解与适用

最高人民检察院第八检察厅　编

责任编辑：王　欢
技术编辑：王英英
封面设计：曹　晓

出版发行：中国检察出版社
社　　址：北京市石景山区香山南路 109 号（100144）
网　　址：中国检察出版社（www.zgjccbs.com）
编辑电话：（010）86423703
发行电话：（010）86423726　86423727　86423728
　　　　　（010）86423730　86423732
经　　销：新华书店
印　　刷：河北宝昌佳彩印刷有限公司
开　　本：710mm×960mm　16 开
印　　张：24.5
字　　数：421 千字
版　　次：2022 年 8 月第一版　2025 年 8 月第四次印刷
书　　号：ISBN 978-7-5102-2740-0
定　　价：86.00 元

检察版图书，版权所有，侵权必究
如遇图书印装质量问题本社负责调换

《人民检察院公益诉讼办案规则》
理解与适用
编委会

主　编：张雪樵

副主编：胡卫列　徐全兵　刘东斌

撰稿人：王天颖　解文轶　裴铭光　王　菁　王　燕
　　　　姚　红　黄　凯　葛石烨　赵一瑾　林道雨
　　　　王晓霞　王　冲　杨育正　李　楠　艾俊磊
　　　　毛文城　詹栋立

编写说明

《人民检察院公益诉讼办案规则》是公益诉讼检察制度正式建立以来，第一部规范检察机关全流程办案程序的司法解释性文件，于 2021 年 7 月 1 日起正式施行。《人民检察院公益诉讼办案规则》系统总结提炼公益诉讼检察的实践经验，明确并细化公益诉讼具体办案程序，为检察机关办理公益诉讼案件提供统一的规范依据，为完善中国特色的公益诉讼检察法律和制度体系进行有益的探索，更好地规范、保障公益诉讼检察权的正确行使和公益诉讼检察制度的健康发展。

我国公益诉讼检察制度从无到有，经历了"顶层设计、法律授权、试点先行、立法保障、全面推进"五个阶段，走出了一条具有中国特色的公益司法保护道路。特别是从 2017 年 7 月 1 日检察机关提起公益诉讼制度全面实施以来，经过近 5 年积极稳妥的探索实践，制度不断健全完善。为贯彻落实好习近平法治思想和习近平总书记关于公益诉讼的一系列重要指示精神，及时回应公益诉讼实践需求，提高办案质效，最高人民检察院在征求各方面意见的基础上研究制定了《人民检察院公益诉讼办案规则》。同时，为了规范公益诉讼检察法律文书制作，更好满足办案需要，最高人民检察院于 2021 年制定印发了《人民检察院公益诉讼法律文书格式样本（2021 年版）》。

为了便于广大检察人员及法律工作者正确理解和适用《人民检察院公益诉讼办案规则》及正确制作相关法律文书，我们组织编写了本书。鉴于时间仓促，对本书不足之处，欢迎读者批评指正。

本书编写组

2022 年 5 月

目 录

第一部分 《人民检察院公益诉讼办案规则》理解与适用 ········· 1

1.《人民检察院公益诉讼办案规则》若干重点问题解读
·· 张雪樵 胡卫列 徐全兵 3
2.《人民检察院公益诉讼办案规则》理解与适用
··· 胡卫列 解文轶 10

第二部分 《人民检察院公益诉讼办案规则》条文释义 ········· 21

 第一章 总 则 ·· 23
 第二章 一般规定 ·· 39
  第一节 管 辖 ·· 39
  第二节 回 避 ·· 46
  第三节 立 案 ·· 50
  第四节 调 查 ·· 58
  第五节 提起诉讼 ·· 72
  第六节 出席第一审法庭 ······································ 77
  第七节 上 诉 ·· 85
  第八节 诉讼监督 ·· 91
 第三章 行政公益诉讼 ·· 95
  第一节 立案与调查 ·· 95
  第二节 检察建议 ·· 109

第三节　提起诉讼⋯⋯⋯⋯⋯⋯⋯⋯⋯⋯⋯⋯⋯⋯⋯⋯⋯⋯115

　第四章　民事公益诉讼⋯⋯⋯⋯⋯⋯⋯⋯⋯⋯⋯⋯⋯⋯⋯⋯126

　　第一节　立案与调查⋯⋯⋯⋯⋯⋯⋯⋯⋯⋯⋯⋯⋯⋯⋯⋯126

　　第二节　公　告⋯⋯⋯⋯⋯⋯⋯⋯⋯⋯⋯⋯⋯⋯⋯⋯⋯⋯133

　　第三节　提起诉讼⋯⋯⋯⋯⋯⋯⋯⋯⋯⋯⋯⋯⋯⋯⋯⋯⋯⋯137

　　第四节　支持起诉⋯⋯⋯⋯⋯⋯⋯⋯⋯⋯⋯⋯⋯⋯⋯⋯⋯⋯145

　第五章　其他规定⋯⋯⋯⋯⋯⋯⋯⋯⋯⋯⋯⋯⋯⋯⋯⋯⋯⋯151

　第六章　附　则⋯⋯⋯⋯⋯⋯⋯⋯⋯⋯⋯⋯⋯⋯⋯⋯⋯⋯⋯154

第三部分　人民检察院公益诉讼法律文书格式样本（2021年版）⋯⋯⋯⋯⋯⋯⋯⋯⋯⋯⋯⋯⋯⋯⋯⋯⋯⋯⋯159

　目　录⋯⋯⋯⋯⋯⋯⋯⋯⋯⋯⋯⋯⋯⋯⋯⋯⋯⋯⋯⋯⋯⋯⋯161

　1. 行政公益诉讼文书⋯⋯⋯⋯⋯⋯⋯⋯⋯⋯⋯⋯⋯⋯⋯⋯⋯167

　　1.1. 行政公益诉讼诉前审查⋯⋯⋯⋯⋯⋯⋯⋯⋯⋯⋯⋯⋯167

　　1.2. 行政公益诉讼一审⋯⋯⋯⋯⋯⋯⋯⋯⋯⋯⋯⋯⋯⋯⋯195

　　1.3. 行政公益诉讼上诉⋯⋯⋯⋯⋯⋯⋯⋯⋯⋯⋯⋯⋯⋯⋯211

　　1.4. 行政公益诉讼二审⋯⋯⋯⋯⋯⋯⋯⋯⋯⋯⋯⋯⋯⋯⋯218

　　1.5. 行政公益诉讼再审⋯⋯⋯⋯⋯⋯⋯⋯⋯⋯⋯⋯⋯⋯⋯226

　　1.6. 请示案件（行政公益诉讼）⋯⋯⋯⋯⋯⋯⋯⋯⋯⋯⋯228

　　1.7. 指定管辖案件（行政公益诉讼）⋯⋯⋯⋯⋯⋯⋯⋯⋯231

　　1.8.（不）批准延长审查起诉期限案件（行政公益诉讼）⋯⋯235

　2. 民事公益诉讼文书⋯⋯⋯⋯⋯⋯⋯⋯⋯⋯⋯⋯⋯⋯⋯⋯⋯237

　　2.1. 民事公益诉讼诉前审查⋯⋯⋯⋯⋯⋯⋯⋯⋯⋯⋯⋯⋯237

　　2.2. 民事公益诉讼一审⋯⋯⋯⋯⋯⋯⋯⋯⋯⋯⋯⋯⋯⋯⋯258

　　2.3. 刑事附带民事公益诉讼一审⋯⋯⋯⋯⋯⋯⋯⋯⋯⋯⋯275

　　2.4. 民事公益诉讼上诉⋯⋯⋯⋯⋯⋯⋯⋯⋯⋯⋯⋯⋯⋯⋯286

　　2.5. 刑事附带民事公益诉讼上诉⋯⋯⋯⋯⋯⋯⋯⋯⋯⋯⋯293

　　2.6. 民事公益诉讼二审⋯⋯⋯⋯⋯⋯⋯⋯⋯⋯⋯⋯⋯⋯⋯300

  2.7. 刑事附带民事公益诉讼二审 …………………………… 307
  2.8. 民事公益诉讼再审 ………………………………………… 314
  2.9. 刑事附带民事公益诉讼再审 …………………………… 316
  2.10. 请示案件（民事公益诉讼）…………………………… 318
  2.11. 指定管辖案件（民事公益诉讼）……………………… 321
  2.12.（不）批准延长审查起诉期限案件 ………………… 326
 3. 公用文书 …………………………………………………………… 328
  3.1. 回避文书 ………………………………………………… 328
  3.2. 调查类文书 ……………………………………………… 332
  3.3. 听证类文书 ……………………………………………… 346
  3.4. 其他文书 ………………………………………………… 353

附　录 ……………………………………………………………… 359
 人民检察院公益诉讼办案规则 ……………………………………… 361

第一部分

《人民检察院公益诉讼办案规则》理解与适用

《人民检察院公益诉讼办案规则》若干重点问题解读

张雪樵　胡卫列　徐全兵[*]

1. 公益诉讼检察是以法治思维和法治方式推进国家治理体系和治理能力现代化的重要制度设计,《人民检察院公益诉讼办案规则》(以下简称《办案规则》)内容如何体现推进国家治理体系和治理能力现代化方面要求?

检察公益诉讼制度是在习近平新时代中国特色社会主义思想指导下,推进国家治理体系和治理能力现代化的探索中应运而生,它既是国家治理体系的重要组成部分,又是国家治理体系的重要保障。《办案规则》是从程序角度对检察公益诉讼制度的具体完善,在总体要求、办案组织、立案调查、检察建议、诉讼请求等方面都有相关条款体现了这样的制度价值追求。

首先,《办案规则》第 2 条明确规定"促进国家治理体系和治理能力现代化"是检察机关办理公益诉讼案件的重要任务。就是要求检察机关办理公益诉讼案件不能就案办案,而要着眼于促进国家和社会治理,在办案过程中深刻分析公益受损原因,对症下药,标本兼治,巩固成效,努力做到办理一案、警示一片、治理一域、造福一方。通过办案,督促行政机关等主体更好地履行法定职责,激活现有公益保护机制,形成公益保护合力,推动治理体系进一步完善。

其次,《办案规则》把"提高办案效率、提升治理效能"作为重要价值追求贯穿于公益诉讼办案各个阶段。规定对同一行政机关对多个同一性质的违法行为可能存在不依法履职情形有关合并立案,既是为了提升办案质效,也是为了提升治理效能;规定立案后可通过"磋商"的方式督促行政机关及时

---

[*] 张雪樵,最高人民检察院副检察长;胡卫列,最高人民检察院检察委员会委员、第八检察厅厅长;徐全兵,最高人民检察院第八检察厅副厅长。

履职，有利于及时保护公益，也体现了与行政机关的协同共治。

最后，《办案规则》通过规定听证等司法公开和接受监督的相关条款，以保障人民群众对公益诉讼案件的知情权、参与权、监督权，以利于完善共建共治共享的社会治理制度。为解决停车难的问题，四川省广元市利州区人民检察院在办理相关行政公益诉讼案中，通过公开听证方式厘清相关行政职能部门权责，督促各部门加强协作、各司其职，并结合办案及时向市委市政府作专题报告，推动了广元市政府2021年出台城区停车管理办法，开展车辆乱停乱放专项整治行动，对推动社会治理发挥了积极作用。

2. 法定调查权是检察机关办理公益诉讼案件的优势，《办案规则》在保障检察官调查取证方面有哪些具体规定？

调查是检察机关办理公益诉讼案件的基础，贯穿案件办理的各环节、全过程。《人民检察院组织法》明确规定了检察机关的调查核实权。但在办理公益诉讼案件中，检察机关可以采取哪些调查方式，可以采取什么措施，有什么保障手段，一直缺乏明确的规定。

近年来，不少省级人大常委会出台支持公益诉讼的专项规定，依据相关法律规定，对公益诉讼调查核实的规范和保障作了细化。《办案规则》在总结实践经验的基础上，在法律规定的权限范围内对调查方式、调查程序和调查权保障措施进行了细化规定，主要有以下几个方面：

一是明确了基本的调查原则、调查程序和调查方式。《办案规则》根据检察官法规定的检察官履行职责应秉持"客观公正的立场"，规定了"依法、客观、全面"的调查原则；对调查程序进行了规范，要求由两名以上检察人员共同进行；明确了检察机关办理公益诉讼案件，可以采取查阅、调取、复制执法、诉讼卷宗材料，询问，收集书证、物证、视听资料、电子数据等证据，咨询专业意见，委托鉴定、评估、审计、检验、检测、翻译，勘验物证、现场等多种调查方式。

二是充分运用科学技术手段。《办案规则》规定："在调查收集证据过程中，检察人员可以依照有关规定使用执法记录仪、自动检测仪等办案设备和无人机航拍、卫星遥感等技术手段。"近年来，检察机关通过加强公益诉讼快速检测实验室建设、借助无人机、卫星遥感技术开展公益诉讼调查，与有关部门建立公益诉讼联合实验室，促进公益诉讼与科学技术深入融合。在最高检直接立案的南四湖专案中，就采用了卫星遥感技术，对湖面及周边环境进行检测分析，形成技术分析报告。

三是发挥司法警察的保障作用。《办案规则》规定，检察机关办理公益诉讼案件时，可以将检察机关的司法警察编入公益诉讼办案组。司法警察协助检察官开展调查取证工作，同时根据相关法律的规定，处置突发事件，保护检察机关办案人员安全。

四是借助外力协助调查。根据公益诉讼案件实际情况，检察机关可以商请有关部门协助调查取证，这在办理刑事附带民事公益诉讼中体现得较为明显。为防止有关证据材料的灭失给鉴定带来困难，并提高办案效率，《办案规则》规定，"人民检察院办理涉及刑事犯罪的民事公益诉讼案件，在刑事案件的委托鉴定评估中，可以同步提出公益诉讼案件办理的鉴定评估需求"。同时《办案规则》也规定，对于一些专业性问题，检察机关可以聘请其他具有专门知识的人参与，积极借助"外脑"来解决难题。

五是向有关部门通报情况。《办案规则》规定，行政机关及其工作人员拒绝或者妨碍人民检察院调查收集证据的，人民检察院可以向同级人大常委会报告，向同级纪检监察机关通报，或者通过上级人民检察院向其上级主管机关通报。

3. 诉前检察建议是公益诉讼检察工作中的一个特色做法，很多问题都通过检察建议得到了很好的解决，《办案规则》如何规范和加强检察建议工作？

检察机关通过发出检察建议督促行政机关依法履职、自我纠错，是中国检察公益诉讼的鲜明特色。张军检察长强调，把诉前实现维护公益目的作为最佳司法状态。2021年，全国检察机关共立案公益诉讼案件16.9万件，其中向行政机关发出检察建议12.7万件，行政机关回复整改率达99.49%。可以说在公益诉讼的实践中，绝大多数行政公益诉讼案件在诉前得到了解决，起到了公益保护的实效。与此同时，各级检察机关积极探索完善检察建议方式方法，不断提高建议的质量。无论从办案数量还是办案质效来看，检察建议在整个公益诉讼的实践中发挥了至关重要的作用，所以完善检察建议对推动整个办案工作都有重要的意义。

《办案规则》主要从以下四个方面对检察建议进行规范。

一是规范了检察建议的提出条件、决定程序和备案程序。规定"人民检察院认为行政机关不依法履行职责，致使国家利益或者社会公共利益受到侵害的，应当报检察长决定向行政机关提出检察建议，并于《检察建议书》送达之日起五日内向上一级人民检察院备案"。

二是规范《检察建议书》的内容。规定应当包括八个方面的具体内容，应当与可能提起的行政公益诉讼请求相衔接。实际上要求检察建议的指向要具体、明确，具有规范性、针对性、可行性和可诉性。

三是规范《检察建议书》的送达方式。明确了送达的时间、方式，并规定检察机关可以采取宣告方式送达，必要时，可以邀请人大代表、政协委员、人民监督员等参加，以增强检察建议的透明度和刚性。四川、重庆、陕西等多地检察机关制定了公开宣告送达诉前检察建议的办法。重庆市检察院贺恒扬检察长在一起生态环境公益诉讼案件中，亲自公开宣告送达诉前检察建议。湖北省云梦县人民政府在农业农村重点工作会议上安排专项议程，由检察机关向有关乡镇、开发区及行政机关送达公益诉讼检察建议书，保障了整治工作形成合力，也体现了检察机关和行政机关协同共治的治理成效。

四是规范检察建议后续工作要求。规定"提出检察建议后，人民检察院应当对行政机关履行职责的情况和国家利益或者社会公共利益受到侵害的情况跟进调查，收集相关证据材料"，而不能一提了之，必须跟进监督，确保检察建议落地落实，确保公共利益得到及时有效的保护。

4. 在公益诉讼办案中，检察机关与行政机关存在对行政机关履职到位认识不一问题，《办案规则》是否对此提出明确的判断标准？

对于行政机关是否依法履行职责的判断，是公益诉讼检察办案中的一个核心问题。通过近几年的实践探索和总结提炼，检察机关与行政机关对此问题已经基本达成共识。在2019年最高检会同生态环境部等九部委会签的《关于在检察公益诉讼中加强协作配合依法打好污染防治攻坚战的意见》和2020年最高检会同中央网信办、司法部、国家市场监督管理总局等十单位会签的《关于在检察公益诉讼中加强协作配合依法保障食品药品安全的意见》中都明确了判断行政机关履职尽责的标准：以法律规定的行政执法机关的法定职责为依据，以是否采取有效措施制止违法行为，是否全面运用法律法规、规章和规范性文件规定的行政监管手段，国家利益和社会公共利益是否得到了有效保护为标准。我们将之归纳为"行为要件+结果要件+职权要件"的三要件标准。

《办案规则》吸收了上述规范性文件的内容，用多个条款从正、反两个方面对判断行政机关是否依法履行职责作了细化。第74条规定的终结案件的条件即是行政机关依法全面履职的情形；第82条列举了七种可以认定行政机关未依法履行职责的情形。

如实践中比较常见的"行政机关虽按期回复但未采取整改措施或者仅采取部分整改措施的"情形，也就是"敷衍整改""虚假整改"的，可以认定为行政机关未依法履行职责；违法行为人虽然已被追究刑事责任或者案件已移送刑事司法机关处理，但行政机关应当依法给予责令停产停业、吊销许可证或者执照等行政处罚或者处置相关环境损害，需要继续履职的，如果行政机关"一移了之"，检察机关可以继续督促行政机关依法履职。

5. 公益保护需要全社会参与，当前社会组织越来越多地参与到公益诉讼中来，《办案规则》是否涉及社会组织？检察机关办案中如何协调处理与社会组织的关系？

公益保护需要全社会共同参与、共同努力。社会组织是维护社会公益的一支重要力量。民事诉讼法、环境保护法、消费者权益保护法等法律规定了符合条件的社会组织可以对污染环境、侵害众多消费者合法权益等损害社会公共利益的行为向人民法院提起诉讼。近年来，社会组织提起公益诉讼的积极性和主动性均有提高，在推动环境法治建设、维护社会公共利益方面作出了积极贡献。

《办案规则》依据相关法律，明确了检察机关和社会组织在诉讼中的具体衔接程序。规定检察机关经调查认为存在损害社会公共利益的事实，起诉前需要先发布公告，以督促包括社会组织在内的适格主体及时行使诉权；对于社会组织等适格主体起诉的，规定检察机关可以支持起诉，明确了支持起诉的条件、方式，以及撤回支持起诉的情形和后续处理等。

某市人民检察院支持某市环境科学学会诉袁某某等3人环境污染民事公益诉讼案，该案历经了诉前公告程序、资格审查程序、证据协助调查、提供法律咨询与诉讼指导、协助鉴定和保全、出庭支持起诉、协助进入执行程序等全流程的支持起诉，补齐社会组织某些方面存在的短板，起到了良好的共同维护公益的作用和效果。

但司法实践中也出现值得关注的问题或苗头。例如，有的社会组织反馈拟提起公益诉讼，但公告期满后久拖不诉。还有个别社会组织在提起公益诉讼后，与被告私下进行和解损害社会公共利益。检察机关要积极发挥法律监督职能作用，会同相关部门认真研究，确保公共利益得到切实维护。

总之，在公益诉讼制度实施以来，检察机关与社会组织的关系在实践中不断得到完善和提升，形成"支持＋配合＋监督"的良性互动关系。下一步，检察机关会更加积极地支持、帮助社会组织承担更多的公益保护职责，发挥其在社会治理中的应有作用,为公益诉讼专门立法提供更加丰富的司法实践。

6. 党的十九届四中全会提出"拓展公益诉讼案件范围"的要求,《办案规则》对案件范围问题如何规定?

公益诉讼新领域的案件探索拓展是近年来公益诉讼工作的一个亮点和热点。党的十九届四中全会明确提出拓展公益诉讼案件范围。为贯彻落实党中央的任务,检察机关对公益诉讼办案中涉及的新领域案件问题,秉持积极稳妥的原则,办理了一批涉及安全生产,公共卫生,网络侵害,文物和文化遗产保护,妇女儿童、残疾人等特定群体权益保护,扶贫等领域公益损害案件。目前,全国有25个省级人大常委会出台了加强公益诉讼检察工作的决议、决定,都要求根据地方经济社会发展状况和公益侵害的突出问题,对法律规定的"等"外范围作了细化,为地方检察机关拓展公益诉讼案件范围提供了法规依据。对此,《办案规则》在行政公益诉讼、民事公益诉讼两个章节中,列举了法定办案领域,即包括生态环境和资源保护,食品药品安全,国有财产保护,国有土地使用权出让,未成年人保护,英雄烈士等的姓名、肖像、名誉、荣誉保护。列举之后再像行政诉讼法、民事诉讼法一样后面加一个"等"字。同时,在总则中也明确"人民检察院办理公益诉讼案件,应当遵守宪法、法律和相关法规",体现了检察公益诉讼职权法定的原则和精神。

根据法定授权办理相关领域公益诉讼案件的同时,在遵循法律原则和精神的基础上,检察机关对党中央的重大改革部署和省级党委人大常委会相关文件规定的新领域探索范围,就人民群众反映强烈的民生领域公益损害突出问题,进行积极稳妥的探索。通过探索、试点、总结,逐步成熟再上升到立法。2021年6月,全国人大常委会审议通过的《中华人民共和国军人地位和权益保障法》《中华人民共和国安全生产法(2021修正)》,都增加了提起公益诉讼的条款。这两部法律和法律修正案分别在2021年8月1日和9月1日起施行。2021年8月,全国人大常委会通过的《中华人民共和国个人信息保护法》规定了公益诉讼条款,该法于11月1日实施。

今后还会有一些单行法陆续增加检察公益诉讼的条款,为拓展公益诉讼案件范围提供法律依据。据此,《办案规则》在附则中明确相关法律和修正案施行后,人民检察院办理公益诉讼案件的范围相应调整。两部法律实施之后,人民检察院办案的领域从最初民事诉讼法和行政诉讼法修改时确定的四个领域，逐渐增加了英雄烈士保护领域、未成年人保护领域、军人地位和权益保障以及安全生产领域和个人信息保护领域，已增加到九个领域。

下一步，我们将按照十九届四中全会的要求，就人民群众反映强烈的民生领域公益损害案件范围进行积极探索，并在探索中逐步规范成熟，最终上升到立法，让公益诉讼制度在法治的框架下、以法治的方式逐步完善、健康发展！

《人民检察院公益诉讼办案规则》理解与适用

胡卫列　解文轶 *

《人民检察院公益诉讼办案规则》（以下简称《办案规则》）经最高人民检察院第十三届检察委员会第五十二次会议审议通过，2021年7月1日起施行。各级检察机关要进一步增强履行好公益诉讼检察职责的使命感和责任担当，正确理解和适用《办案规则》，推进公益诉讼检察工作规范健康发展。

一、出台《办案规则》的背景

党的十八届四中全会提出探索建立检察机关提起公益诉讼制度。经过两年试点，2017年6月27日，全国人大常委会作出《关于修改〈中华人民共和国民事诉讼法〉和〈中华人民共和国行政诉讼法〉的决定》，正式建立检察机关提起公益诉讼制度。2018年出台、2020年修改的最高人民法院、最高人民检察院《关于检察公益诉讼案件适用法律若干问题的解释》；2018年10月、2019年4月公益诉讼检察职权相继写进修订后的人民检察院组织法和检察官法，为公益诉讼检察工作的发展提供了基本的法律和规范依据。近年来，在党中央的高度重视和社会各界的大力支持下，公益诉讼检察工作取得了快速发展，办案数量持续提升。与此同时，党中央对公益诉讼检察工作的发展提出了更高要求，人民群众也对公益诉讼检察工作有了更高期待。

为贯彻落实好习近平法治思想和习近平总书记关于公益诉讼的系列重要指示精神，落实2019年中央深化改革委员会《关于政法领域全面深化改革的实施意见》关于完善规范公益诉讼制度程序规则的要求，最高检党组把制定

---

* 胡卫列，最高人民检察院检察委员会委员，第八检察厅厅长；解文轶，最高人民检察院第八检察厅检察官助理。

公益诉讼办案规则作为一项关系公益诉讼长远发展的基础性工作，列为重点改革任务予以推进。

二、《办案规则》起草过程和主要考虑

《办案规则》在起草过程中通过实地调研、集中研讨、专家论证等方式，充分吸收各方意见并达成了共识。起草过程中主要有以下几点考虑：

一是把握正确政治方向。坚持以习近平法治思想为指导，认真学习领会习近平总书记在党的十八届四中全会上所作关于建立检察机关提起公益诉讼制度的说明以及在历次会议上关于公益诉讼的讲话精神，把习近平总书记对公益诉讼检察工作一系列重要指示作为规则设计的基本遵循，确保制度设计不离初衷，体现中国特色。

二是落实中央改革要求。党的十九届四中全会要求"拓展公益诉讼案件范围""完善生态环境公益诉讼制度"，2019年中共中央、国务院《关于深化改革加强食品安全工作的意见》等一系列文件对公益诉讼改革也提出具体要求，民法典确立了"绿色原则"、新增了生态环境损害惩罚性赔偿制度。《办案规则》要吸收这些改革成果，体现最新立法精神。

三是坚持科学理念。将最高检党组近年来提出的"双赢多赢共赢""诉前实现维护公益目的是最佳司法状态""跟进监督""在监督中办案，在办案中监督"等理念融入《办案规则》的具体规定中，体现检察机关宪法定位和法律监督属性，突出检察建议的独立价值，强调秉持客观公正立场，进一步体现公益诉讼检察制度的特点规律。

四是突出问题导向。针对公益诉讼办案"回头看"中发现的一些地方单纯追求办案数量、以行政相对人为标准制发检察建议、履职和整改判断标准模糊等问题，以及办案过程中调查取证意识不强、手段不够、保障不足等，提出了初步解决方案。

五是尊重首创精神。坚持顶层设计与实践创新相结合，认真总结提炼各地办理公益诉讼案件的经验做法和探索实践，进一步明确和细化办案各阶段、各环节的标准和要求，并在优化诉前程序、丰富调查手段、增强检察建议刚性、完善诉讼请求等方面探索创设一些新机制、新举措。

三、《办案规则》的主要内容

《办案规则》分为总则、一般规定、行政公益诉讼、民事公益诉讼、其他规定、附则六章，共112条，主要就以下几方面内容作出了规定。

（一）明确检察机关办理公益诉讼案件的基本原则

《中共中央关于加强新时代检察机关法律监督工作的意见》强调："人民检察院是国家的法律监督机关，是保障国家法律统一正确实施的司法机关，是保护国家利益和社会公共利益的重要力量，是国家监督体系的重要组成部分，在推进全面依法治国、建设社会主义法治国家中发挥着重要作用。"在行政公益诉讼中，检察机关作为唯一主体，通过督促行政机关依法履行职责，确保法律法规统一正确实施；在民事公益诉讼中，检察机关作为公共利益的代表，对侵害公益的违法主体提起民事公益诉讼，为国家、人民主张具体的公共利益。因此，《办案规则》首先对检察机关办理公益诉讼案件的基本原则作了规定，强调检察机关办案应当遵守宪法、法律和相关法规，秉持客观公正立场，遵循相关诉讼制度的基本原则，坚持司法公开。

（二）提出公益诉讼一体化办案机制

上级检察院领导下级检察院工作是检察机关履行职责的基本组织原则。从实践情况看，一体化办案机制符合公益诉讼办案的特点和规律，有利于发挥检察机关上下级领导关系的体制优势，强化上下级检察院、同级检察院以及院内各业务部门之间的协作配合，形成"上下统一、横向协作、内部整合、总体统筹"的工作机制，有利于发挥公益诉讼检察在国家治理体系和治理能力现代化进程中的独特制度优势。实践中，一些地方检察机关成立公益诉讼办案指挥中心，实行统一管理案件线索、统一研判监督策略、统一指定案件管辖、统一调配办案力量、统一指挥办案工作，统筹协调重大工作。《办案规则》在总结各地办案实践的基础上，对一体化办案机制作了规定，建立了办案中的交办、提办、督办、领办以及跨区划管辖机制，并明确了统一调用辖区检察人员办案等内容。

（三）确立公益诉讼案件立案管辖与诉讼管辖分离的原则

检察机关提起公益诉讼是立法赋予的法定职责，履职过程中不同层级、地域的检察机关都有相应的职责分工和权限。考虑到检察机关履行职责的特点和规律，《办案规则》在遵循民事诉讼法、行政诉讼法管辖制度和总结实践经验的基础上，对立案管辖与诉讼管辖作了不同规定。办理行政公益诉讼案件，由行政机关对应的同级检察机关立案管辖；办理民事公益诉讼案件，由违法行为发生地、损害结果地或者违法行为人住所地基层检察机关立案管辖；刑事附带民事公益诉讼案件，由办理刑事案件的检察机关立案管辖。设区的市级以上检察机关分别管辖本辖区内的重大、复杂案件。立案管辖与法院诉讼管辖级别、地域不对应，需要提起诉讼的，应当将案件移送有管辖权法院对应的同级检察机关。实际办案中需要注意以下几点：

1. 立案调查阶段和诉讼阶段的管辖设置各有侧重。检察机关立案办理公益诉讼案件的管辖设置体现的是监督规律。尤其是行政公益诉讼，体现的是检察机关对行政机关是否依法履行职责的监督，哪一级检察机关能够对哪一级行政机关进行监督，要符合职权配置的基本规则。办理公益诉讼案件过程中，检察机关立案后的主要任务是调查国家利益和社会公共利益的受损状况以及行政机关的法定职责、违法行使职权或不作为情况，或者违法行为人损害社会公共利益的行为以及损害后果等情况。这个阶段主要考虑如何适当地调配和投入检察机关办案资源，减少办案阻力和程序负累，确保办案效率、质量和效果。民事诉讼法与行政诉讼法规定的管辖主要指审判机关的管辖，体现的是诉讼规律。检察机关提起诉讼要遵循检察权、审判权的运行规律，如果出现检察机关立案管辖与审判机关管辖级别、地域不对应情形的，应当移送至有管辖权法院对应的检察机关提起诉讼。

2. 行政公益诉讼案件的立案管辖原则上要求"对应"和"同级"。按照行政诉讼法的规定，原则上基层法院受理除一级政府外行政机关为被告的一审案件。《关于检察公益诉讼案件适用法律若干问题的解释》第5条第2款规定："基层人民检察院提起的第一审行政公益诉讼案件，由被诉行政机关所在地基层人民法院管辖。"从办案实践看，确实存在基层检察机关监督地市级以上政府职能部门调查难度大、行政机关不易接受的问题。而且，从职权配置的角度看，如果没有上级检察机关的授权、指定，基层检察机关监督上级行政机关，难以取得行政机关的认同。作为法律监督机关，检察机关督促行政机关依法履行职责，遵循与被监督行政机关的级别对等原则更为适宜。最高检与生态环境部等九部委于2019年会签的《关于在检察公益诉讼中加强协作配合依法打好污染防治攻坚战的意见》，以及与国务院食品安全办等十单位于2020年会签的《关于在检察公益诉讼中加强协作配合依法保障食品药品安全的意见》中，均提出了"由违法行使职权或者不作为的行政机关所在地的同级人民检察院立案"的原则性规定。《办案规则》沿袭这一规定，确定了由被监督行政机关对应的同级检察机关立案管辖行政公益诉讼案件的管辖原则。需要注意的是，被监督行政机关为政府的，同级检察机关和上一级检察机关均具有立案管辖权，可以根据案件的具体情况办理。

3. 民事公益诉讼案件立案管辖权的下放。根据民事诉讼法及相关司法解释规定，民事公益诉讼一审案件由中级法院受理。其主要理由是：涉及公共利益影响大,中级法院审理更能保证案件质量,有利于专业化建设等。随着公益诉讼实践的发展,检察机关提起的民事公益诉讼案件数量持续快速增长,而且从实践情况看,绝大多数刑事附带民事公益诉讼案件由基层检察机关起诉、基层法院审理,相当部分单独起诉的民事公益诉讼案件,起诉到中级法院后,法院又裁定交由基层法院审理。实践证明,基层检察机关、基层法院完全具备办好民事公益诉讼案件的能力。将民事公益诉讼立案管辖权下放到基层检察机关,主要考虑:一是可以充分发动检察力量全面保护公益。全国共有3000多个基层检察院,发挥基层检察机关的力量,更有利于充分、全面保护公共利益,也更符合把问题解决在基层的司法原则。二是基层检察机关更熟悉本院辖区情况,发现线索和开展调查都更为及时和便利。三是虽然部分基层检察机关目前仍面临办案人员数量紧张,一个部门承担民事、行政、公益诉讼等多项检察职能的实际困难,但随着公益诉讼工作形势蓬勃发展,民事公益诉讼案件立案管辖权的下放,可以创造契机不断加强基层公益诉讼办案力量配置。《办案规则》在规定基层检察机关一般管辖权的基础上,也明确规定设区的市级以上检察机关分别管辖本辖区内的重大、复杂案件,对于侵害公益的主体为相应领域头部企业、案件在全国、省、市有重大影响的,应分别由设区的市级以上检察机关立案管辖,或者由其指定管辖。

4.立案管辖与诉讼管辖的顺畅衔接。根据《办案规则》规定的管辖原则,大多数公益诉讼案件均能在同一检察机关履行诉前程序和起诉程序。如,行政公益诉讼案件,检察机关监督的绝大多数是基层行政机关,立案的基层检察机关可以直接向行政机关所在地基层法院提起诉讼;民事公益诉讼案件中,不少地方中级法院将案件交由基层法院审理,地市级检察机关也可以在起诉前与中级法院商请共同指定管辖,由立案的基层检察机关直接向基层法院起诉。对于检察机关立案管辖与法院诉讼管辖级别、地域不对应的情况,《办案规则》出台前,实践中存在由立案检察机关起诉和移送与受诉法院对应的检察机关起诉两种模式,经慎重研究,《办案规则》第16条对此统一为,具有立案管辖权的检察机关立案办理诉前案件,认为需要提起诉讼的,应当将案件移送有管辖权法院对应的同级检察机关。这种模式坚持检察机关在公益诉讼中法律监督的职能定位,符合检法两院在诉讼中的平级对等原则,以区别于普通民事诉讼中的原告。在法院对特定案件实行集中管辖的地区,也有利于引导负责集中起诉的同级检察机关统一把握起诉标准,提升办案专业化水平。在具体程序适用方面,立案检察机关办理公益诉讼案件的诉前程序,经审查起诉后认为案件符合起诉条件,但有管辖权的法院与本院级别、地域等不对应的，应当将案件移送至有管辖权的法院对应的同级检察机关办理。接受移送的检察机关受理后进入审查起诉程序，认为应当提起诉讼的，制作起诉书送达法院；认为不应当提起诉讼的，做终结案件处理。

5. 规定特殊情形下可采取指定管辖、跨区划管辖、提级管辖，为案件管辖权的灵活调节提供法律依据和制度保障。其中，指定管辖既包括对立案管辖进行指定，也包括对诉讼管辖进行指定，主要有三种情形：一是上级检察机关可以根据办案需要，将下级检察机关管辖的公益诉讼案件指定本辖区内其他检察机关办理；二是上级检察机关可以根据跨区域协作工作机制规定，将案件指定本辖区内其他检察机关跨行政区划办理；三是上级检察机关认为确有必要的，可以将本院管辖的案件指定本辖区内下级检察机关办理。

（四）细化公益诉讼案件调查方式和保障措施

2018年修订后的《人民检察院组织法》赋予检察机关必要的调查核实权，《关于检察公益诉讼案件适用法律若干问题的解释》对检察机关办理公益诉讼案件的调查权作了进一步细化，但相关规定依然较为原则，实践中检察机关调查收集证据缺乏强制性手段、保障不足已经成为制约公益诉讼办案的突出问题。每年全国"两会"都有不少人大代表、政协委员、专家学者建议强化检察机关调查取证手段和保障措施。根据办案实践经验，《办案规则》规定了"依法、客观、全面"的调查原则；对调查程序进行了规范，要求由两名以上检察人员共同进行；明确了检察机关办理公益诉讼案件，可以采取查阅、调取、复制有关执法、诉讼卷宗材料；询问；收集书证、物证、视听资料、电子数据等证据；咨询专业意见；委托鉴定、评估、审计、检验、检测、翻译；勘验物证、现场等多种调查方式。

《办案规则》第35条以"列举+兜底+禁止性规定"的方式规定了办理公益诉讼案件调查和收集证据的方式。需要说明两个问题：一是是否可以在调查中采用查询金融财产的方式，存在一定争议。在《办案规则》起草调研过程中，很多地方检察机关提出建议明确这一调查方式，但在征求相关中央单位意见过程中，有意见认为检察机关在办理公益诉讼案件中查询金融财产缺少明确的法律依据，《办案规则》作为司法解释不宜明确规定。我们认为，检察机关办理公益诉讼案件，尤其是办理国有财产领域公益诉讼案件，向银行等金融机构查询相关资金情况及流向确有必要，部分地方人大常委会通过的关于加强检察公益诉讼工作的决议、决定有相应规定的，可以作为采取查询金融财产这种调查方式的依据。如广东省人大常委会《关于加强检察公益诉讼工作的决定》中明确检察机关办理公益诉讼案件，可以依法采取查询有关单位和个人的存款、汇款、债券、股票、基金份额、不动产等财产的调查核实措施。而且2021年最高检《人民检察院民事诉讼监督规则》和《人民检察院行政诉讼监督规则》分别明确了查询金融财产的调查方式。二是关于强制性调查措施。《办案规则》明确检察机关开展调查和收集证据不得采取限制人身自由或者查封、扣押、冻结财产等强制性措施。根据立法法的规定，限制人身自由的强制措施和处罚只能由法律规定，因此《办案规则》作为司法解释无权规定限制人身自由的强制性措施。但是，在办理公益诉讼案件过程中，司法警察可以依法参与和保障调查取证，对于以暴力、威胁、限制人身自由、聚众围攻等方式干扰、阻碍检察人员依法调查收集证据的，可以依据人民警察法的相关规定，依法采取相应的劝告、训诫、制止、控制等措施，涉嫌犯罪的，依法移送有关部门处理。对于查封、扣押、冻结财产等强制性措施，由于缺少上位法的规定，《办案规则》也作了明确禁止性规定。实践中，如果存在为了固定证据、保全财产等需要采取查封、扣押、冻结等措施情形的，可以建议法院采取相应保全措施。

（五）完善行政公益诉讼诉前程序

行政公益诉讼办案实践表明，检察机关依法发出检察建议后，绝大多数行政机关积极行动、依法履职，绝大多数问题在提起诉讼之前即得到解决，实现以最小司法投入获得最佳社会效果。《办案规则》坚持问题导向，在总结实践经验的基础上，对行政公益诉讼诉前程序予以完善，力求达到诉前实现保护公益目的最佳司法状态。

1. 规范了行政公益诉讼的案数问题。《办案规则》针对实践中存在的对行政机关同一时期多个同类违法行为，按照行政相对人数量分别立案、分别发出检察建议的问题，提出以行政机关为对象的立案标准。对于同一行政机关对多个同一性质的违法行为可能存在不依法履行职责的情形，检察机关应当作为一个案件立案；在发出检察建议前发现其他同一性质的违法行为的，应当与已立案案件一并处理，发出一份检察建议；需要提起行政公益诉讼的，原则上应当提起一个诉讼，如果法院坚持应当分案起诉的，也可以分案提起诉讼。

2. 新设磋商制度。《办案规则》在行政公益诉讼"立案与调查"一节中规定了磋商制度，规定检察机关在行政公益诉讼案件立案后通知行政机关时，可以与行政机关就其是否存在违法行使职权或者不作为、国家利益或者社会公共利益受到侵害的后果、整改方案等事项进行磋商。一方面，磋商能够起到对案件繁简分流的作用。对于案情比较简单，行政机关对公共利益受到侵害、其违法行使职权或不作为没有异议、有立即整改意愿且通过立即整改公共利益可以得到及时有效保护的案件，通过磋商结案能够节约司法资源，提高办案效率，使检察机关可以集中精力办理有阻力、需要多部门协商解决的难案要案。如磋商未达到以上效果的，检察机关应当继续调查，并作出是否提出检察建议的决定。另一方面，磋商也是行政公益诉讼中检察机关一种独特的调查手段。磋商与询问不同，询问的对象是了解案件事实的个人，应当个别进行；而磋商的对象是行政机关，既可以与行政机关相关负责人员单独进行，也可以采取召开会议、磋商后形成事实确认书等方式进行。这实际上赋予了检察机关相对灵活的对行政机关进行调查和沟通的方式。需注意的是，磋商不是行政公益诉讼案件办理必须采取的调查措施，由承办案件的检察官办案组织根据案件实际情况决定是否与行政机关进行磋商。如对于以事立案的，由于负有监管职责的行政机关不明确，则不宜进行磋商；对于公共利益正在遭受不法侵害，公益保护存在保护紧迫性的案件也可以不进行磋商。

（六）明确行政机关依法履行职责的判断标准

对行政机关是否依法履行职责的判断，是公益诉讼检察办案中的一个核心问题。通过几年的实践探索和总结提炼，检察机关与行政机关对此问题已经基本达成共识。《关于在检察公益诉讼中加强协作配合依法打好污染防治攻坚战的意见》和《关于在检察公益诉讼中加强协作配合依法保障食品药品安全的意见》中都明确了判断行政机关履职尽责的标准，即以法律规定的行政执法机关的法定职责为依据，以是否采取有效措施制止违法行为，是否全面运用法律法规、规章和规范性文件规定的行政监管手段，国家利益和社会公共利益是否得到有效保护为标准。我们将之归纳为"行为要件+结果要件+职权要件"三要件标准。

《办案规则》吸收了上述规范性文件的内容，用多个条款从正、反两方面对判断行政机关是否依法履行职责作了细化规定。如第74条规定的终结案件的标准即行政机关依法全面履职的情形；第82条列举了七种可以认定行政机关未依法履行职责的情形。对于实践中比较常见的"行政机关虽按期回复但未采取整改措施或仅采取部分整改措施的"情形，也就是"敷衍整改""虚假整改"的，可以认定为行政机关未依法履行职责；违法行为人虽然已被追究刑事责任或案件已移送司法机关处理，但行政机关应当依法给予责令停产停业、吊销许可证或者执照等行政处罚，或者处置相关环境损害，如果行政机关"一移了之"，检察机关可以继续督促行政机关依法履职。

（七）细化民事公益诉讼的诉讼请求

《办案规则》根据各领域案件的特点细化了民事公益诉讼的诉讼请求，并根据民法典相关规定和《关于深化改革加强食品安全工作的意见》提出的改革要求，明确在破坏生态环境和资源保护、食品药品安全案件中，可以提出惩罚性赔偿诉讼请求，加大违法者的违法成本，达到让违法者痛到不敢再犯的目的。一是在环境资源领域，《办案规则》起草过程中最高法、最高检达成了一致意见，明确了生态环境领域公益诉讼中检察机关可以提出惩罚性赔偿的诉讼请求。作为特殊的民事责任承担方式，惩罚性赔偿的适用要严格把握《民法典》第1232条规定的三个要件，即行为人具有主观故意、行为具有违法性及后果的严重性。关于生态环境损害惩罚性赔偿的计算方式，立法尚未作出明确规定，各地在实践中可以进一步探索。二是关于食品药品安全领域的惩罚性赔偿，2021年4月，最高法、最高检等七部门形成《探索建立食品安全民事公益诉讼惩罚性赔偿制度座谈会会议纪要》，就食品安全民事公益诉讼中建立惩罚性赔偿制度等问题达成共识。办案实践中，检察机关应根据侵权人主观过错程度、违法次数和持续时间、受害人数等因素，综合考虑是否提出惩罚性赔偿诉讼请求。

（八）规范检察机关提起公益诉讼案件的程序

《办案规则》对提起公益诉讼的条件，出席一审、二审、再审法庭等程序作了规定，明确检察机关起诉时需要提交的材料、出庭检察人员履行职责等事项，指导解决实践中的操作性问题。关于二审和再审程序问题，《办案规则》在《关于检察公益诉讼案件适用法律若干问题的解释》的基础上，明确了法院决定开庭审理的上诉案件和再审案件，对应的同级检察机关应当派员出席法庭。这主要基于以下两方面考虑：一方面，检察机关与法院是同级人大产生和监督下的法律监督机关和审判机关，"同级诉审""同级监督"原则在公益诉讼案件的起诉、审判过程中也应当予以适用。另一方面，根据人民检察院组织法的规定，上级检察机关领导下级检察机关的工作，下级检察机关应当执行上级检察机关的决定。检察机关不同于一般民事、行政诉讼中的普通原告，实行上下级一体化办案机制，在出庭履行职责方面不受普通民事诉讼"当事人恒定原则"的限制。最高检第二十九批指导性案例"检例第111号海南省海口市人民检察院诉海南A公司等三被告非法向海洋倾倒建筑垃圾民事公益诉讼案"要旨明确,公益诉讼案件二审开庭,上一级检察机关应当派员出庭,与下级检察机关共同参加法庭调查、法庭辩论、发表意见等,积极履行出庭职责。

四、适用《办案规则》应当注意的问题

(一)正确把握《办案规则》的定位

张军检察长在第十三届全国人大常委会第十四次会议上所作的《最高人民检察院关于开展公益诉讼检察工作情况的报告》中强调,公益诉讼检察作为一项全新法律制度,必须从一开始就做到有章可循、规范推进。《办案规则》是经最高检检察委员会审议通过的规范检察机关全流程办案程序的司法解释,为检察机关办案提供统一的规范依据,各级检察机关在办理公益诉讼案件程序方面,对《办案规则》有明确规定的,应当严格遵守。

(二)正确把握公益诉讼检察制度的特殊性与诉讼规律、诉讼制度的共同性之间的有机统一

检察机关是国家法律监督机关,检察机关办理公益诉讼案件是履行法律监督职责的职权行为,提起诉讼的目的、诉讼地位、权利义务等不同于普通民事、行政诉讼的原告。在民事诉讼法、行政诉讼法中各增加一款的修法方式并没有体现检察公益诉讼的特点、规律。《关于检察公益诉讼案件适用法律若干问题的解释》第3条规定,法院、检察机关办理公益诉讼案件,应当遵守宪法法律规定,遵循诉讼制度的原则,遵循审判权、检察权运行规律。这为地方法院、检察机关实践探索提供了基本遵循。虽然《办案规则》在实践基础上对检察公益诉讼的特点规律作了进一步的总结与提炼,一定程度上有所体现,如检察机关客观公正的立场、立案管辖的规定、依法客观全面的调查原则等,都体现了检察机关"以诉的形式履行法律监督的本职"的基本定位。但是,由于实践经验积累少,理论共识不够,在《办案规则》起草过程中,仍有不少体现检察公益诉讼特点规律的内容没有固化下来,还需要进一步探索。

(三)处理好相关工作协同

国家利益和社会公共利益保护是一个系统工程,不仅需要行政机关、审判机关、检察机关通过行使各自的职权进行保护,也需要社会各界的积极参与,才能取得最佳的保护效果。各级检察机关在办理公益诉讼案件中,一要充分发挥主观能动性,对于诉讼中遇到的问题加强与法院的沟通协调,

寻求解决方案，不断凝聚共识；二要主动与行政机关加强协作，健全与行政执法衔接机制，完善信息资源共享、案件线索移送、配合调查取证等工作机制，督促行政机关诉前主动整改，形成治理合力；三要与相关社会组织形成"支持＋配合＋监督"的良性互动关系，鼓励社会组织有序有效发挥公益保护作用。

（四）处理好依法规范与探索发展之间的关系

作为一项依然在探索和发展中的制度，检察公益诉讼工作无论在理论研究还是办案实践中都存在不少困难和问题。《办案规则》将实践中成熟的经验做法和各方达成的共识予以固化，但仍然不能完全满足目前办案需要。对于仍然存在不同认识的问题，《办案规则》作出原则性规定，也为将来实践探索发展留有空间。各级检察机关要立足新时代、着眼新要求，积累实践经验，勇于开拓创新，不断探索完善具有中国特色的检察公益诉讼制度。

第二部分

《人民检察院公益诉讼办案规则》条文释义

第一章 总 则

"总则"是《人民检察院公益诉讼办案规则》(以下简称《办案规则》)的第一章,对制定《办案规则》的目的和依据、人民检察院在公益诉讼中的任务、办理公益诉讼案件的原则性要求、工作机制、司法责任制等基本问题作出规定和明确,统领整个《办案规则》。"总则"部分共12个条文。

第一条

为了规范人民检察院履行公益诉讼检察职责,加强对国家利益和社会公共利益的保护,根据《中华人民共和国人民检察院组织法》《中华人民共和国民事诉讼法》《中华人民共和国行政诉讼法》等法律规定,结合人民检察院工作实际,制定本规则。

【条文主旨】

本条是关于制定《办案规则》目的和依据的规定。

【条文释义】

2017年6月27日第十二届全国人大常委会第二十八次会议作出《关于修改〈中华人民共和国民事诉讼法〉和〈中华人民共和国行政诉讼法〉的决定》,通过修改立法正式确立了我国检察公益诉讼制度的法律依据,同时也标志着我国检察公益诉讼制度改革由局部试点转向全面实施。2018年3月1日最高人民法院、最高人民检察院联合发布了《关于检察公益诉讼案件适用法律若干问题的解释》,对检察公益诉讼案件的办理程序和审判程序进行了具体规范;2018年3月最高人民检察院民事行政检察厅印发了《检察机关民事公益诉讼案件办案指南(试行)》《检察机关行政公益诉讼案件办案指南(试行)》,加强了检察公益诉讼案件的办案指引。随着公益诉讼检察工作的快速发展,上述司法解释及规范性文件等仍然无法满足人民检察院办理公益诉讼案件实践需要。为依法明确和细化人民检察院办理公益诉讼案件的具体操作规程,最高人民检察院经过认真调查研究、广泛征求意见,形成征求意见稿,在中央政法委的统筹指导下,经过与全国人大常委会法工委、最高人民法院、司法部等反复沟通,《办案规则》于2020年9月28日经最高人民检察院第十三届检察委员会第五十二次会议讨论通过,于2021年7月1日起正式施行。

关于《办案规则》的制定目的:一是规范人民检察院履行公益诉讼检察职责,《办案规则》对公益诉讼检察工作的办案范围、办案机制、办案程序等内容予以具体化和明确化,保证人民检察院严格依法办案,正确履行职权。二是统一各级人民检察院在办理公益诉讼案件中的工作程序。人民检察院在办理公益诉讼案件中依法履行调查、诉前程序、审查起诉、出席庭审和诉讼监督职能等,需要依法规范各项职权行使的具体程序,这样才能保证各级人民检察院统一正确地适用法律,从而确保办案质量,提高办案效率。三是加强对国家利益和社会公共利益的保护。

关于《办案规则》的制定依据。首先,2017年6月27日修改的《行政诉讼法》第25条、《民事诉讼法》第55条①分别增加了人民检察院提起公益诉讼的规定,公益诉讼检察工作有了明确的法律依据。因此,《办案规则》是检察机关贯彻执行修改后《民事诉讼法》《行政诉讼法》的司法解释文件,《民事诉讼法》《行政诉讼法》是制定本《办案规则》的基本依据,本《办案规则》的内容不能违背《民事诉讼法》《行政诉讼法》的基本原则和诉讼制度。其次,《人民检察院组织法》也是制定《办案规则》的重要依据,《办案规则》中关于检察机关法律监督的定位、调查核实权的保障、公益诉讼办案组织、业务部门负责人、检察长等司法责任制内容以及检察一体化工作机制等内容都是严格依照《人民检察院组织法》的相关内容制定的。最后,对于"等法律规定"的理解,还包括规定了公益诉讼内容的实体性法律,比如2018年5月1日实施的《英雄烈士保护法》第25条第2款,2020年10月17日修订的《未成年人保护法》第106条规定以及2021年1月1日实施的《民法典》相关法律规定,"等"为其他法律通过修订增加"检察公益诉讼"条款留有空间。

---

① 现为第58条。

第二条

人民检察院办理公益诉讼案件的任务，是通过依法独立行使检察权，督促行政机关依法履行监督管理职责，支持适格主体依法行使公益诉权，维护国家利益和社会公共利益，维护社会公平正义，维护宪法和法律权威，促进国家治理体系和治理能力现代化。

【条文主旨】

本条是关于人民检察院在公益诉讼中任务的规定。

【条文释义】

应当从以下几个方面理解人民检察院在公益诉讼中的任务：

一是如何理解"依法独立行使检察权"。我国《宪法》第131条和《人民检察院组织法》第4条均规定，人民检察院依照法律规定独立行使检察权，不受行政机关、社会团体和个人的干涉。首先，我国的检察权属于人民检察院，其他任何机关不得行使。其次，人民检察院独立行使检察权，不受任何其他行政机关、社会团体和个人的非法干预和干扰。再次，人民检察院的检察活动必须严格依照宪法和人民检察院组织法、相关的实体法及程序法的规定进行。最后，人民检察院办理公益诉讼案件是行使法律监督职能的检察权，而非行使普通民事、行政诉讼原告的诉权。最高人民检察院《"十四五"时期检察工作发展规划》也强调"公益诉讼检察是以诉的形式履行法律监督本职"。

二是如何理解"督促行政机关依法履行监督管理职责"。人民检察院是国家的法律监督机关，对法律实施中严重违反国家法律的情况进行监督。行政公益诉讼属于"客观诉讼"，它是一种旨在维护公共利益和客观的法律秩序的诉讼。人民检察院通过办理公益诉讼案件督促行政机关依法履行监督管理职责，既是监督行政机关严格执行和遵守国家法律的有效途径，也是维护公共利益和客观法律秩序的司法保障。

三是如何理解"支持适格主体依法行使公益诉权"。首先，依据《关于检察公益诉讼案件适用法律若干问题的解释》第2条，人民检察院有权督促适格主体依法行使公益诉权。实践中，一些地方人民检察院对于符合生态环境损害赔偿范围的案件线索，向赔偿权利人制发《督促起诉意见书》，督促相关行政机关启动生态环境损害赔偿程序。其次，人民检察院对适格主体行使公益诉权可以支持起诉。根据2017年修改后《民事诉讼法》的规定，法律规定的机关或者组织提起民事公益诉讼的，人民检察院可以支持起诉。实践中，一些地方人民检察院通过支持起诉、支持磋商等方式支持适格主体依法行使公益诉权。最后，人民检察院对于适格主体行使公益诉权进行法律监督。对于适格主体提起的公益诉讼案件，人民检察院仍然负有法律监督职责。如果适格主体在公益诉讼案件中未能依法全面保护受损公共利益，甚至以牺牲公共利益为代价谋取私利的，人民检察院应当继续履行法律监督职责。人民检察院支持起诉的，可以撤回支持起诉，也可以通过履行诉讼监督职责，依法保护公共利益。

四是如何理解"三个维护"的公益诉讼检察工作任务。第一，维护国家利益和社会公共利益。2017年9月11日，习近平总书记给第二十二届国际检察官联合会年会贺信中指出"检察官作为公共利益的代表，肩负着重要责任"。作为公共利益的代表，人民检察院通过办理公益诉讼案件有力地维护了国家利益和社会公共利益。第二，维护社会公平正义。公正是法治的生命线，维护公平正义是司法工作的首要目标，司法是维护社会公平正义的最后一道防线。人民检察院办理公益诉讼案件使得"污染者担责""违法者纠正"，避免"企业污染、群众受害、政府买单"现象的发生，有利于维护社会公平正义。第三，维护宪法和法律权威。党的十八届四中全会通过的《中共中央关于全面推进依法治国若干重大问题的决定》中提出，维护宪法法律权威是全面依法治国的首要要求。侵害国家利益或者社会公共利益的违法行为，都是严重违反宪法法律的行为，检察机关提起公益诉讼有助于确保宪法和法律统一正确实施，有助于维护宪法和法律权威。

五是如何理解"促进国家治理体系和治理能力现代化"。探索建立检察机关提起公益诉讼制度，是党的十八届四中全会作出的一项重大改革部署，也是以法治思维和法治方式推进国家治理体系和治理能力现代化的一项重要制度安排。检察公益诉讼制度是国家治理体系和治理能力现代化的一个有机组成部分、一个重要环节。公益诉讼制度特别是行政公益诉讼制度，主要的功能就是促进行政机关依法行政、维护国家利益和社会公共利益，确保宪法法律统一正确实施。检察机关通过提出检察建议、提起公益诉讼推动行政权力依法规范运行，有利于优化司法职权配置，完善行政诉讼制度，也有利于推进法治政府建设。党的十九届四中全会通过的《中共中央关于坚持和完善中国特色社会主义制度、推进国家治理体系和治理能力现代化若干重大问题的决定》中进一步提出"拓展公益诉讼案件范围"和"完善生态环境公益诉讼制度"，这是对公益诉讼在国家治理体系中地位作用的确认，对完善公益诉讼制度更好发挥作用的期许，同时也对公益诉讼下一步发展明确了方向。

> **第三条**
>
> 人民检察院办理公益诉讼案件，应当遵守宪法、法律和相关法规，秉持客观公正立场，遵循相关诉讼制度的基本原则和程序规定，坚持司法公开。

【条文主旨】

本条是关于人民检察院办理公益诉讼案件原则性要求的规定。

【条文释义】

人民检察院办理公益诉讼案件，应当做到以下四点：

一是遵守宪法法律法规。宪法是我国根本法，具有最高法律效力，一切法律、行政法规和地方性法规都不得同宪法相抵触，一切国家机关、社会团体、企事业组织和个人活动都不得违背宪法；法律包括《民法典》《英雄烈士保护法》《未成年人保护法》《军人地位和权益保障法》《安全生产法》《个人信息保护法》等实体法，以及《民事诉讼法》《行政诉讼法》等程序法；另外，此处的"法规"包括行政法规和地方性法规。截至2021年7月，全国共有25个省级人大常委会颁布了《关于加强公益诉讼检察工作的决定》，有些省级人大常委会颁布的关于加强公益诉讼检察工作的决定，是按照地方立法程序作出的，具有地方法规的性质。我国《行政诉讼法》第63条第1款规定："人民法院审理行政案件，以法律和行政法规、地方性法规为依据。地方性法规适用于本行政区域内发生的行政案件。"因此，人民检察院办理行政公益诉讼案件、人民法院审理行政公益诉讼案件均可以适用关于公益诉讼的地方性法规。各省级人大常委会颁布《关于加强公益诉讼检察工作的决定》基于本地经济社会发展状况，积极拓展了公益诉讼办案领域，加强保障了检察机关调查核实权等，对公益诉讼立法内容进行有效补充。地方人大这些地方性法规在本辖区内具有法律效力，可以作为当地检察机关办理公益诉讼案件的依据。

二是秉持客观公正立场。2019年修订的《检察官法》第5条第1款规定："检察官履行职责，应当以事实为根据，以法律为准绳，秉持客观公正的立场。"《办案规则》据此增加规定明确人民检察院办理公益诉讼案件应当秉持客观公正的立场。这一规定要求检察机关在办理公益诉讼案件中不能像普通原告一样，要坚持客观公正的立场，既要依法追究违法行为人的法律责任，又要依法维护其合法权利。检察官既是公共利益的维护者，还是正当法律程序的捍卫者,更要成为中国特色社会主义法律意识和法治实践的引领者,坚持客观公正立场,在履职时切实做到不偏不倚、不枉不纵,真正当好公共利益的代表、公平正义的守护者。

三是遵循相关诉讼制度的基本原则和程序规定。公益诉讼是一种新的诉讼类型,2017年修改的《民事诉讼法》正式确立了民事公益诉讼制度,2017年修改的《行政诉讼法》正式确立行政公益诉讼制度。与普通民事、行政诉讼相比,公益诉讼具有一定特性,如公益诉讼程序要求诉讼主体资格法定、处分权受限(不得随意调解或撤诉)、禁止反诉、举证责任特殊等特点。检察机关提起公益诉讼,因为检察机关作为法律监督机关的宪法定位,与其他适格主体提起的公益诉讼相比,还有特殊的规律。但因立法比较原则,"两高"相关司法解释相对比较粗疏,不能完全体现检察机关提起公益诉讼的特点规律,需要在进一步探索实践的基础上逐步完善。目前,人民检察院办理公益诉讼案件,应当优先适用"两高"关于公益诉讼的司法解释,及《办案规则》。"两高"司法解释和《办案规则》没有规定的,可以在遵循民事诉讼、行政诉讼的基本原则和程序性规定的基础上,深化实践探索。

四是司法公开。《人民检察院组织法》第7条规定,人民检察院实行司法公开,法律另有规定的除外。推进司法公开,是促进司法公正和司法民主的重要途径。实践中,很多地方检察机关办理公益诉讼案件中通过采用圆桌会议、听证等方式推进司法公开,把检察权置于阳光下运行,目的在于让公平正义以"看得见"的方式实现,以公开、透明促进检察机关办理案件的公正,而且有效促进检察机关自觉接受社会监督,提高检察官素质和执法水平。

第四条

人民检察院通过提出检察建议、提起诉讼和支持起诉等方式履行公益诉讼检察职责。

【条文主旨】

本条是关于公益诉讼案件办案方式的规定。

【条文释义】

人民检察院办理公益诉讼案件主要有以下几种办案方式:

一是提出检察建议。2015年7月1日最高人民检察院发布的《检察机关提起公益诉讼试点方案》中要求"在提起行政公益诉讼之前，检察机关应当先行向相关行政机关提出检察建议，督促其纠正违法行政行为或者依法履行职责"。《行政诉讼法》第25条第4款规定："人民检察院在履行职责中发现生态环境和资源保护、食品药品安全、国有财产保护、国有土地使用权出让等领域负有监督管理职责的行政机关违法行使职权或者不作为，致使国家利益或者社会公共利益受到侵害的，应当向行政机关提出检察建议，督促其依法履行职责。行政机关不依法履行职责的，人民检察院依法向人民法院提起诉讼。"可见，行政公益诉讼程序分为提出检察建议和提起诉讼两个阶段。提出检察建议是提起诉讼的必经程序，而提起诉讼是检察建议效力的必要保障。经过立案调查，检察机关向行政机关发出检察建议督促其依法履行监管职责，如果行政机关依法全面整改、公共利益得以维护则不必进入诉讼阶段，在诉前便可以结案。公益诉讼检察工作全面推开以来，最高人民检察院党组提出了"诉前实现维护公益目的作为最佳司法状态"的理念，希望以最小的司法成本达到维护公益的目的。

二是提起诉讼。在民事公益诉讼中，经过诉前公告程序，法律规定的机关和有关组织没有提起民事公益诉讼，社会公共利益仍处于受侵害状态的，检察机关可以提起民事公益诉讼。在行政公益诉讼中，经过诉前程序，行政机关仍不履行法定职责，国家和社会公共利益仍处于受侵害状态的，检察机关可以提起行政公益诉讼。人民检察院提起民事公益诉讼或者行政公益诉讼，应当有明确的被告、具体的诉讼请求、国家利益或者社会公共利益受到侵害的初步证据，并应当制作公益诉讼起诉书。与其他诉讼主体相比，人民检察院拥有专业法律监督队伍和法定的调查权，且不牵涉地方和部门利益，能够更好地发挥其自身优势，作为公共利益代表提起诉讼。

三是支持起诉。支持起诉是指人民检察院对损害社会公共利益的行为支持法律规定的机关或有关组织提起民事公益诉讼并参与诉讼过程。《民事诉讼法》第58条第2款规定："……前款规定的机关或者组织提起诉讼的，人民检察院可以支持起诉。"在支持起诉中，检察机关可根据案件采取通过法律咨询、向人民法院提交支持起诉意见书、协助调查举证、出席法庭等方式。检察机关支持起诉对于保护民事公益诉讼当事人诉权、补强诉讼力量具有重要意义。

此外，人民检察院还可以采取督促适格主体起诉等方式履行公益诉讼检察职责。司法实践中，一些地方人民检察院通过制发《督促起诉意见书》的方式，督促赔偿权利人适时启动生态环境损害赔偿程序。

第五条

人民检察院办理公益诉讼案件，由检察官、检察长、检察委员会在各自职权范围内对办案事项作出决定，并依照规定承担相应司法责任。

检察官在检察长领导下开展工作。重大办案事项，由检察长决定。检察长可以根据案件情况，提交检察委员会讨论决定。其他办案事项，检察长可以自行决定，也可以授权检察官决定。

以人民检察院名义制发的法律文书，由检察长签发；属于检察官职权范围内决定事项的，检察长可以授权检察官签发。

【条文主旨】

本条是关于人民检察院在办理公益诉讼案件中落实司法责任制的规定。

【条文释义】

司法责任制改革作为党的十八届三中、四中全会部署的重要任务，是完善司法权运行机制的关键，也是深化司法体制改革的核心，在全面深化司法体制改革中具有基础性、全局性地位。检察机关的司法责任制是基于检察机关的法定职权和履职规律，科学界定检察人员、办案组织的权限、责任，明确司法责任承担主体、范围和追责条件、方式，构建公正高效的检察权运行机制和公平合理的司法责任认定、追究机制等问题的管理制度。司法责任制改革有利于将司法办案的责任落到实处，增强检察官司法办案的责任心，促进检察官依法公正履行职责；有利于减少内外部人员对司法办案的不当干预，保障人民检察院依法独立行使检察权；有利于解决当前司法活动中的突出问题，提高司法公信力，让人民群众在每一个司法案件中感受到公平正义；有利于促进检察人员提高自身素质，推进检察队伍革命化、正规化、专业化、职业化建设。2015年9月25日，最高人民检察院印发了《关于完善人民检察院司法责任制的若干意见》，在检察机关推行司法责任制改革。

为贯彻落实司法责任制改革要求，本条第1款规定："人民检察院办理公益诉讼案件，由检察官、检察长、检察委员会在各自职权范围内对办案事项作出决定，并依照规定承担相应司法责任。"第2款规定："检察官在检察长领导下开展工作。重大办案事项，由检察长决定。检察长可以根据案件情况，提交检察委员会讨论决定。其他办案事项，检察长可以自行决定，也可以授权检察官决定。"从上述规定可以看出，除了《办案规则》明确规定的必须由检察长决定的"重大办案事项"外，其他办案事项，检察长都可以授权检察官决定，这就大大加强了检察官在办案中的自主性和决定权，充分体现了检察官的办案主体地位和"谁办案谁负责、谁决定谁负责"的要求。

关于检察长决定事项，一是在本条第2款原则规定：重大办案事项，由检察长决定。检察长可以根据案件情况，提交检察委员会讨论决定。其他办案事项，可以授权检察官决定。二是在《办案规则》其他条文中对上述由检察长决定的"重大办案事项"逐一进行明确规定。

此外，还有两个问题需要注意。一是本条第3款规定："以人民检察院名义制发的法律文书，由检察长签发；属于检察官职权范围内决定事项的，检察长可以授权检察官签发。"2017年最高人民检察院印发的《关于完善检察官权力清单的指导意见》第7条规定："以人民检察院名义制发的法律文书属检察官职权范围内决定事项或不涉及办案事项决定权的，可以由检察官签发。"《人民检察院组织法》第29条规定，"……检察长可以将部分职权委托检察官行使，可以授权检察官签发法律文书"。《办案规则》吸收了上述规定，明确了检察长可以授权检察官签发法律文书。

第六条

人民检察院办理公益诉讼案件，根据案件情况，可以由一名检察官独任办理，也可以由两名以上检察官组成办案组办理。由检察官办案组办理的，检察长应当指定一名检察官担任主办检察官，组织、指挥办案组办理案件。

检察官办理案件，可以根据需要配备检察官助理、书记员、司法警察、检察技术人员等检察辅助人员。检察辅助人员依照法律规定承担相应的检察辅助事务。

【条文主旨】

本条是关于在公益诉讼中检察机关办案组织的规定。

【条文释义】

检察办案组织作为检察权运行机制的基本载体，也是司法责任制的基础，对于检察职能实现具有重要意义。《人民检察院组织法》增加了"人民检察院的办案组织"一章，明确规定"人民检察院办理案件，根据案件情况可以由一名检察官独任办理,也可以由两名以上检察官组成办案组办理。由检察官办案组办理的,检察长应当指定一名检察官担任主办检察官,组织、指挥办案组办理案件"。可见,我国检察办案组织有两种形式:一是独任检察官,是指由一名检察官依法办理案件的办案组织形式;二是检察官办案组,是由两名以上检察官组成,并由检察长指定一名检察官担任主办检察官,组织指挥办案组办理案件的组织形式。司法实践中,检察院办理案件,普通案件一般由独任检察官办理,重大、疑难、复杂案件一般由检察官办案组办理。由于公益诉讼案件涉及公共利益,社会普遍关注,不少案件侵害事实不易查明、证据材料不易获取、法律适用较为疑难,一般情况下适宜采用检察官办案组的基本办案组织形式。但是,如果公益诉讼案件案情简单、事实清楚,或者请示案件则可以由独任检察官办理。

检察官办案组可以因案临时设置,也可以相对固定设置。临时设置的办案组,因案而生,随案而走。为了加强专业化建设,办案组也可以针对类型案件相对固定。主办检察官组织、指挥案件办理。

无论是独任检察官,还是检察官办案组办理公益诉讼案件,都可以根据需要配备检察官助理、书记员、司法警察、检察技术人员等检察辅助人员。检察辅助人员依照法律规定承担相应的检察辅助事务。

第七条

负责公益诉讼检察的部门负责人对本部门的办案活动进行监督管理。需要报请检察长决定的事项,应当先由部门负责人审核。部门负责人可以主持召开检察官联席会议进行讨论,也可以直接报请检察长决定。

【条文主旨】

本条是关于负责公益诉讼检察的部门负责人监督管理职责的规定。

【条文释义】

司法责任制改革后,业务机构负责人对本部门检察官办案活动的监督管理有较大变化,原来的"逐案审批"模式不再符合司法责任制改革要求。但是,业务机构负责人对于本部门哪些范围的办案活动进行监督管理,亟须统一规定。《办案规则》明确,根据检察长的授权,负责公益诉讼检察的部门负责人对本部门的办案活动有监督管理的职责。这种监督权主要体现在,对于需要报请检察长决定的事项和需要向检察长报告的案件,应当先由负责公益诉讼检察的部门负责人审核,检察官不能直接向检察长报请或者报告。负责公益诉讼检察的部门负责人对于报请其审核的事项或者案件,可以提出意见和建议,可以要求检察官补充相关材料,可以主持召开检察官联席会议对案件进行讨论,为承办案件的检察官提供参考意见,然后依法报请检察长决定,也可以直接报请检察长决定,但是不能直接改变检察官的意见或者要求检察官改变意见。负责公益诉讼检察的部门负责人对检察官的监督管理和突出检察官的办案主体地位并不矛盾,是对检察官办案责任制的必要补充。

2020年4月21日,最高人民检察院印发的《关于加强新时代未成年人检察工作的意见》中规定"未成年人刑事执行、民事、行政、公益诉讼检察业务统一由未成年人检察部门集中办理是实现未成年人综合司法保护的客观需要"。因此,条文中"负责公益诉讼检察的部门"不仅包含公益诉讼检察部门,也包含未成年人检察部门。办理未成年人公益诉讼案件的检察官对于需要报请检察长决定的事项,也应当先由未成年人检察部门负责人审核。

第八条

检察长不同意检察官处理意见的,可以要求检察官复核,也可以直接作出决定,或者提请检察委员会讨论决定。

检察官执行检察长决定时,认为决定错误的,应当书面提出意见。检察长不改变原决定的,检察官应当执行。

【条文主旨】

本条是关于在办理公益诉讼案件中检察长领导责任的规定。

【条文释义】

司法责任制改革在突出检察官办案主体地位的同时,也强调要加强对检察官的监督管理。《关于完善人民检察院司法责任制的若干意见》就将"坚持突出检察官办案主体地位与加强监督制约相结合"作为完善司法责任制的基本原则之一。因此,检察机关的司法责任制改革,在突出检察官办案主体地位,对检察官进行适度放权的同时,还必须加强对检察官司法办案的监督制约,两者不可偏废。

《人民检察院组织法》第36条规定,人民检察院检察长领导本院检察工作。《检察官法》第9条规定，检察官在检察长领导下开展工作，重大办案事项由检察长决定。上述规定表明，人民检察院办理案件，必须坚持突出检察官的主体地位与保证检察长对司法办案工作的领导相统一。因此，《办案规则》第8条第1款明确，检察长不同意检察官处理意见的，可以要求检察官复核，也可以直接作出决定，或者提请检察委员会讨论决定。也就是说，检察长对案件办理有实质决定权，如果不同意检察官对案件的处理意见，有三种处理方式：一是可以要求检察官复核；二是可以直接作出决定；三是可以提请检察委员会讨论决定。同时，为了给检察官充分阐述自己意见的机会，《办案规则》第8条第2款明确，检察官认为检察长决定错误的，可以提出意见，但必须以书面形式提出。同时规定，如果检察长不改变原决定，检察官应当执行检察长的决定。

第九条

人民检察院提起诉讼或者支持起诉的民事、行政公益诉讼案件，由负责民事、行政检察的部门或者办案组织分别履行诉讼监督的职责。

【条文主旨】

本条是关于对负责公益诉讼案件诉讼监督部门的规定。

【条文释义】

司法实务中对于由哪个部门履行公益诉讼案件的诉讼监督职责存在不同意见。有观点认为，"在办案中监督、在监督中办案"是最高检党组强调的理念，由于负责办理公益诉讼检察工作的业务部门或办案组织更熟悉案情，由其一并履行诉讼监督职责更高效、更有利于实现精准监督；还有观点认为，检察机关在诉讼过程中身兼"公益诉讼起诉人"和"法律监督者"双重身份，"既是裁判员又是运动员"，应当将提起诉讼和诉讼监督两项职责分别由公益诉讼检察业务部门和民事、行政检察业务部门承担。为加强分工与制约，《办案规则》规定对于民事、行政公益诉讼案件的诉讼监督由民事、行政检察的部门或者办案组织负责。民事、行政公益诉讼案件诉讼监督工作包括三个方面：一是对生效判决、裁定、调解书的监督；二是对审判程序中审判人员违法行为的监督；三是对执行活动的监督。

第十条

最高人民检察院领导地方各级人民检察院和专门人民检察院的公益诉讼检察工作，上级人民检察院领导下级人民检察院的公益诉讼检察工作。

上级人民检察院对下级人民检察院作出的决定，有权予以撤销或者变更；发现下级人民检察院办理的案件有错误的，有权指令下级人民检察院予以纠正。

下级人民检察院对上级人民检察院的决定应当执行。如果认为有错误的，应当在执行的同时向上级人民检察院报告。

【条文主旨】

本条是关于在办理公益诉讼案件中上下级人民检察院关系的规定。

【条文释义】

最高人民检察院领导地方各级人民检察院和专门人民检察院的工作，上级人民检察院领导下级人民检察院的工作。上级人民检察院对下级人民检察院的领导，一方面体现为上级人民检察院指导下级人民检察院的业务工作，对下级人民检察院的各项业务工作进行检查，指导办案，解决工作中遇到的一系列问题；另一方面体现为上级人民检察院可以纠正下级人民检察院的错误决定。

因此，《办案规则》规定上级人民检察院发现下级人民检察院行使职权不当或者处理案件有错误时，有权纠正、撤销或者变更下级人民检察院的决定。上级人民检察院对下级人民检察院的错误，有权直接予以纠正，即予以撤销或者变更；也有权指令下级人民检察院纠正，即由下级人民检察院自行作出纠正原错误决定的决定。对于上级人民检察院作出的决定，下级人民检察院应当执行。如果认为上级人民检察院作出的决定有错误，可以逐级向上级人民检察院报告，但不得停止执行原决定，这样既保证了上级人民检察院有效地领导下级人民检察院，也保障了下级人民检察院能够向上级人民检察院反映情况和意见。

第十一条

　　人民检察院办理公益诉讼案件，实行一体化工作机制，上级人民检察院根据办案需要，可以交办、提办、督办、领办案件。

　　上级人民检察院可以依法统一调用辖区的检察人员办理案件，调用的决定应当以书面形式作出。被调用的检察官可以代表办理案件的人民检察院履行调查、出庭等职责。

【条文主旨】

　　本条是关于人民检察院办理公益诉讼案件实行一体化工作机制的规定。

【条文释义】

　　公益诉讼一体化工作机制是指人民检察院办理公益诉讼案件时应当发挥检察机关的体制优势，强化上下级人民检察院、同级人民检察院、人民检察院内设机构之间的协调配合，形成"上下统一、横向协作、内部整合、总体统筹"的一体化工作机制。实践中，一些地方检察院探索成立公益诉讼办案指挥中心，实行统一管理案件线索、统一研判监督策略、统一指定案件管辖、统一调配办案力量、统一指挥办案工作，统筹协调重大工作。2019年10月23日，在第十三届全国人民代表大会常务委员会第十四次会议上张军检察长在《最高人民检察院关于开展公益诉讼检察工作情况的报告》中也要求："探索建立公益诉讼办案一体化机制，整合办案力量、技术装备等检察资源。"

　　上级人民检察院遇有重大、疑难、复杂的案件可以通过交办、提办、督办、领办等一体化办案手段，有利于减少和排除地方干扰，确保办案工作顺利进行。具体而言，一体化办案机制包括以下几种办案方式：一是交办。交办案件是指上级人民检察院对本应当由其办理的案件交由下级人民检察院办理并要求报告办理结果。上级人民检察院交办案件应当制作《指定管辖决定书》。对于公益诉讼案件线索的交办，上级人民检察院应当以《交办案件线索通知书》交下级人民检察院办理。二是提办。提办案件是指上级人民检察院对本应当由下级人民检察院办理的案件提级由上级人民检察院自己办理。对于一些地方行政干预较大的疑难复杂的案件，按照管辖制度应当由下级人民检察院办理，为了减少和排除地方干扰，上级人民检察院提级由自己办理。三是督办。督办案件是指上级人民检察院对下级人民检察院办理的案件进行监督，保证下级人民检察院的办案质量、办案效果。上级人民检察院可以采用视频、电话、发函、派员、调卷、听取汇报以及通报等方式对下级人民检察院办理的案件进行督办。四是领办。领办案件是指上级人民检察院带领下级人民检察院共同办理公益诉讼案件。领办案件有利于发挥上级人民检察院业务指导、综合协调的优势。

本条第 2 款规定了公益诉讼办案力量统一调用问题。公益诉讼办案工作包括线索摸排、调查核实、检察建议、提起诉讼等多个环节，不仅需要具备较高的办案能力，还需要投入较多的办案力量。为贯彻检察一体化原则，解决检察人员异地办案的客观需要和合法性问题，根据《人民检察院组织法》第 24 条第 1 款第 4 项规定，上级人民检察院"可以统一调用辖区的检察人员办理案件"。首先，上级人民检察院可以统一调用辖区的检察人员办理案件；其次，调用的决定应当以书面形式作出；最后，被调用的检察官可以代表办理案件的人民检察院履行调查、出庭等各项检察职责。

第十二条

人民检察院办理公益诉讼案件，依照规定接受人民监督员监督。

【条文主旨】

本条是关于人民监督员制度的规定。

【条文释义】

人民监督员由人民群众通过特定程序遴选，代表人民群众对人民检察院的办案活动进行监督。人民监督员制度是健全检察权运行的重要外部监督制约机制，是检察改革的重要内容，人民检察院的办案活动接受人民监督员的监督。2018 年修订的《人民检察院组织法》第 27 条规定："人民监督员依照规定对人民检察院的办案活动实行监督。"2019 年 8 月 27 日实施的《人民检察院办案活动接受人民监督员监督的规定》，从规范人民检察院接受人民监督员监督的角度，对人民监督员监督检察办案活动作出全面调整和完善。过去，人民监督员监督的对象主要是检察机关办理的职务犯罪案件。在国家监察体制改革、检察机关职务犯罪侦查职能整体转隶后，原来的监督对象发生了重大变化，需要根据形势发展，进一步改革完善人民监督员制度。根据《人民检察院办案活动接受人民监督员监督的规定》相关规定，人民检察院下列工作可以安排人民监督员依法进行监督：案件公开审查、公开听证；检察官出庭支持公诉；巡回检察；检察建议的研究提出、督促落实等相关工作；法律文书宣告送达；案件质量评查；司法规范化检查；检察工作情况通报；其他相关司法办案工作。同时，人民监督员通过其他方式对检察办案活动提出意见建议的，人民监督员工作机构应当受理审查，及时转交办理案件的检察官办案组或者独任检察官审查处理。此次《办案规则》起草充分吸收了人民监督员制度改革的相关成果，更加突出人民监督员制度的重要性，明确人民检察院办理公益诉讼案件的活动依照规定接受人民监督员监督。

第二章 一般规定

第一节 管 辖

第十三条

人民检察院办理行政公益诉讼案件,由行政机关对应的同级人民检察院立案管辖。

行政机关为人民政府,由上一级人民检察院管辖更为适宜的,也可以由上一级人民检察院立案管辖。

【条文主旨】

本条是关于行政公益诉讼案件立案管辖的一般原则。

【条文释义】

人民检察院立案办理公益诉讼案件,需要明确基本的管辖原则。检察机关办理公益诉讼案件,主要包括立案调查和审查起诉两个阶段。在这两个阶段中,办案工作内容和方式各具有其独特规律,案件管辖的确定也应遵循各自规律和工作需要。考虑到公益诉讼案件这个特殊性,《办案规则》将案件管辖分为立案管辖和诉讼管辖两个阶段,分别确定管辖的指引,但又相互紧密关联。从检察公益诉讼制度的设计和试点以来的广泛实践来看,检察机关立案办理公益诉讼案件,在向人民法院提起诉讼前的主要工作任务,是调查核实国家利益和社会公共利益的受损状况以及行政机关的法定职责、违法行使职权或不作为情况,或者违法行为人损害社会公共利益的行为以及损害后果等情况。这个阶段,主要考虑如何适当地调配和投入检察机关办案资源,减少办案阻力和程序负累,确保办案效率、质量和效果;与提起诉讼阶段相比,后者主要考虑与审判机关的管辖规则相匹配,制度的价值取向有较大不同。因此,需要独立地明确检察机关立案环节的管辖指引,以满足办案需要。立案管辖,是指在人民检察院收到公益诉讼线索后,如何确定具体由哪个检察院立案启动调查核实程序,体现的是监督规律,基本的规则是地域管辖制度和级别管辖制度;当管辖不明、管辖冲突难以确定时,主要通过指定管辖、移送管辖等管辖权转移以及管辖冲突解决机制进行调节。诉讼管辖,即符合提起诉讼条件的案件,如何确定具体由哪个检察院向哪个人民法院提起诉讼,体现的是诉讼规律,主要遵循人民法院审判管辖中地域管辖制度和级别管辖制度,以对等起诉至有管辖权的人民法院。

本条款明确了人民检察院办理行政公益诉讼案件的立案管辖规则,以"对应""同级"为指引,确定具体立案办理行政公益诉讼案件的人民检察院。据此,一般行政机关,即省、市、县各级政府组成部门,均可以直接确定对应的同级人民检察院。同级检察机关立案,可以有效应对和消除纯粹的地域管辖规则带来的困难,即下级检察机关特别是基层人民检察院监督辖区内上级行政机关,所面临的层级不对等的压力和可能的阻力,以更好地体现法律监督属性,更好地履行法律监督职责。对于乡镇政府、街道办事处等不存在对应同级检察机关的行政管理机构,应按照行政管理权限上溯至其上一级行政机关,确定对应的同级人民检察院。各类开发区、推进区等行政管理机构为被监督对象的,可参照原行政管理辖区或者当地确定的行政诉讼管辖范围,确定对应的同级人民检察院,以便于将来可能的诉讼衔接。

值得注意的是,2018年12月中共中央办公厅、国务院办公厅印发了《关于深化生态环境保护综合行政执法改革的指导意见》,规定"除直辖市外,县(市、区、旗)执法队伍在整合相关部门人员后,随同级生态环境部门并上收到设区的市,由设区的市生态环境局统一管理、统一指挥"。"乡镇(街道)要落实生态环境保护职责,明确承担生态环境保护责任的机构和人员,确保责有人负、事有人干。开发区的生态环境保护综合行政执法体制由各省、自治区、直辖市确定。""按照设区的市与市辖区原则上只设一个执法层级的要求,副省级城市、省辖市整合市区两级生态环境保护综合执法队伍,原则上组建市级生态环境保护综合执法队伍。对于有特殊执法需要的区或偏远的区,可设置派出机构。"这意味着全国各地生态环境领域行政机关执法权限将出现多种情况,原则上以设区的市级机关为主,同时存在其他情形。对此,行政公益诉讼仍要坚持同级监督的原则。

根据本条第2款规定,被监督行政机关为人民政府的,同级人民检察院同样具有立案管辖权;根据案件的具体情况,同级检察院办理存在较大阻力或者案件重大、复杂时,由上一级人民检察院管辖更为适宜的,也可以由上一级人民检察院立案管辖。

> **第十四条**
> 　　人民检察院办理民事公益诉讼案件,由违法行为发生地、损害结果地或者违法行为人住所地基层人民检察院立案管辖。
> 　　刑事附带民事公益诉讼案件,由办理刑事案件的人民检察院立案管辖。

【条文主旨】

本条是关于民事公益诉讼案件立案管辖的一般原则。

【条文释义】

本条确立了基层人民检察院对民事公益诉讼案件的立案管辖权。立案办理民事公益诉讼案件的主要任务,是在社会公共利益受到损害时,调查核实清楚公益受损情况及相应的违法行为。因此,为最大限度地便利办案检察机关开展调查核实工作,本条参照了《关于检察公益诉讼案件适用法律若干问题的解释》第5条第1款"市(分、州)人民检察院提起的第一审民事公益诉讼案件,由侵权行为地或者被告住所地中级人民法院管辖"的规定,根据大量损害社会公共利益的案件中往往存在违法行为地与损害结果地并不一致的情况,将侵权行为地扩大解释为既包括违法行为发生地,也包括损害结果地,进而以违法行为发生地、损害结果地、违法行为人住所地为连接点,指引确定相应的基层人民检察院。因此,违法行为发生地、损害结果地、违法行为人住所地不一致的,各自相应的基层人民检察院都有权立案管辖,原则上由先立案的人民检察院办理;发生争议时,也可通过立案管辖冲突解决机制,由争议双方协商解决。本条第2款,则参照了《关于检察公益诉讼案件适用法律若干问题的解释》第20条的规定,以便于承办刑事案件的检察机关发挥了解案情、便于诉讼的优势,提高诉讼效率。

对于民事公益诉讼案件立案管辖权是否下放到基层人民检察院,曾有不同意见。有的地方基于基层检察机关面临的实际困难和压力,争议还较大。经过深入研究,《办案规则》明确由基层人民检察院立案办理民事公益诉讼案件,主要有以下几个方面考虑:一是充分发动检察力量全面保护公益。全国有390余个地市级检察院和3100多个县区级检察院,市级检察院数量仅占基层人民检察院的1/8左右，全面放权显然更有利于全面保护公益。实践中，全部刑事附带民事公益诉讼案件都由基层人民检察院、人民法院办理，不少地方中级法院也在报经高级法院同意后，把民事公益诉讼案件交给了基层人民法院审理。二是充分发挥基层人民检察院"最后一公里"的优势。基层人民检察院更熟悉本地基层情况，发现线索和开展调查都更为及时和便利。三是放权不等于完全"放手"。遇到重大、复杂案件时，依靠检察一体的体制优势和指定管辖、管辖权转移等手段，仍然可以实现管辖权的上提，集中力量突破案件。四是创造契机不断加强基层基础。部分基层人民检察院目前面临的办案人员紧张、内设机构改革的实际困难，增加相应职能会使各级更加重视，在人员配备等方面有望逐步得到缓解。

第十五条

设区的市级以上人民检察院管辖本辖区内重大、复杂的案件。公益损害范围涉及两个以上行政区划的公益诉讼案件，可以由共同的上一级人民检察院管辖。

【条文主旨】

本条是关于上级人民检察院管辖案件的规定。

【条文释义】

公益诉讼案件的级别管辖，主要是解决全国四级检察机关在立案办理公益诉讼案件过程中的分工问题，以满足办案需要为主要目的，适当匹配和投入各个层级的检察办案资源。本条与本《办案规则》第13条、第14条确立的立案管辖原则结合起来，完整构建了立案管辖环节中的级别管辖。

除第13条、第14条规定的立案级别管辖外，最高人民检察院、省级人民检察院和市级人民检察院分别立案办理本辖区内的重大、复杂案件。关于重大、复杂案件的具体范围，在实践中主要包括案情复杂、调查阻力较大、社会影响重大、公益损害严重，被监督行政机关级别较高，以及上级院认为由其管辖更为适宜等几类情形，由上级人民检察院在具体案件的办理中予以把握。

对于公益损害范围涉及两个以上行政区划的公益诉讼案件，根据第13条、第14条的规定，相关地方人民检察院均具有管辖权，也可以由共同的上一级人民检察院管辖。

> **第十六条**
>
> 人民检察院立案管辖与人民法院诉讼管辖级别、地域不对应的，具有管辖权的人民检察院可以立案，需要提起诉讼的，应当将案件移送有管辖权人民法院对应的同级人民检察院。

【条文主旨】

本条是关于办理公益诉讼案件中立案管辖与诉讼管辖衔接的规定。

【条文释义】

本《办案规则》确立了公益诉讼案件立案管辖与诉讼管辖分离原则。如何实现两类管辖的有效衔接，是一个重要问题。

在以往的办案实践中，主要有两种模式：一是"谁立案谁起诉"，即由立案的检察院提起诉讼。这个规则的优势是程序简便、简单明了、易于理解和操作，有利于最广泛地发挥基层人民检察院的办案积极性，且避免了提起诉讼时由于承办检察院变更带来的移送环节诸多问题，如受移送的检察院是否完全认可立案检察院的审查起诉意见，出现可能需要补充调查、完善证据时的程序繁琐、工作量增加等。但是，这种模式也存在潜在问题。如果严格限定于"谁立案谁起诉"，将打破各级人民检察院与人民法院之间在地域和级别上的对应关系，不符合检法平级诉审的运行规律，也将给检察机关在相应案件办理中履行法律监督职责带来混乱。在提起诉讼后，检察机关如何更加直接有效地开展生效裁判结果监督、执行监督、审判程序中审判人员违法行为的监督还存在问题。

二是"移送对等起诉"，即检察机关立案管辖与人民法院诉讼管辖不对应的，检察机关应当将案件移送与受诉人民法院对应的检察机关起诉。这种模式，是为了坚持检察机关在公益诉讼中法律监督的职能定位，合理解决与人民法院的诉讼管辖不对应问题，符合检法两院在诉讼中的平级对等原则。移送对等起诉可以弥补立案的人民检察院跨地域、跨级别起诉带来的诸多弊端，有利于更好履行法律监督职责，也有利于统一掌握起诉标准，提高案件办理质量。实践中，在一些地方，中级人民法院受理民事公益诉讼案件后，裁定交到基层法院审理。对于这种情况，检察机关可以提前与法院沟通，由基层检察院直接向基层法院起诉。如市级检察机关已经提起诉讼，中级人民法院又裁定交由基层法院审理的，可以商中级人民法院退卷，再移送相应基层检察院提起诉讼。目前，这种模式短期内对承担集中起诉职能检察院的办案能力和队伍素质是个不小的考验，对如何考核立案检察院办案业绩，保护办案积极性也是个考验。

经过反复深入研讨、征求全国检察机关意见并多次听取专家论证意见后，《办案规则》最终采用第二种模式。在人民检察院立案管辖与人民法院诉讼管辖级别、地域不对应的情况下，具有立案管辖权的人民检察院经立案调查，认为需要提起诉讼的，应当将案件移送有管辖权人民法院对应的人民检察院提起诉讼。

第十七条

上级人民检察院可以根据办案需要，将下级人民检察院管辖的公益诉讼案件指定本辖区内其他人民检察院办理。

最高人民检察院、省级人民检察院和设区的市级人民检察院可以根据跨区域协作工作机制规定，将案件指定或移送相关人民检察院跨行政区划管辖。基层人民检察院可以根据跨区域协作工作机制规定，将案件移送相关人民检察院跨行政区划管辖。

人民检察院对管辖权发生争议的，由争议双方协商解决。协商不成的，报共同的上级人民检察院指定管辖。

【条文主旨】

本条是关于人民检察院办理公益诉讼案件的指定管辖、跨区域协作和管辖争议解决机制的规定。

【条文释义】

本条明确了检察机关办理公益诉讼案件时指定管辖的情形、跨区域协作机制的地位和作用以及管辖异议的解决机制。此处对管辖的调节，既包括立案管辖，也包括诉讼管辖。

指定管辖，主要是依靠检察机关上下级领导关系的体制优势，在办理公益诉讼案件中为排除办案阻力和属地干扰因素等需要，以及其他不宜由当地人民检察院继续办理的情形，由上级人民检察院将下级人民检察院管辖的案件指定给上级人民检察院所辖区域内其他人民检察院办理，以实现异地办理，为案件管辖权的灵活调节提供法律依据和制度保障。在指定诉讼管辖时，作出决定的人民检察院要事先与同级人民法院进行沟通，以便其指定到对应的下级人民法院进行审判。

本条第 2 款明确了跨区域协作工作机制。据此，已经建立跨区域协作工作机制的地方，可以把跨区域协作工作机制作为调节案件管辖的明确制度依据，通过上级院指定或基层院直接移送的方式，便利地实现公益诉讼案件的跨行政区划管辖变更。这对于特定范围的案件，比如，长江流域、黄河流域、淮河流域等生态环境和资源保护领域的案件，通过跨区域协作工作机制提升司法办案效率，提升流域治理能力和治理水平具有重要意义。2022 年 3 月，最高检印发《检察公益诉讼跨行政区划管辖指导意见（试行）》，对检察机关通过指定、移送、协商等方式，跨县级以上行政区划确定检察公益诉讼管辖的情形进行了规范。

管辖争议，是指不同人民检察院对同一公益诉讼案件均认为应当由本院管辖或者均认为应当由对方院管辖而产生争议。产生争议的解决方式，首先应当进行协商，争取达成一致；在无法达成一致的情况下，应当报共同的上级人民检察院指定管辖。

第十八条

上级人民检察院认为确有必要的，可以办理下级人民检察院管辖的案件，也可以将本院管辖的案件交下级人民检察院办理。

下级人民检察院认为需要由上级人民检察院办理的，可以报请上级人民检察院决定。

【条文主旨】

本条是关于人民检察院办理公益诉讼案件时管辖权在上下级人民检察院之间转移的规定。

【条文释义】

本条规定的管辖权转移，是在一般管辖原则的基础上，通过交办、提办等方式，实现管辖权在上下级人民检察院之间的转移。管辖权转移，突出体现了检察一体的制度优势，为上下级人民检察院之间合理调配办案资源提供了必要的制度通道。

依照本条规定，管辖权转移程序可以在立案前或者立案后启动，对于"确有必要"的具体涵义和条件，由上级人民检察院结合案件具体情况综合把握。下级人民检察院在遇到认为由上级人民检察院办理更为适宜的案件时，可以启动管辖权转移程序，报请上级人民检察院决定，上级院可以根据案件的具体情况，作出由本院提办、由报请的下级院继续办理或者指定由辖区内的其他院办理的决定。

第二节 回 避

【第十九条】

检察人员具有下列情形之一的，应当自行回避，当事人、诉讼代理人有权申请其回避：

（一）是行政公益诉讼行政机关法定代表人或者主要负责人、诉讼代理人近亲属，或者有其他关系，可能影响案件公正办理的；

（二）是民事公益诉讼当事人、诉讼代理人近亲属，或者有其他关系，可能影响案件公正办理的。

应当回避的检察人员，本人没有自行回避，当事人及其诉讼代理人也没有申请其回避的，检察长或者检察委员会应当决定其回避。

前两款规定，适用于翻译人员、鉴定人、勘验人等。

【条文主旨】

本条是关于回避的情形及具体方式。

【条文释义】

回避制度是诉讼基本制度，人民检察院办理公益诉讼案件同样要实行回避制度。《办案规则》参照《检察人员任职回避和公务回避暂行办法》及《民事诉讼法》和《行政诉讼法》，结合公益诉讼的特点，专设一节规定了检察人员在办理公益诉讼案件时的回避制度。公益诉讼案件办理的回避制度包括以下几个方面的内容：

一是回避制度适用的对象。根据《民事诉讼法》和《行政诉讼法》的相关规定，回避制度的适用对象为检察人员、翻译人员、鉴定人、勘验人等。

二是回避的情形。回避的情形包括：（1）是行政公益诉讼行政机关法定代表人或者主要负责人、诉讼代理人近亲属，或者有其他关系，可能影响案件公正办理的；（2）是民事公益诉讼当事人、诉讼代理人近亲属，或者有其他关系,可能影响案件公正办理的。

三是回避的方式。回避有两种方式:(1)申请回避,(2)自行回避。

《办案规则》在草拟公益诉讼回避制度时争议比较大的问题是应否把"与本案有利害关系"作为公益诉讼回避的情形。在普通的民事、行政诉讼中,"与本案有利害关系"是指本案的处理结果会涉及本案的办案人员或者其他有关人员在法律上的利益,主要包括两个方面,一是检察人员与案件或案件当事人之间存在一定的实质性的利害关系,可能与当事人有财产、人身的利害关系,或者享有共同的权利或承担共同的义务,或与其中一方有直接的隶属关系。二是检察人员曾经参与过案件处理的某一程序,具有职务性利害关系。公益诉讼涉及国家利益和社会公共利益,与每一个公民均有利害关系,且由于检察公益诉讼程序的特殊性,检察官办理公益诉讼案件可能会参与立案、调查、起诉等全过程,不宜将参加过某一办案程序,视为有职务性利害关系,作为回避的事由。

关于"近亲属"范围的理解,应当包括与检察人员有夫妻、直系血亲、三代以内旁系血亲及近姻亲关系的亲属。2011年,最高人民法院《关于审判人员在诉讼活动中执行回避制度若干问题的规定》对近亲属的界定,也是与审判人员有夫妻、直系血亲、三代以内旁系血亲及近姻亲关系的亲属。

关于"有其他关系,可能影响案件公正办理"的理解,是指关系密切的同学、同事、朋友等,或者曾经与当事人有过恩怨等。这种关系认定的关键在于是否有可能影响对案件的公正办理,只要具有影响案件公正办理可能的关系,都应当成为回避事由。

第二十条

检察人员自行回避的,应当书面或者口头提出,并说明理由。口头提出的,应当记录在卷。

【条文主旨】

本条是关于检察人员自行回避的规定。

【条文释义】

所谓自行回避,是指在办理公益诉讼案件的过程中,检察人员基于法律的规定,认为自己办理或参与办理某一案件不适宜的,请求退出该案的办理工作，更换其他检察人员办理案件。检察人员自行回避，也可以通过口头的方式提出，但口头提出申请的，也应当制作书面记录。

第二十一条

当事人及其诉讼代理人申请回避的，应当书面或者口头提出，并说明理由。口头提出的，应当记录在卷。

被申请回避的人员在人民检察院作出是否回避的决定前，不停止参与本案工作。

【条文主旨】

本条是关于当事人申请回避的规定。

【条文释义】

所谓申请回避，是指当事人及其代理人认为检察人员有法律规定的应当回避事项的，向人民检察院提出申请，人民检察院审查后决定是否更换其他检察人员办理案件。

当事人申请检察人员或者其他相关人员回避，可以在公益诉讼案件办理过程中提出。检察机关提起公益诉讼后，当事人申请回避的，应当按照《民事诉讼法》和《行政诉讼法》的相关规定提出。当事人申请回避的，应当说明申请的理由，以便于检察机关及时审查。为了便利当事人申请回避，当事人提出回避申请时，既可以采用口头方式提出，也可以采用书面方式提出。

需要注意的是，与一般民事诉讼、行政诉讼中申请回避不同，在人民检察院作出是否回避的决定之前，被申请回避的人员不停止参与本案工作，主要考虑到检察机关公益诉讼办案中需要及时调查取证等工作，如果停止办案工作，可能导致重要证据灭失或转移、销毁等后果，不利于调查工作。

第二十二条

检察长的回避，由检察委员会讨论决定；检察人员和其他人员的回避，由检察长决定。检察委员会讨论检察长回避问题时，由副检察长主持。

【条文主旨】

本条是关于回避决定的规定。

【条文释义】

为了保证回避决定的严肃性和公正性,特别要防止被申请回避的人员自己作出是否回避的决定。本条参照《民事诉讼法》和《行政诉讼法》的有关规定,确定由检察长决定检察人员和其他人员的回避,同时,由检察委员会决定检察长的回避,检委会讨论检察长回避问题时,应由副检察长主持。

第二十三条

人民检察院对当事人提出的回避申请,应当在收到申请后三日内作出决定,并通知申请人。申请人对决定不服的,可以在接到决定时向原决定机关申请复议一次。人民检察院应当在三日内作出复议决定,并通知复议申请人。复议期间,被申请回避的人员不停止参与本案工作。

【条文主旨】

本条是关于当事人申请回避的决定时间和复议的规定。

【条文释义】

为了提高办案效率,避免拖延办理案件,保护当事人诉讼权利,本条限定了人民检察院答复当事人回避申请的期限,即不论是否准许当事人的回避申请,人民检察院都应当在收到回避申请后3日内作出决定并通知当事人。同时,为了保障当事人充分行使诉讼权利,规定如申请人对决定不服,可以向原决定机关提出复议一次。之所以对当事人申请复议的次数作出限制,是为了防止少数当事人滥用权利,反复申请,妨碍公益诉讼案件的正常办理。此外,当事人对人民检察院作出的回避决定不服的,只能向原决定机关申请复议,不能向上级人民检察院申请。

结合本条规定和《办案规则》第22条的规定,回避决定程序包含如下内容:

一是对申请回避和自行回避,人民检察院检察长拥有主要的决定权,可决定检察人员和其他人员是否回避。检察长的回避,由检委会讨论决定。

二是对当事人提出的回避申请,人民检察院应当在3日内作出决定,告知申请人。

三是当事人对回避决定不服的救济方式,是可以申请复议,申请复议的时间从接到回避决定时起算,申请复议的次数,以一次为限。

四是人民检察院经过复议,应当在3日内作出复议决定,并通知复议申请人。

五是复议决定一经作出，立即发生法律效力。复议期间，被申请回避的人员不停止参与案件办理工作。

第三节 立 案

第二十四条

公益诉讼案件线索的来源包括：
（一）自然人、法人和非法人组织向人民检察院控告、举报的；
（二）人民检察院在办案中发现的；
（三）行政执法信息共享平台上发现的；
（四）国家机关、社会团体和人大代表、政协委员等转交的；
（五）新闻媒体、社会舆论等反映的；
（六）其他在履行职责中发现的。

【条文主旨】

本条是关于人民检察院办理公益诉讼案件有关线索来源的规定。

【条文释义】

发现公益诉讼案件线索，是办理公益诉讼案件的基础。无论是修改后的《民事诉讼法》还是修改后的《行政诉讼法》，均明确要求人民检察院"在履行职责中"发现线索，因此最高人民检察院制定的《检察机关民事公益诉讼案件办案指南（试行）》和《检察机关行政公益诉讼案件办案指南（试行）》中，对线索来源严格限定于"在履行职责中发现"的情形，并对"履行职责"的涵义明确为"包括批准或决定逮捕、审查起诉、控告检察、诉讼监督、公益监督等职责"。为便于人民群众和社会各界理解和把握，《办案规则》对"在履行职责中发现"作了细化，明确了公益诉讼案件线索的五类具体来源，并使用兜底条款为其他依法发现线索的方式留下拓展空间。

本条所列六项线索来源中，第一项"自然人、法人和非法人组织向人民检察院控告、举报的"，参照《民法典》对控告、举报的民事主体使用"自然人、法人和非法人组织"的表述，最大限度涵盖各类民事主体，控告、举报的渠道和形式均未作限定，包括但不限于检察机关专用的12309综合服务平台，包括来人、来信、来访等其他方式均可向检察机关提供公益诉讼案件线索，最大限度动员和依靠人民群众的力量，鼓励和引导广大人民群众热情参与到公益保护工作中来。第二项"人民检察院在办案中发现的"，是指检察机关内部所有承担业务办案职能的部门，在履行司法办案职责中发现的公益诉讼案件线索。第三项"行政执法信息共享平台上发现的"，是指在行政执法与刑事司法衔接平台、行政执法与行政检察衔接平台、最高人民检察院正在研发的全国公益诉讼志愿者平台上，以及各级检察机关与有关行政机关、行政执法机关联合建立的执法监督、情况通报、信息共享等信息平台上发现的公益诉讼案件线索。第四项"国家机关、社会团体和人大代表、政协委员等转交的"，是指党委、人大、政府、政协、纪检监察机关、其他政法机关等国家机关，依法批准、登记或设立的社会团体，或者各级人大代表、政协委员等社会各界转交检察机关的公益诉讼案件线索。第五项"新闻媒体、社会舆论等反映的"，是指依法公开发行的报纸、刊物，播放的广播、电视等各类传统媒体和官方网站、微博、公众号等新兴媒体，在实施舆论监督过程中，反映的公益诉讼案件线索，以及线上线下社会舆论关注和反映的公益诉讼案件线索。第六项"其他在履行职责中发现的"，作为兜底条款，涵盖前五项线索来源以外的其他依法获取公益诉讼案件线索的来源。

第二十五条

人民检察院对公益诉讼案件线索实行统一登记备案管理制度。重大案件线索应当向上一级人民检察院备案。

人民检察院其他部门发现公益诉讼案件线索的，应当将有关材料及时移送负责公益诉讼检察的部门。

【条文主旨】

本条是关于人民检察院公益诉讼案件线索管理的规定。

【条文释义】

建立案件线索统一登记备案管理制度，对公益诉讼案件线索实施统一有效管理非常有必要，关系到公益诉讼办案工作能否及时启动、深入开展。在《办案规则》实施以前，各地检察机关对公益诉讼案件线索的发现和管理进行了许多有益探索，因各地工作特点、工作重心的差异，这些探索各有特色、线索来源多样，管理模式不一。

根据本条规定，各级人民检察院对公益诉讼案件线索实行统一管理，收到的线索都要登记，全部录入办案系统。统一登记备案管理如何归口，在《办案规则》征求意见过程中有不同认识，主要有三种意见：一是归口到公益诉讼检察部门，其他业务部门发现的线索，应当及时移送，便于公益诉讼部门及时掌握线索和办理案件；二是归口到案件管理部门，案件管理部门作为检察机关的检察业务"大管家"，集中监督管理各类检察业务情况，应当全面掌握公益诉讼案件线索登记备案情况；三是归口到控申检察部门，因为各类线索有相当一部分来源于控申检察部门。经过研究，最终采用第一种意见，主要是考虑：一是各级检察机关已经全部实行网上办案，案件线索进入统一业务应用系统后，便纳入了案件管理部门的监管范围，能够保证线索的及时分流和移转交办；二是线索来源渠道多元，除控申检察部门直接接收的线索外，尚有其他线索来源渠道，如果都再交控申检察部门进行登记备案，徒增程序负累和流转时间，并无太大实际意义。因此，直接集中归口到公益诉讼检察部门最为简便，也便于接受监督。由于全国各地检察机关内设机构设置并不完全一致，公益诉讼案件线索统一登记备案管理制度的具体内容，各省级人民检察院可以结合实际情况予以细化和规范。

本条第1款确立了重大公益诉讼案件线索上报备案制度，以利于上级人民检察院通过备案进行审查把关，发现普遍性问题、研究形势和规律、更好应对和指导实际办案工作。对重大案件线索的把握，由各省级人民检察院结合本地实践自行规定和适时调整，具体考虑因素包括涉案金额、涉案行政机关层级、损害后果、社会影响等。

本条第2款明确了各级人民检察院内设部门发现公益诉讼案件线索的院内移送义务。《办案规则》该款规定的受移送部门为负责公益诉讼检察的部门，需要注意的是，2022年5月16日最高检印发的《人民检察院内部移送法律监督线索工作规定》对此进行了修正。根据该工作规定，人民检察院各部门在工作中发现或者收到执法司法等方面的问题、反映，需要人民检察院其他相关部门开展监督的线索，应当经部门负责人审批后，统一由本部门指定的专人向本院负责案件管理的部门移送。

第二十六条

人民检察院发现公益诉讼案件线索不属于本院管辖的，应当制作《移送案件线索通知书》，移送有管辖权的同级人民检察院，受移送的人民检察院应当受理。受移送的人民检察院认为不属于本院管辖的，应当报告上级人民检察院，不得自行退回原移送线索的人民检察院或者移送其他人民检察院。

人民检察院发现公益诉讼案件线索属于上级人民检察院管辖的，应当制作《报请移送案件线索意见书》，报请移送上级人民检察院。

【条文主旨】

本条是关于人民检察院之间移送公益诉讼案件线索有关程序的规定。

【条文释义】

公益诉讼案件线索来自于各种渠道，线索提供者一般难以完全按照地域管辖、级别管辖等要求，精准送达有管辖权的人民检察院。人民检察院在收到公益诉讼案件线索后，发现不属于本院管辖的，应当根据管辖权限进行移送。

线索移送有两种类型：一种是按照地域管辖规则的指引，在同级人民检察院之间进行的横向移送；另一种是按照级别管辖规则的指引，由于超出本院级别管辖权限，而进行的向上移送。

为提高线索移送效率，同级人民检察院之间移送线索使用《移送案件线索通知书》，但相应的限制条件是，移送的对象应当是有管辖权的人民检察院，且以移送一次为限。受移送的人民检察院应当受理，不得以任何理由拒绝接收和自行再次移送；如果受移送的人民检察院认为本院也没有管辖权限，只能报送上级人民检察院决定对线索作出处理。

人民检察院在收到公益诉讼案件线索后，认为按照管辖权限应当由上级人民检察院管辖的，使用《报请移送案件线索意见书》，提出报请移送意见报请上一级人民检察院，由上一级人民检察院决定由其管辖、报请其上一级人民检察院管辖、由报请移送案件线索的人民检察院继续办理、指定其他下级人民检察院管辖等处理决定。

> **第二十七条**
>
> 人民检察院应当对公益诉讼案件线索的真实性、可查性等进行评估，必要时可以进行初步调查，并形成《初步调查报告》。

【条文主旨】

本条是关于人民检察院收到公益诉讼案件线索后在立案前开展线索评估和初步调查的规定。

【条文释义】

人民检察院收到公益诉讼案件线索后，对相关线索开展评估，对后续是否进行初步调查、能否立案等有重要影响。线索评估主要关注线索的真实性和可查性。线索真实性是第一位的，反映的公共利益受损以及违法行为的情形是否真实存在，这可以结合线索来源渠道的可靠性、线索的具体载体和内容的直观程度进行综合判断。线索的可查性，反映的问题是否属于公益诉讼案件范围，国家利益和社会公共利益受到损害的事实和程度是否能够得到查证，调查取证存在哪些困难和障碍等。

在对线索进行评估的时候，从线索本身可能难以判定真实性和可查性的，办案人员可以进行初步调查，对国家利益和社会公共利益是否受到侵害、是否存在违法行为等进行初步判定，了解和确认线索的真实性和可查性，但一般情况下不宜在这个阶段直接接触违法行为人；开展初步调查的，应当形成书面的《初步调查报告》，以固定调查情况，为决定是否立案奠定基础。

需要说明的是，在《检察机关民事公益诉讼案件办案指南（试行）》《检察机关行政公益诉讼案件办案指南（试行）》中，对线索的评估除了真实性和可查性，还包括风险性，即对立案调查该线索可能引发的社会舆论、信访风险、群体性事件的风险等进行评估。《办案规则》起草过程中，经过研究，线索的真实性和可查性是决定线索能否立案的关键性因素，在线索评估工作中仍然需要关注线索的风险因素和程度，在依法立案的同时，为预防和化解可能的办案风险做好预案，努力实现政治效果、法律效果和社会效果的有机统一。

> **第二十八条**
> 　　人民检察院经过评估,认为国家利益或者社会公共利益受到侵害,可能存在违法行为的,应当立案调查。

【条文主旨】

本条是关于人民检察院办理公益诉讼案件的立案条件的总括性规定。

【条文释义】

立案条件是检察机关办理各类公益诉讼案件在立案环节的核心条款之一。本条概括性地确立了各类公益诉讼案件所共同遵循的立案条件,与本《办案规则》第67条关于行政公益诉讼的立案条件、第85条关于民事公益诉讼的立案条件一起,共同构成了公益诉讼案件立案条件的完整规则。

在司法实践中,对本条的理解把握要全面。一方面,经过线索评估符合立案条件的,"应当"而非"可以"立案。这是因为,检察机关是维护国家利益和社会公共利益的一支重要力量,规定"应当"立案调查,可以从制度上杜绝各级检察机关因办案难度、外界干扰等非正常因素带来选择性立案的问题。另一方面,立案条件包含了"国家利益或者社会公共利益受到侵害"和"可能存在违法行为"两个要件,前者为确定性要件,后者为不确定性要件。对立案前经过评估和初步调查的案件线索,一般较为容易确定是否存在损害后果;对是否存在违法行为,正是需要立案后调查核实的。因此,在审查有关线索是否符合立案条件时,对上述两个要件的把握一定要结合线索具体情况,"违法行为"只要具有存在可能性即可。另外,这里的"违法行为"既包括违法行为人的违法行为,也包括负有监督管理职责的行政机关"违法行使职权或者不作为"的情形。

> **第二十九条**
> 　　对于国家利益或者社会公共利益受到严重侵害,人民检察院经初步调查仍难以确定不依法履行监督管理职责的行政机关或者违法行为人的,也可以立案调查。

【条文主旨】

本条是关于人民检察院办理公益诉讼案件以事立案情形的规定。

【条文释义】

本条作为公益诉讼案件立案条件的补充性规定，为以事立案情形赋予了明确依据。

一般来说，无论是民事领域社会公共利益受到侵害的案件，还是行政领域国家利益和社会公共利益受到侵害的案件，公益受损的事实是客观存在的，案件线索所能指向的"违法行为人"或者"负有监督管理职责的行政机关"，也是比较明确的，或者经过初步调查后，比较容易确定；刑事附带民事公益诉讼领域的案件，经过刑事侦查程序查明事实后，"违法行为人"则更为明确。因此，人民检察院办理公益诉讼案件，在立案环节原则上以被监督对象立案启动调查核实工作。但是，当公益受损严重，案件情况比较复杂，仅根据案件线索和初步调查情况难以确定"违法行为人"，或者难以确定属于哪个行政机关的监督管理职责范围时，若因被监督对象不明确而无法立案，不能及时启动司法办案程序，受损公益就得不到及时有效保护。本条根据地方实践探索经验，作出创设性规定，有效解决了此类问题。

需要注意的是，以事立案要求国家利益或者社会公共利益受损的程度为"严重侵害"，并且经过初步调查，目的在于适当提高立案门槛，防止程序被滥用。此类案件在履行必要的立案审批程序后，在进行调查和使用调查手段方面，与以被监督对象立案的方式相比，并没有本质上的区别。在具体案件调查中，还是应当从受损公益涉及的领域、可能指向的"违法行为人"、可能涉及的有关行政机关的法定职责入手，尽快确定案件的性质、调查的方向和被监督对象，顺利推进调查和证据收集等工作。

第三十条

检察官对案件线索进行评估后提出立案或者不立案意见的，应当制作《立案审批表》，经过初步调查的附《初步调查报告》，报请检察长决定后制作《立案决定书》或者《不立案决定书》。

【条文主旨】

本条是关于人民检察院办理公益诉讼案件的立案审批程序及文书的规定。

【条文释义】

在公益诉讼案件线索经过评估后，依照审批程序制作《立案审批表》，报请检察长决定是否立案；如进行初步调查的，应当形成《初步调查报告》，报请检察长决定是否立案，并制作相应的《立案决定书》或者《不立案决定书》。

立案审批是公益诉讼案件非常重要的办案环节和程序关口，决定立案后才能进一步开展调查工作，进行必要的证据调取、收集、固定、勘验、鉴定、评估等工作，包括建议人民法院进行证据保全和行为保全等。

> **第三十一条**
> 负责公益诉讼检察的部门在办理公益诉讼案件过程中，发现涉嫌犯罪或者职务违法、违纪线索的，应当依照规定移送本院相关检察业务部门或者其他有管辖权的主管机关。

【条文主旨】

本条是关于人民检察院办理公益诉讼案件过程中移送犯罪或职务违法、违纪线索的规定。

【条文释义】

国家利益和社会公共利益受到损害的案件中，可能夹杂或伴随着"违法行为人"涉嫌犯罪或"负有监督管理职责的行政机关"有关工作人员的职务违法、违纪行为。如民事公益诉讼领域中，破坏生态环境和资源保护、食品药品安全领域侵害众多消费者合法权益、侵害英雄烈士合法权益等违法行为，情节严重的，有可能构成相应的刑事犯罪；行政公益诉讼领域中，涉及生态环境和资源保护、食品药品安全、国有财产保护、国有土地使用权出让等损害国家利益或者社会公共利益，因相关行政机关的工作人员违法行使职权或者不作为，造成严重后果的，也可能涉嫌职务违法或者违纪行为。

《办案规则》本条规定的受移送部门为"本院相关检察业务部门或者其他有管辖权的主管机关"。需要注意的是，2022年5月16日最高检印发的《人民检察院内部移送法律监督线索工作规定》对此进行了修正。根据该工作规定，人民检察院各部门在工作中发现或者收到执法司法等方面的问题、反映，需要人民检察院其他相关部门开展监督的线索，应当经部门负责人审批后，统一由本部门指定的专人向本院负责案件管理的部门移送。

第四节 调 查

第三十二条

人民检察院办理公益诉讼案件,应当依法、客观、全面调查收集证据。

【条文主旨】

本条是关于检察机关办理公益诉讼案件调查权的一般规定。

【条文释义】

2017年《行政诉讼法》和《民事诉讼法》修改后,检察机关提起公益诉讼的制度正式得以确立,但法律并未明确规定检察机关调查权,实践中公益诉讼调查取证大都是依据传统民事行政诉讼监督中的调查核实权开展。《关于检察公益诉讼案件适用法律若干问题的解释》首次以司法解释的方式规定了检察机关办理公益诉讼案件的调查权。该解释第6条规定:"人民检察院办理公益诉讼案件,可以向有关行政机关以及其他组织、公民调查收集证据材料;有关行政机关以及其他组织、公民应当配合;需要采取证据保全措施的,依照民事诉讼法、行政诉讼法相关规定办理。"2018年修订后的《人民检察院组织法》第20条、第21条规定了人民检察院开展公益诉讼"可以进行调查核实"。无论是调查收集证据材料,还是调查核实,实质上均是指检察机关的调查权,既与传统的民事行政诉讼监督的调查核实权不同,也明显区别于民事行政诉讼中普通原告的取证权。首先,从性质上看,公益诉讼中调查权系代表国家履行公益诉讼职能,是具有主动性的职能,维护的是国家利益和社会公共利益,其性质显然有别于民事行政检察中的调查核实权。其次,公益诉讼调查权具有权力法定的特征,是一种不可放弃、不可任意行使的权力,与传统的民事、行政诉讼中当事人收集证据的权利也有明显区别。最后,传统的民事诉讼、行政诉讼中的证据多为利害关系人掌握,故不需要详细规定普通原告调查权,但公益诉讼中检察机关并非直接利害关系人,不直接掌握证据,因此必须赋予检察机关必要的调查权。

该条将"依法、客观、全面"明确为检察机关调查取证的基本要求。这既是证据合法性、客观性、关联性"三性"的必然要求，也是检察官履行职责秉持客观公正立场的义务。一是调查取证要合法。这是证据合法性的要求，主要体现为程序合法，办案人员不得违反法定程序开展调查，不得采取法律明确禁止的方式进行调查，否则证据就可能被认定为非法证据，不予采信。二是调查取证要客观，这既是证据客观性的要求，也是检察官履职秉持客观公正立场的基本要求。检察机关作为法律监督机关，以保障法律的统一正确实施为目标。检察官履行公益诉讼检察职责必须站在法律监督者的立场，而不是当事人的立场，客观行使调查权，以维护司法公正。三是调查取证要全面。这是证据关联性的要求，办案人员要根据案件情况全面开展调查，调查过程中既要收集证明相关主体违法的证据，也要注意收集减轻其责任、依法进行整改的证据材料。这也是检察官承担客观公正义务的要求，办案中要避免只调查收集对被监督对象不利的证据，不收集对被监督对象有利的证据。

第三十三条

人民检察院在调查前应当制定调查方案，确定调查思路、方法、步骤以及拟收集的证据清单等。

【条文主旨】

本条是关于公益诉讼调查前准备的规定。

【条文释义】

公益诉讼调查的前期准备，包括制定调查方案、收集相关法律法规、准备相关调查设备等，其中最重要的一项工作就是制定调查方案。一份好的调查方案，对于顺利完成调查任务、实现调查目的十分关键。

调查方案通常包括调查思路、方法、步骤以及拟收集的证据清单等基本要素。当前办案实践中，公益诉讼调查前的准备工作没有得到应有的重视，如未制定调查方案、调查思路不清晰、调查目标不明确等。将制定调查方案列为调查前的必备环节，是提高公益诉讼工作规范化、专业化水平，提升检察机关公益诉讼调查取证能力的切实举措。

第三十四条

人民检察院办理公益诉讼案件的证据包括书证、物证、视听资料、电子数据、证人证言、当事人陈述、鉴定意见、专家意见、勘验笔录等。

【条文主旨】

本条是关于公益诉讼证据种类的规定。

【条文释义】

证据种类具有法定性，民事公益诉讼与行政公益诉讼系由民事诉讼法和行政诉讼法规定，故公益诉讼的证据种类也应适用民事诉讼法和行政诉讼法相关规定。根据《民事诉讼法》第66条第1款规定，证据包括：（1）当事人的陈述；（2）书证；（3）物证；（4）视听资料；（5）电子数据；（6）证人证言；（7）鉴定意见；（8）勘验笔录。《行政诉讼法》规定的证据种类较之多了"现场笔录"。现场笔录是指国家行政机关及其工作人员在进行当场处罚或其他紧急处理时，对有关事项当场所作的记录。如公安机关对违反治安管理处罚条例的人进行询问所作的笔录、价格管理机关对违反价格法的有关单位或公民进行查处时所作的笔录等。如《渔业水域污染事故调查处理程序规定》第14条的规定。行政机关制作现场笔录，旨在克服以后再取证的困难并防止行政相对人事后翻供情况的发生。由此可见，现场笔录的制作主体只能是行政机关，该证据显然不适用于检察机关开展公益诉讼调查取证。因此，本条未规定现场笔录这一证据种类。

专家意见是指具有专门知识的人对公益诉讼案件涉及的专门性问题提出的专业意见。由于不少公益诉讼案件涉及领域专业性强、技术要求高，鉴定评估存在周期长、费用贵、鉴定机构少等原因，检察机关在调查中经常面临取证难、认定难、鉴定难等问题，需要借助具有专门知识的人为办案提供技术支持，专家意见逐渐成为检察机关办理公益诉讼案件中的重要证据形式。

第三十五条

人民检察院办理公益诉讼案件，可以采取以下方式开展调查和收集证据：

（一）查阅、调取、复制有关执法、诉讼卷宗材料等；

（二）询问行政机关工作人员、违法行为人以及行政相对人、利害关系人、证人等；

（三）向有关单位和个人收集书证、物证、视听资料、电子数据等证据；

（四）咨询专业人员、相关部门或者行业协会等对专门问题的意见；

（五）委托鉴定、评估、审计、检验、检测、翻译；

（六）勘验物证、现场；

（七）其他必要的调查方式。

人民检察院开展调查和收集证据不得采取限制人身自由或者查封、扣押、冻结财产等强制性措施。

【条文主旨】

本条是关于公益诉讼调查收集证据方式的规定。

【条文释义】

本条分两款，将调查的方式进行了细化，明确了检察机关在公益诉讼中调查收集证据可以采取的具体方式以及禁止性措施。

第1款规定了可以采取的调查方式。《人民检察院提起公益诉讼试点工作实施办法》（现已失效，下同）第33条第1款规定了人民检察院可以采取以下调查方式：（1）调阅、复制行政执法卷宗材料；（2）询问行政机关相关人员以及行政相对人、利害关系人、证人等；（3）收集书证、物证、视听资料等证据；（4）咨询专业人员、相关部门或者行业协会等对专门问题的意见；（5）委托鉴定、评估、审计；（6）勘验物证、现场；（7）其他必要的调查方式。第33条第2款规定，调查核实不得采取限制人身自由以及查封、扣押、冻结财产等强制性措施。

本条第1款与该条第1款基本保持一致，只是做了细微的调整：一是查阅、调取、复制的范围新增了诉讼卷宗材料；二是询问对象新增了违法行为人；三是向有关单位和个人收集证据的范围新增了电子数据；四是委托事项新增了检验、检测、翻译，更加符合办理生态环境、食品药品安全领域公益诉讼案件通常需要进行检验、检测的实际。

第2款规定了禁止性调查措施。第一，根据《立法法》的规定，限制人身自由的强制措施和处罚只能由法律规定，因此《办案规则》作为司法解释无权规定限制人身自由的强制性措施。第二，对于查封、扣押、冻结财产等强制性措施，是否也明确规定为禁止性调查措施，存在不同意见。试点实施办法根据人民检察院民事、行政诉讼监督规则规定"调查核实不得采取限制人身自由以及查封、扣押、冻结财产等强制性措施"，对此一些地方检察机关提出，查封、扣押、冻结财产等强制性措施并非法律保留事项，应当鼓励各地积极争取地方立法授权，故在此不需要作明确禁止性规定。截至2021年7月，全国已有25个省级人大常委会出台了关于加强公益诉讼检察工作的决定，对检察机关的调查取证措施进行了一定的探索。如一些地方决定中规定了"约谈行政机关""进入涉案场所取样、检测、检查""对可能灭失或者以后难以取得的证据，经检察机关负责人批准，可以先行登记保存，并在五个工作日内作出处理决定"等措施。在《办案规则》征求意见过程中，对于检察机关能否采取查封、扣押、冻结财产等措施存在不同意见。有观点认为，在办案过程中，如果被调查对象拒不配合甚至妨碍司法的情况下，即使建议法院采取保全措施，也往往因为时间差而不能及时有效收集固定，导致有些关键证据被隐匿或者非法转移，严重影响检察机关办案工作，应为今后完善符合公益诉讼检察特点的调查取证方式和手段留有余地，不宜作过多限制。考虑到在法律法规没有明确规定检察机关办理公益诉讼案件可以采取何种强制性措施的情况下，《办案规则》作出了"不得采取限制人身自由或者查封、扣押、冻结财产等强制性措施"的规定。实践中，如果出现需要采取查封、扣押、冻结等措施的情形，可以建议法院采取保全措施。

第三十六条

人民检察院开展调查和收集证据，应当由两名以上检察人员共同进行。检察官可以组织司法警察、检察技术人员参加，必要时可以指派或者聘请其他具有专门知识的人参与。根据案件实际情况，也可以商请相关单位协助进行。

在调查收集证据过程中，检察人员可以依照有关规定使用执法记录仪、自动检测仪等办案设备和无人机航拍、卫星遥感等技术手段。

【条文主旨】

本条是关于公益诉讼调查程序的规定。

【条文释义】

本条要把握以下几点：

一是调查人数的要求。开展调查应由两人以上共同进行，此为调查取证的通常规定，故此处亦作同样规定："人民检察院开展调查和收集证据，应当由两名以上检察人员共同进行。"

二是参加调查的人员范围。依照《办案规则》第109条规定，检察人员包括检察官和检察辅助人员。故调查人员的范围当然包括检察官、检察官助理、书记员以及司法警察、检察技术人员。实践中不少地方出台了关于司法警察、检察技术人员参与公益诉讼调查取证的规定，为公益诉讼调查提供有力支持。故本条明确规定了检察官可以组织司法警察、检察技术人员参加调查取证，必要时可以指派或者聘请其他具有专门知识的人参与。根据最高人民检察院《关于指派、聘请有专门知识的人参与办案若干问题的规定（试行）》规定，"有专门知识的人"是指运用专门知识参与人民检察院的办案活动，协助解决专门性问题或者提出意见的人，但不包括以鉴定人身份参与办案的人。人民检察院在对公益诉讼案件决定立案和调查收集证据时，有专门知识的人可以在检察官的主持下勘验物证或者现场。

三是商请相关单位协助调查。此处的相关单位实践中常见的是公安机关等有强制调查手段的行政机关，根据公益诉讼案件实际情况，检察机关可以商请公安机关协助调查取证。特别在刑事附带民事公益诉讼中体现得较为明显，如《办案规则》第87条规定："人民检察院办理涉及刑事犯罪的民事公益诉讼案件，在刑事案件的委托鉴定评估中，可以同步提出公益诉讼案件办理的鉴定评估需求。"

四是科技装备和技术手段的应用。随着公益诉讼工作的开展，无人机、卫星遥感等高科技手段已经越来越多地运用于办案中，起到了很好的效果。大数据时代的来临，区块链等技术将更加深远地影响到检察机关办案。《人民检察院组织法》第52条规定："人民检察院应当加强信息化建设，运用现代信息技术，促进司法公开，提高工作效率。"故本款特别作此规定，以起到倡导和指引各地加强科技办案的作用。需要注意的是，高科技手段须依法依规使用。以无人机的使用为例，应当严格遵守《民用航空法》《中华人民共和国飞行基本规则》和《通用航空飞行管制条例》等相关法律法规关于无人机飞行的规定。使用法律法规明确要求具备相关飞行资质的机型，必须由取得资质的人员操作。严格按照申请报备的飞行计划实施飞行。要特别强化航线所在飞行空域、高铁沿线、军事管理区、闹市区等重点区域的飞行作业管理，严防擅自飞行引发安全事故。

第三十七条

询问应当个别进行。检察人员在询问前应当出示工作证，询问过程中应当制作《询问笔录》。被询问人确认无误后，签名或者盖章。被询问人拒绝签名盖章的，应当在笔录上注明。

【条文主旨】

本条是关于询问的程序规定。

【条文释义】

主要把握以下几点：

一是询问应当个别进行。为避免证人之间的相互干扰，确保证据的客观真实，不得同时向多人询问，这是调查取证的基本规则，否则就属于严重违反调查取证法定程序，调取的证据合法性就会受到质疑。

二是应当制作《询问笔录》并盖章。询问前检察人员应当出示工作证，询问过程中应当制作《询问笔录》，笔录制作完成后经确认无误后应当签名或者盖章。遇到被询问人拒绝签名盖章的，办案人员应当在笔录上注明。为提高询问的质量，询问被调查人前，应当制作《询问提纲》。《询问提纲》包括以下内容：询问被调查人需要解决或者证明的主要问题；询问重点；询问策略和方法；可能出现的问题及对策等。

第三十八条

需要向有关单位或者个人调取物证、书证的，应当制作《调取证据通知书》和《调取证据清单》，持上述文书调取有关证据材料。

调取书证应当调取原件，调取原件确有困难或者因保密需要无法调取原件的，可以调取复制件。书证为复制件的，应当注明调取人、提供人、调取时间、证据出处和"本复制件与原件核对一致"等字样，并签字、盖章。书证页码较多的，加盖骑缝章。

调取物证应当调取原物，调取原物确有困难的，可以调取足以反映原物外形或者内容的照片、录像或者复制品等其他证据材料。

【条文主旨】

本条是关于调取书证、物证的规定。

【条文释义】

本条分 3 款,主要参照《民事诉讼法》《行政诉讼法》以及有关司法解释的有关规定制定,主要把握以下几点:

一是调取书证、物证应当出具相应文书。本条第 1 款规定,调取物证书证必须制作《调取证据通知书》和《调取证据清单》,是对检察机关调取书证物证的程序性要求。《调取证据通知书》应当载明被调取单位或个人的名称、调取事由、调取证据名称等;《调取证据清单》应当载明证据名称(品名)、型号(编号)、数量等,经核对无误后,双方签字,一式两份,各持一份。

二是调取书证、物证以调取原件、原物为原则。调取书证应当调取原件,调取物证应当调取原物,提取原件或原物确有困难的,可以提取复制品、照片、副本、节录本。调取书证为复制件的,还应当注明调取人、提供人、调取时间、证据出处和"本复制件与原件核对一致"等字样,并签字、盖章。书证页码较多的,加盖骑缝章。

第三十九条

人民检察院应当收集提取视听资料、电子数据的原始存储介质,调取原始存储介质确有困难或者因保密需要无法调取的,可以调取复制件。调取复制件的,应当说明其来源和制作经过。

人民检察院自行收集提取视听资料、电子数据的,应当注明收集时间、地点、收集人员及其他需要说明的情况。

【条文主旨】

本条是关于视听资料、电子数据收集提取的规定。

【条文释义】

视听资料和电子数据的调查收集是专业性很强的工作,由于视听资料和电子数据本身容易变造,对该证据的调查收集必须予以最严格的规范,主要把握以下几点:

一是向被调查人调查收集的,以收集原始存储介质为原则。最高人民法院《关于民事诉讼证据的若干规定》第 23 条前两款规定:"人民法院调查收集视听资料、电子数据,应当要求被调查人提供原始载体。提供原始载体确有困难的,可以提供复制件。提供复制件的,人民法院应当在调查笔录中说明其来源和制作经过。"参照此规定,检察机关应当收集提取视听资料、电子数据的原始存储介质,只有调取原始存储介质确有困难或者因保密需要无法调取原始存储介质的,才可以调取复制件,由被调查人提供复制件,检察机关还应当说明其来源和制作经过。

二是检察机关自行调查收集的,程序性和技术性要求更加严格。检察机关可以自行调取视听资料、电子数据,但必须严格按照程序办理,注明收集时间、地点、收集人员及其他需要说明的情况。通常情况下,需要有检察技术人员参与,按照技术规范操作,防止证据被篡改和"污染",确保证据的合法性和真实性。

第四十条

人民检察院可以就专门性问题书面或者口头咨询有关专业人员、相关部门或者行业协会的意见。

口头咨询的,应当制作笔录,由接受咨询的专业人员签名或者盖章。书面咨询的,应当由出具咨询意见的专业人员或者单位签名、盖章。

【条文主旨】

本条是关于公益诉讼案件就专门性问题进行咨询的规定。

【条文释义】

公益诉讼案件涉及多个领域,专业性强,实践中经常需要向有关专业人员、相关部门或者行业协会开展专业咨询。理解本条,主要把握以下几点:

一是专门性问题的界定。第一,把握专门知识和专门性问题的范围。专门性问题涉及的专门知识必须是特定领域人员才知悉或者只在一定范围内的专家掌握的知识,应当排除普通知识,专门性问题必须通过具有专门知识的人才能解决。最高人民检察院《关于指派、聘请有专门知识的人参与办案若干问题的规定(试行)》规定,"专门知识"是指特定领域内的人员理解和掌握的、具有专业技术性的认识和经验等。第二,本条规定的专门性问题一般是无须鉴定或者鉴定费用贵、鉴定周期长,通过咨询专业意见即可解决的问题。

二是咨询对象的范围。根据本条规定,接受咨询的不仅包括专业人员,还包括相关部门、行业协会等,既包括个人也包括单位。

三是咨询方式。咨询包括口头咨询、书面咨询，根据案件需要可以采取不同方式，但都需把握程序要求，做好接受咨询人员或单位的签名、盖章工作。还需要注意的是，对于确定案件重要事实等的咨询宜采取书面方式。

> **第四十一条**
>
> 人民检察院对专门性问题认为确有必要鉴定、评估、审计、检验、检测、翻译的，可以委托具备资格的机构进行鉴定、评估、审计、检验、检测、翻译，委托时应当制作《委托鉴定（评估、审计、检验、检测、翻译）函》。

【条文主旨】

本条是关于公益诉讼案件鉴定、评估、审计、检验、检测、翻译的规定。

【条文释义】

鉴定、评估、审计、检验、检测、翻译方式是检察机关办理公益诉讼案件中常用的手段，对于查明事实有非常重要的意义。理解本条，要着重把握以下几点：

一是启动的必要性。需要鉴定、评估、审计、检验、检测、翻译所解决的问题必须是采取其他方式不能解决的，只能通过科学方法才能查明的专门性问题。实践中，需要鉴定评估的大多和诉讼请求有关，如环境民事公益诉讼中修复费用的确定等。同时也应当注意，实践中要特别重视发挥专家辅助人的作用，对于只涉及定性不涉及定量、诉讼请求不涉及具体数额的案件，完全可以通过检验、检测或者专家辅助人制度来解决，没有必要每一个案件都鉴定。

二是鉴定机构的选择。必须选择具有资质的机构，否则作出的鉴定意见的效力可能受到影响。如涉及生态环境损害的公益诉讼案件，需要鉴定的，尽可能选择生态环境部印发的《生态环境损害鉴定评估推荐机构名录》中的机构。

三是积极配合相关机构开展工作。检察人员应当及时向鉴定、评估、审计、检验、检测、翻译人员送交有关检材、数据和样本等原始材料，说明有关的情况，并明确提出鉴定、评估、审计、检验、检测、翻译的目的和具体要求。

第四十二条

人民检察院认为确有必要的,可以勘验物证或者现场。

勘验应当在检察官的主持下,由两名以上检察人员进行,可以邀请见证人参加。必要时,可以指派或者聘请有专门知识的人进行。勘验情况和结果应当制作笔录,由参加勘验的人员、见证人签名或者盖章。

检察技术人员可以依照相关规定在勘验过程中进行取样并进行快速检测。

【条文主旨】

本条是关于公益诉讼案件勘验程序的规定。

【条文释义】

勘验在刑事诉讼里是侦查的一种方式,在民事诉讼里是司法机关主动调查取证的一种方式。公益诉讼里的勘验,是指检察人员对与公益损害等案件事实有关的现场、物品等进行勘查和检验的一种调查方式。

理解本条,主要把握以下几点:

一是必要性原则。勘验并非是调查取证的常用措施,应当是确有必要才进行。需要注意的是,办理公益诉讼案件需要经常性地开展走访、实地察看,不是本条所指的"勘验"。

二是正当程序原则。第一,勘验人员需要时出示证件,表明身份。第二,参与人员的要求。应当有2名以上检察人员参加并由检察官主持。可以邀请见证人参加,一般可以邀请当地基层组织有关人员担任见证人,被调查人为个人的,可以邀请所在单位有关人员担任见证人。第三,应当制作勘验笔录,并由参加勘验的人员、见证人签名或者盖章。

三是专业性原则。勘验具有一定的专业性,必要时,可以指派或者聘请有专门知识的人进行。

四是取样和快速检测。近年来,不少地方设立了公益诉讼快速检验实验室,公益诉讼部门和技术部门联手运用快速检测设备对水、土壤等进行取样和快速检验,成为检察机关发现线索、固定证据的重要方式,提升了检察机关的取证能力。本条第3款规定了检察技术人员可以依照相关规定在勘验过程中进行取样并进行快速检测,检测的结果可以作为证据使用。

第二部分 《人民检察院公益诉讼办案规则》条文释义

第四十三条

人民检察院办理公益诉讼案件，需要异地调查收集证据的，可以自行调查或者委托当地同级人民检察院进行。委托时应当出具委托书，载明需要调查的对象、事项及要求。受委托人民检察院应当在收到委托书之日起三十日内完成调查，并将情况回复委托的人民检察院。

【条文主旨】

本条是关于公益诉讼案件异地调查的规定。

【条文释义】

为提高调查取证效率、降低调查成本，对涉及异地调查取证的，有必要在规定可以自行调查的同时，规定可以委托所在地检察机关进行调查。理解本条，主要把握以下几点：

一是委托方检察机关应当出具委托书。委托异地调查收集证据的，应当出具委托书，载明需要调查的对象、事项及要求。

二是受委托检察机关应当协助并及时反馈。受委托检察机关一般应当在收到委托书之日起30日内完成调查，并将情况告知委托方检察机关。因故不能完成的，应当在上述期限内函告委托方检察机关。近年来不少地方检察机关加强区域协作，就委托异地调查取证等进行了积极探索，在不违反本《办案规则》的前提下，这些探索形成的机制仍然可以适用。

第四十四条

人民检察院可以依照规定组织听证，听取听证员、行政机关、违法行为人、行政相对人、受害人代表等相关各方意见，了解有关情况。

听证形成的书面材料是人民检察院依法办理公益诉讼案件的重要参考。

【条文主旨】

本条是关于公益诉讼听证的规定。

【条文释义】

2020年6月24日最高人民检察院第十三届检察委员会第四十次会议通

过了《人民检察院审查案件听证工作规定》。该规定将听证定位为:"本规定中的听证,是指人民检察院对于符合条件的案件,组织召开听证会,就事实认定、法律适用和案件处理等问题听取听证员和其他参加人意见的案件审查活动。"该规定还明确了听证意义在于:"切实促进司法公开,保障司法公正,提升司法公信,落实普法责任,促进矛盾化解。"最高检党组高度重视听证工作,要求检察机关办案要应听尽听。本条共两款:

一是规定了听证的条件和参加人员。(1)关于听证的条件。依照《人民检察院审查案件听证工作规定》第4条的规定,是指在事实认定、法律适用、案件处理等方面存在较大争议,或者有重大社会影响,需要当面听取当事人和其他相关人员意见的,经检察长批准举行听证会的案件。该条规定较为原则,一般来说,公益诉讼中需要听证的案件还包括:判断行政机关是否依法履职、公益是否得到有效修复、是否符合撤回起诉的条件、是否符合提起诉讼的条件等。(2)关于参加人员。依照《人民检察院审查案件听证工作规定》第6条的规定,人民检察院应当根据案件具体情况,确定听证会参加人。公益诉讼案件的听证会参加人除听证员外,还包括行政机关、违法行为人、行政相对人、受害人代表等。

二是听证形成的书面材料的性质。《人民检察院审查案件听证工作规定》第18条规定:"听证过程应当由书记员制作笔录,并全程录音录像。听证笔录由听证会主持人、承办检察官、听证会参加人和记录人签名或者盖章。笔录应当归入案件卷宗。"可见听证作为案件审查活动,其所形成的书面材料只要符合证据"三性",就可以作为认定事实的证据材料。

2022年1月,最高检印发《人民检察院公益诉讼办案听证工作指引》,作为公益诉讼办案听证工作的规范性文件。该文件及本条其他未规定的事项适用《人民检察院审查案件听证工作规定》。

第四十五条

行政机关及其工作人员拒绝或者妨碍人民检察院调查收集证据的,人民检察院可以向同级人大常委会报告,向同级纪检监察机关通报,或者通过上级人民检察院向其上级主管机关通报。

【条文主旨】

本条是关于公益诉讼调查保障措施的规定。

【条文释义】

对于不配合检察机关开展公益诉讼调查取证的行为，法律没有明确检察机关可以采取哪些调查保障措施。《关于检察公益诉讼案件适用法律若干问题的解释》第6条规定："人民检察院办理公益诉讼案件，可以向有关行政机关以及其他组织、公民调查收集证据材料；有关行政机关以及其他组织、公民应当配合。"该司法解释虽然规定了有关行政机关以及其他组织、公民配合检察机关公益诉讼调查的义务，但没有规定不配合的"罚则"。实践中，检察机关公益诉讼调查权缺乏必要保障，一些案件办理遇到较大阻力，加强公益诉讼调查保障的呼声十分强烈，每年"两会"人大代表、政协委员建议、提案涉及完善检察机关调查权保障措施的都比较多。本条结合地方实践情况，主要规定了三种方式：一是人民检察院可以向同级人大常委会报告；二是向同级纪检监察机关通报；三是通过上级人民检察院向其上级主管机关通报。

长远看，这一问题的最终解决有待于公益诉讼立法的完善。当前，一方面，检察机关应当致力于内部挖潜以破解难题，如充分发挥司法警察在公益诉讼调查中的作用。对于阻碍检察人员依法调查收集证据的，司法警察依法采取劝告、训诫、制止、控制、移送公安机关处置等措施，涉嫌犯罪的，依法移送有关部门处理。一些案件中，可以直接将司法警察编入办案组。另一方面，要积极推动地方立法增强公益诉讼调查权的保障措施。各地也做了一些有益探索，一些地方将支持配合检察机关开展公益诉讼工作纳入法治政府建设考核，为检察机关公益诉讼调查取证提供有力保障。辽宁省人民代表大会常务委员会《关于加强公益诉讼检察工作的决定》就规定："行政机关、其他组织和公民应当配合检察机关依法开展工作，对不履行或者消极履行协助调查义务的，检察机关可以建议有关机关和单位依规依纪予以处理，有关机关和单位应当在两个月内反馈处理情况；被调查单位或者个人以暴力、威胁或者其他方法干扰、阻碍检察人员调查的，检察机关应当及时采取制止、控制、强行带离现场等处置措施；对以暴力、威胁、限制人身自由、抢夺破坏调查设备、聚众围攻等方式干扰、阻碍检察人员依法办理公益诉讼案件的违法行为，公安机关应当依法及时处理，构成犯罪的，依法追究刑事责任。"

第五节 提起诉讼

> **第四十六条**
>
> 人民检察院对于符合起诉条件的公益诉讼案件,应当依法向人民法院提起诉讼。
>
> 人民检察院提起公益诉讼,应当向人民法院提交公益诉讼起诉书和相关证据材料。起诉书的主要内容包括:
>
> (一)公益诉讼起诉人;
>
> (二)被告的基本信息;
>
> (三)诉讼请求及所依据的事实和理由。
>
> 公益诉讼起诉书应当自送达人民法院之日起五日内报上一级人民检察院备案。

【条文主旨】

本条是关于人民检察院依法提起公益诉讼、起诉书主要内容及报送备案的规定。

【条文释义】

《民事诉讼法》第58条第2款和《行政诉讼法》第25条第4款对起诉条件作出了规定:公告期满,法律规定的机关和有关组织不提起诉讼的,人民检察院可以向人民法院提起民事公益诉讼;行政机关经检察建议督促仍然没有履行职责,国家利益或者社会公共利益仍处于受侵害状态的,人民检察院依法向人民法院提起行政公益诉讼。

检察机关对符合起诉条件的案件依法提起公益诉讼,提起诉讼时需要提交起诉书和相关证据材料。根据诉讼类型不同,起诉书分为行政公益诉讼起诉书、民事公益诉讼起诉书和刑事附带民事公益诉讼起诉书,主要包括以下内容:

一是检察机关的身份为公益诉讼起诉人。检察机关提起公益诉讼具有特殊性,不同于《民事诉讼法》第122条和《行政诉讼法》第49条规定的传统民事诉讼和行政诉讼提起诉讼的原告身份。检察机关作为宪法规定的法律监督机关,承担着维护国家利益和社会公共利益,确保法律统一正确实施的法定职责,最高人民法院、最高人民检察院《关于检察公益诉讼案件适用法律若干问题的解释》明确检察机关的身份为公益诉讼起诉人。

二是被告的基本信息。被告的基本信息主要列明被告的姓名、性别、工作单位、住所等信息，法人或者其他组织的名称、住所等信息。被告的基本信息原则上与民事诉讼法和行政诉讼法关于被告的要求一致。

三是诉讼请求及所依据的事实和理由。该部分是起诉书的主要内容，诉讼请求要具体明确。本《办案规则》对行政公益诉讼、民事公益诉讼的诉讼请求、调查查明的事实等均有明确规定。

关于公益诉讼起诉书向上一级检察机关报送并备案的规定，是基于公益诉讼检察职责的特殊性，公益诉讼检察系检察机关的一项新职责，各地检察机关办理案件情况及把握标准不一，报送备案有助于上一级检察机关全面掌握各地办案情况和效果，并发现办案实践中的苗头性、倾向性问题，及时提出指导性意见。公益诉讼起诉书应当自送达人民法院之日起 5 日内报上一级人民检察院备案，为便于上一级检察机关全面了解案件情况，各地应将审查终结报告、公益诉讼起诉书一并报送上一级人民检察院，上一级人民检察院应当审查下级人民检察院报送的备案材料，认为下级人民检察院的起诉书中法律适用错误、诉讼请求不当的，应当在经检察长或检委会决定后，书面通知下级人民检察院纠正。对于备案中发现的普遍性问题，可以通过定期发布情况通报或办案提示的方式提出指导性意见。

第四十七条

人民检察院办理行政公益诉讼案件，审查起诉期限为一个月，自检察建议整改期满之日起计算。

人民检察院办理民事公益诉讼案件，审查起诉期限为三个月，自公告期满之日起计算。

移送其他人民检察院起诉的，受移送的人民检察院审查起诉期限自收到案件之日起计算。

重大、疑难、复杂案件需要延长审查起诉期限的，行政公益诉讼案件经检察长批准后可以延长一个月，还需要延长的，报上一级人民检察院批准，上一级人民检察院认为已经符合起诉条件的，可以依照本规则第十七条规定指定本辖区内其他人民检察院提起诉讼。民事公益诉讼案件经检察长批准后可以延长一个月，还需要延长的，报上一级人民检察院批准。

【条文主旨】

本条是关于检察公益诉讼案件审查期限的规定。

【条文释义】

根据法律规定，检察机关办理公益诉讼案件分为诉前程序和提起诉讼两个阶段。诉前程序阶段：对于行政公益诉讼案件，检察机关经过立案、调查后，决定是否发出检察建议；对于民事公益诉讼案件，检察机关经过立案、调查后，决定是否发布公告。提起诉讼阶段：对于行政公益诉讼，主要调查和审查行政机关的整改情况和国家利益或者社会公共利益是否得到维护的情况，决定是否提起诉讼；对于民事公益诉讼，检察机关则对于发布公告后是否有适格主体提起诉讼进行调查，从而决定是否提起诉讼。因此，检察机关办理公益诉讼案件的期限需要区分环节和阶段进行划分和界定。《人民检察院提起公益诉讼试点工作实施办法》曾分别规定民事公益诉讼和行政公益诉讼诉前程序办案期限为立案之日起3个月，提起诉讼期限为立案之日起6个月，有特殊情况需要延长的，报检察长批准。考虑到《办案规则》对检察机关调查工作提出了较高的要求，明确了"依法、客观、全面"的调查原则，所以并没有限定检察机关办案中诉前程序的办案期限，只对行政公益诉讼和民事公益诉讼的审查起诉期限和起算点作了明确规定，分别为检察建议整改期满之日起一个月和公告期满之日起三个月。关于检察机关办理公益诉讼案件是否要适用《人民检察院检察建议工作规定》（2019年2月26日施行）关于期限及复议复核程序的问题，因《人民检察院检察建议工作规定》第30条明确规定"法律、司法解释和其他有关规范性文件对再审检察建议、纠正违法检察建议和公益诉讼检察建议的办理有规定的，依照其规定办理"，《办案规则》就是检察机关办理公益诉讼检察建议的特殊规定，应当按照《办案规则》的内容来执行。

关于行政公益诉讼审查起诉期限为一个月，作此规定的考虑主要是由于检察机关已针对行政机关违法履行职责或者不作为发出检察建议，检察建议的整改期为两个月，期限届满行政机关仍不履行职责的，检察机关在一个月内能完成审查起诉的相关任务，及时启动保护国家利益和社会公共利益的审判程序。

关于民事公益诉讼案件审查起诉期限为三个月，之所以与行政公益诉讼审查起诉期限作不同规定，是基于行政公益诉讼和民事公益诉讼不同的办案特点和要求。行政公益诉讼的诉前程序中，检察机关对于在履行职责中发现法定领域负有监督管理职责的行政机关违法履行职责或者不作为致使国家利益或者社会公共利益受到侵害的事实、证据、法律适用等均已进行了全面调查取证，检察建议整改期满后，如果被监督行政机关不依法履行职责，国家利益和社会公共利益持续受到侵害的，检察机关应在一个月内依法提起诉讼。

对于民事公益诉讼，实践中各地检察机关一般是在立案后，经过简单调查即发出公告，虽然公告期内检察机关一直在持续调查，但因民事公益诉讼案件对证据的要求更高，相比于行政公益诉讼，涉及定量的证据更多，如生态环境行政公益诉讼中，只要证明生态环境受到污染、破坏，即可督促行政机关依法履行职责；而民事公益诉讼还要证明生态环境被污染、破坏到什么程度，违法行为人要承担多大的损害赔偿责任。因此，对于民事公益诉讼的起诉期限，《办案规则》规定为自公告期满之日起三个月。

在《办案规则》征求意见过程中，各地对于审查期限特别是行政公益诉讼案件的起诉审查期限起算点提的建议较多，即审查起诉期限的计算是"自行政机关整改期满之日起计算"还是"自检察建议整改期满之日起计算"。考虑到实践中案件的情况，"检察建议整改期满之日"的界定范围更广更符合实际且易操作，根据司法解释规定，检察建议的整改期限是两个月。《办案规则》规定起诉审查期限自检察建议整改期满之日起计算，即要求检察机关在整改期满后，无论行政机关是否回复以及回复的内容，都要进行跟进调查，从而决定是否提起诉讼。

本条第3款对于移送审查起诉的办案期限作了单独规定，实践中存在立案管辖检察机关和起诉管辖检察机关不一致的情形，因此移送审查起诉的案件情况比较多见，对于受移送检察机关办案期限的计算，自收到案件之日起计算更加符合实践需要。

本条第4款规定了延长审限的程序和条件，这是结合公益诉讼案件特点所作的规定，对于重大、疑难、复杂公益诉讼案件，检察机关审查起诉期限届满，无法作出决定的，报经检察长批准可以延长一个月。对于延长一个月审限后，仍然难以作出决定的，可以向上一级检察机关申请延长。上一级检察机关经审查，认为符合延长审限情形的，依法批准。对于行政公益诉讼案件，上一级检察机关经审查认为已符合起诉条件，申请延长期限检察机关可能存在起诉障碍等情形的，可以将该案指定其他检察机关提起诉讼。

第四十八条

人民检察院办理公益诉讼案件，委托鉴定、评估、审计、检验、检测、翻译期间不计入审查起诉期限。

【条文主旨】

本条是不计入审查起诉期限情形的规定。

【条文释义】

检察机关提起公益诉讼的目的是保护国家利益和社会公共利益,在履行诉前程序后,仍需要做大量的调查取证工作。对于行政公益诉讼,需要跟进了解行政机关后续的履行职责情况以及国家利益或者社会公共利益是否仍持续受到侵害,以及侵害的范围、程度等。对于民事公益诉讼,由于不少地方在发布公告时,只是固定了初步证据,根据最高人民法院《关于适用〈中华人民共和国民事诉讼法〉的解释》第282条规定:"环境保护法、消费者权益保护法等法律规定的机关和有关组织对污染环境、侵害众多消费者合法权益等损害社会公共利益的行为,根据民事诉讼法第五十八条规定提起公益诉讼,符合下列条件的,人民法院应当受理:(一)有明确的被告;(二)有具体的诉讼请求;(三)有社会公共利益受到损害的初步证据;(四)属于人民法院受理民事诉讼的范围和受诉人民法院管辖。"鉴于公益诉讼的特殊性,并非检察机关仅提供社会公共利益受到损害的初步证据就能保障案件的进展和保护公益的效果。因此,民事公益诉讼需要通过鉴定、评估等方式确定生态环境修复费用等。由于公益诉讼案件领域涉及的问题相对专业,大多数案件需要通过委托鉴定、评估、审计、检验、检测等,根据民事诉讼法、行政诉讼法及有关司法解释的规定,人民检察院办理公益诉讼案件,委托鉴定、评估、审计、检验、检测、翻译期间不计入审查起诉期限。

需要强调的是,案件的审批和听证是计入审查期限的。由于公益诉讼系检察机关的一项新职能,为确保办案质量和效果,有不少省份对起诉案件实行层报审批机制,由省级院或者市级院对拟起诉案件进行案件事实和法律适用的把关审批,实践中取得了良好的效果。但是,作为指导层面的审批制度计入办案期限,省市院在办理层报审批案件时,务必把握《办案规则》对于审查起诉期限的规定,尤其是变化较大的行政公益诉讼审查起诉期限变为1个月,该变化要求各基层院在办案时对于案件中的疑难问题需要及时请示,或者由省市院充分发挥一体化办案优势,指导关口提前,提前介入指导,通过领办、参办等方式指导行政公益诉讼案件的办理。根据司法实践,目前公开听证在公益诉讼案件办理中发挥了积极的作用,公开听证不仅有利于查清案件事实,明确法律适用,澄清争议焦点,而且能够在更大层面扩大公益诉讼的影响,提升社会公众保护公益的意识,但公开听证作为办案的一种方式,是计入审查起诉期限的,因此各地在办案时需要合理安排时间,把握办案节奏,对于需要召开公开听证的案件及早做好准备,防止因组织听证造成办案超期。

第六节　出席第一审法庭

【第四十九条】

人民检察院提起公益诉讼的案件，应当派员出庭履行职责，参加相关诉讼活动。

人民检察院应当自收到人民法院出庭通知书之日起三日内向人民法院提交《派员出庭通知书》。《派员出庭通知书》应当写明出庭人员的姓名、法律职务以及出庭履行的职责。

人民检察院应当指派检察官出席第一审法庭，检察官助理可以协助检察官出庭，并根据需要配备书记员担任记录及其他辅助工作。涉及专门性、技术性问题，可以指派或者聘请有专门知识的人协助检察官出庭。

【条文主旨】

本条是关于人民检察院派员出席公益诉讼案件法庭的规定。

【条文释义】

"两高"《关于检察公益诉讼案件适用法律若干问题的解释》第 8 条规定了人民法院开庭审理人民检察院提起的公益诉讼案件，应当在开庭 3 日前向人民检察院送达出庭通知书以及人民检察院应当派员出庭，并应当自收到人民法院出庭通知书之日起 3 日内向人民法院提交《派员出庭通知书》。《派员出庭通知书》应当写明出庭人员的姓名、法律职务以及出庭履行的具体职责。《办案规则》依据《检察官法》的相关规定，在"两高"司法解释的基础上，增加规定了"人民检察院应当指派检察官出席第一审法庭，检察官助理可以协助检察官出庭，并根据需要配备书记员担任记录及其他辅助工作。涉及专门性、技术性问题，可以指派或者聘请有专门知识的人协助检察官出庭"。检察人员出庭履行职责的范围包括：(1) 宣读公益诉讼起诉书；(2) 对人民检察院调查收集的证据予以出示和说明，对相关证据进行质证；(3) 参加法庭调查，进行辩论并发表意见；(4) 依法从事其他诉讼活动。需要强调的是，检察官出席法庭履行职责来源于《检察官法》第 7 条等法律授权，而非受检察长的委托。涉及专门性、技术性问题，可以指派或者聘请有专门知识的人协助检察官出庭。对于行政机关专业人员协助检察官出庭的问题，可以借助行政机关人员挂职担任检察官助理的制度机制得以实现。

第五十条

人民法院通知人民检察院派员参加证据交换、庭前会议的，由出席法庭的检察人员参加。人民检察院认为有必要的，可以商人民法院组织证据交换或者召开庭前会议。

【条文主旨】

本条是对庭前会议、证据交换的规定。

【条文释义】

庭前会议是法院开庭审理前的一个重要环节，本《办案规则》单列一条规定了庭前会议，并对出庭检察人员参与庭前会议有关问题进行了规定：

一是庭前会议的启动。人民法院可以通知人民检察院派员参加证据交换、庭前会议。人民检察院认为有必要，可以建议人民法院组织证据交换或召开庭前会议。

二是参加人员。人民法院通知人民检察院派员参加证据交换、庭前会议的，由出席法庭的检察人员参加。当然，检察长认为有必要参加的也可以参加。必要时，可以配备书记员担任记录。

三是参加庭前会议的任务。在参加庭前会议前，出庭检察人员应当准备好拟提出的问题及意见，并预判被告及代理人可能提出的问题及意见，必要时应当经部门讨论或者报检察长同意。庭前会议中，出庭检察人员可以对案件管辖、回避、延期审理、证据材料、争议焦点等与审判相关的问题交换意见。

出庭检察人员通过参加庭前会议，了解案件事实、证据和法律适用的争议和不同意见，解决有关程序和实体问题，为参加法庭审理做好准备。

第五十一条

出庭检察人员履行以下职责：

（一）宣读公益诉讼起诉书；

（二）对人民检察院调查收集的证据予以出示和说明，对相关证据进行质证；

（三）参加法庭调查、进行辩论，并发表出庭意见；

（四）依法从事其他诉讼活动。

【条文主旨】

本条是关于检察人员出庭职责的规定。

【条文释义】

依照本条规定，检察人员出席公益诉讼案件法庭主要有以下四项任务：

一是宣读公益诉讼起诉书。通过宣读起诉书，能够使法庭和参加庭审的人员充分了解起诉的事实、理由和法律依据，宣传公益诉讼检察的立法本意，展现人民检察院维护国家利益和社会公共利益的良好形象。

二是对人民检察院调查收集的证据予以出示和说明，对相关证据进行质证。庭审时检察人员的举证和质证，是诉讼的核心环节，关系检察公益诉讼的质效。通过客观、全面、有序、高效的举证质证，有利于检察人员把握庭审主动权，及时根据庭审变化，展现证据的合法性、客观性和关联性，也有利于人民法院和诉讼当事人充分了解证据的来源、证明对象和目的。

三是参加法庭调查、进行辩论，并发表出庭意见。在庭审过程中，对案件事实、证据认定及法律适用问题，参与调查质证并发表意见，就争议问题与参加诉讼的当事人进行辩论，直接体现检察人员的专业能力和业务素养，有利于法庭查明事实和依法裁判。此处的"意见"一般包括两个方面：一方面是辩论结束后，出庭检察人员结合法庭调查情况，围绕双方在事实、证据、法律适用等方面的争议焦点发表辩论意见；另一方面是在庭审结束前，检察人员结合整个庭审情况及案件情况，发表的具有教育引导意义的出庭意见。

四是依法从事其他诉讼活动。检察机关作为国家法律监督机关，依照《宪法》第134条、《民事诉讼法》第14条、第242条和《行政诉讼法》第11条、第101条的规定，有权对审判机关诉讼和执行活动实行法律监督。根据《人民检察院组织法》第21条，人民检察院行使法律监督职权，可以依法提出抗诉、纠正意见、检察建议。上述规定赋予人民检察院对人民法院的公益诉讼审判活动和后续执行活动实行法律监督的职责。出庭检察人员如果发现审判机关庭审过程违法的情形，应待休庭或者庭审结束后，根据《人民检察院民事诉讼监督规则》《人民检察院行政诉讼监督规则》相关规定，以人民检察院的名义提出纠正意见或检察建议。

第五十二条

出庭检察人员应当客观、全面地向法庭出示证据。根据庭审情况合理安排举证顺序，分组列举证据，可以使用多媒体等示证方式。质证应当围绕证据的真实性、合法性、关联性展开。

【条文主旨】

本条是对出庭检察人员参加法庭调查的规定。

【条文释义】

本条是对出庭检察人员参加法庭调查的原则要求和方法指引。根据《检察官法》第5条第1款规定："检察官履行职责，应当以事实为根据，以法律为准绳，秉持客观公正的立场。"检察官在法庭上参加调查，必须客观、全面、公正地向法庭出示证据，客观公正不仅是办理刑事案件检察官应当履行的职责，同时也是公益诉讼检察官应当秉持的立场。秉持客观公正立场，一是落实和体现检察机关的宪法定位；二是落实和体现检察官的职业特色；三是落实和体现联合国《关于检察官作用的准则》的规定。因此，公益诉讼案件不仅在调查取证阶段需要秉持客观公正立场，在参加法庭庭审阶段更应秉持。唯有此，才能凸显法律监督者的地位和公共利益代表者的身份，更好地维护国家利益和社会公共利益。

由于公益诉讼案件证据繁杂，对于在法庭调查中如何出示证据，从各地实践看，分组出示证据的方式方法比较有效。对证据进行分组时，应当遵循证据之间的内在逻辑关系，将证明方向一致或者证明内容相近的证据归为一组，并注意各组证据在证明内容上的层次和递进关系。例如，可以将证据分为程序组证据和实体组证据。程序组证据主要包括检察机关履行职责中发现线索情况、发布公告或者提出检察建议情况以及跟进监督情况；实体组证据则主要是被告责任主体和违法行为的相关证据、国家利益或者社会公共利益受到侵害或有重大侵害风险的相关证据等。鉴于目前各地调取证据时利用了无人机、遥感等方式，可以使用多媒体等示证方式增加证据的可视化。质证时，出庭检察人员应当围绕证据的真实性、合法性、关联性以及证据有无证明力、证明力大小展开，包括：证据的取得是否符合法律规定；证据是否符合法定形式；证据是否为原件、原物，照片、录像、复制件、副本等与原件、原物是否相符；证据与待证事实之间的关联关系；证据之间的相互关系；证据是否具有证据能力及其证明力的大小等。

第五十三条

出庭检察人员向被告、证人、鉴定人、勘验人等发问应当遵循下列要求：

（一）围绕案件基本事实和争议焦点进行发问；

（二）与调查收集的证据相互支撑；

（三）不得使用带有人身攻击或者威胁性的语言和方式。

【条文主旨】

本条是对出庭检察人员调查发问的规定。

【条文释义】

准确把握调查发问的规则和方法是出庭检察人员必备的技能，也是顺利推进庭审的前提和保障。出庭检察人员调查发问要遵循依法、有序、重点突出的原则。依法、有序发问应注意要严格遵守庭审程序，在审判长许可的情况下按顺序发问，发问用语要符合法律规范，杜绝使用不文明语言。重点突出的原则是指出庭检察人员要明确发问的出发点和落脚点是为了查明案情，履行检察机关的法定职责。每次发问都要明确目的和所要解决的问题，同时对于被发问人的回答要有预判，并做好相应的准备，提前制作发问提纲等。

第五十四条

出庭检察人员可以申请人民法院通知证人、鉴定人、有专门知识的人出庭作证或者提出意见。

【条文主旨】

本条是对申请出庭作证的规定。

【条文释义】

对于查明案件事实来说，证人具有不可选择性和不可替代性的特点，因此证人提供证言以出庭作证为原则。最高人民法院《关于民事诉讼证据的若干规定》第68条规定，人民法院应当要求证人出庭作证，接受审判人员和当事人的询问。因此，对于需要证人出庭作证的，出庭检察人员可以申请人民法院要求证人出庭作证。

根据《民事诉讼法》第81条的规定，当事人对鉴定意见有异议或者人民法院认为鉴定人有必要出庭的，鉴定人应当出庭作证。经人民法院通知，鉴定人拒不出庭作证的，鉴定意见不得作为认定事实的根据；支付鉴定费用的当事人可以要求返还鉴定费用。出庭作证并接受法官及当事人询问是鉴定人的义务，因此，出庭检察人员可以依法申请鉴定人出庭作证。同时，我国《民事诉讼法》规定了专家辅助人制度，即当事人可以申请人民法院通知有专门知识的人出庭，就鉴定人作出的鉴定意见或者专业问题提出意见。因此，出庭检察人员可以申请有专门知识的人提出专业意见。

第五十五条

出庭检察人员在法庭审理期间，发现需要补充调查的，可以在法庭休庭后进行补充调查。

【条文主旨】

本条是对补充调查的规定。

【条文释义】

在法庭审理期间，出庭检察人员发现需要补充调查的，可以建议人民法院依职权调查，也可以建议法庭休庭，自行补充调查。因建议人民法院依职权调查，在民事诉讼法中已有明确规定，本条款为检察机关自行补充调查提供依据。该种方式在实践中也比较多见，检察机关起诉至法院后，法院经审查认为需补充相关材料或者在已有证据材料外希望检察机关完善相关证据的，检察机关应做好配合工作，按照法院要求进行补充完善。该条文对于补充调查的期限没有规定，原因是需要补充完善证据的期间，不能一概而论，要根据需要补交材料的种类、复杂程度不同，区别对待。《办案规则》起草过程中，有的省份建议补充调查的规定需要和民事诉讼法、行政诉讼法充分衔接，作出精细的程序设计,鉴于目前公益诉讼的发展阶段,《办案规则》仅作原则性规定,后期根据各地探索情况再行完善。

第五十六条

出庭检察人员参加法庭辩论,应结合法庭调查情况,围绕双方在事实、证据、法律适用等方面的争议焦点发表辩论意见。

【条文主旨】

本条是关于法庭辩论的规定。

【条文释义】

法庭辩论是诉讼庭审程序中不可或缺的重要环节,也是出席法庭检察人员行使检察权的重要职权活动。《民事诉讼法》第144条规定:"法庭辩论按照下列顺序进行:(一)原告及其诉讼代理人发言;(二)被告及其诉讼代理人答辩;(三)第三人及其诉讼代理人发言或者答辩;(四)互相辩论。法庭辩论终结,由审判长或者独任审判员按照原告、被告、第三人的先后顺序征询各方最后意见。"《行政诉讼法》第10条规定:"当事人在行政诉讼中有权进行辩论。"《关于检察公益诉讼案件适用法律若干问题的解释》第9条规定:"出庭检察人员履行以下职责:……(三)参加法庭调查,进行辩论并发表意见……"上述法律、司法解释对出庭检察人员参加法庭辩论均予以明确赋权。

人民法院的庭审活动围绕事实、证据、法律适用而展开。因此,在法庭辩论阶段,出庭检察人员要根据法庭调查情况,重点把握公益诉讼起诉书认定事实是否准确,证据是否确实、充分,适用法律是否正确,围绕争议焦点,有针对性地发表辩论意见。法庭辩论与法庭质证不同,法庭质证阶段侧重解决证据的真实性、合法性、关联性和证据证明力问题,而法庭辩论阶段重点是解决证据的关联性,即调查收集的证据对待证事实的证明力,以及事实认定、法律适用和价值判断问题。在行政公益诉讼中,双方辩论的焦点通常包括某行政机关作为被告是否适格,国家利益或者社会公共利益是否受到侵害,以及行政机关是否依法全面履行职责等问题。针对上述问题,检察机关可以从行政机关具有法定的行政监管职责,是适格被告,行政机关存在不依法履职或者不充分履职的情形,被诉行政行为违法等方面进行辩论。

> **第五十七条**
> 出庭检察人员应当结合庭审情况，客观公正发表出庭意见。

【条文主旨】

本条是关于发表出庭意见的规定。

【条文释义】

出庭检察人员发表出庭意见是履行法律监督职能的具体表现。出庭意见是出庭检察人员就公益诉讼案件向法庭、被告（上诉人）和旁听人员客观公正地阐明实质性意见的法律文书。根据公益诉讼案件类型以及检察机关的诉讼地位不同，可分为民事公益诉讼出庭意见、行政公益诉讼出庭意见、刑事附带民事公益诉讼出庭意见和支持起诉出庭意见。根据公益诉讼的诉讼阶段进行划分，可分为一审出庭意见、二审出庭意见、再审出庭意见。出庭意见有别于辩论意见，二者各有侧重。辩论意见是在法庭调查的基础上，运用法庭调查已经查明的证据和相关法律规定，对案件事实、诉讼请求等方面仍有争议的问题发表意见，反驳对方的观点，阐明自己主张的正确性。出庭意见则是立足全案证据、事实、法律，结合法庭调查、辩论情况，对诉讼请求进行全面、客观、系统论证，以实现进一步支持诉讼请求、进一步开展法治宣传的庭审效果。

出庭意见的主要内容大致包括以下几个方面：一是结合法庭调查、法庭辩论情况，对公益诉讼案件事实予以全面精准概括；二是对案件事实、证据、法律适用予以系统论证；三是对法庭归纳的争议焦点予以有力回应，进一步阐明诉讼请求的合法性、合理性；四是落实"谁执法谁普法"原则，阐明案件警示意义，以案释法，对发案原因进行深层次分析，进而达到"办理一件、警示一片、教育影响社会面"的良好办案效果。

第七节 上 诉

第五十八条

人民检察院应当在收到人民法院第一审公益诉讼判决书、裁定书后三日内报送上一级人民检察院备案。

人民检察院认为第一审公益诉讼判决、裁定确有错误的，应当提出上诉。

提出上诉的，由提起诉讼的人民检察院决定。上一级人民检察院应当同步审查进行指导。

【条文主旨】

本条是关于一审裁判审查的规定。

【条文释义】

《民事诉讼法》第171条规定："当事人不服地方人民法院第一审判决的，有权在判决书送达之日起十五日内向上一级人民法院提起上诉。当事人不服地方人民法院第一审裁定的，有权在裁定书送达之日起十日内向上一级人民法院提起上诉。"《行政诉讼法》第85条规定："当事人不服人民法院第一审判决的，有权在判决书送达之日起十五日内向上一级人民法院提起上诉。当事人不服人民法院第一审裁定的，有权在裁定书送达之日起十日内向上一级人民法院提起上诉。逾期不提起上诉的，人民法院的第一审判决或者裁定发生法律效力。"不服人民法院第一审判决、裁定，有权向上一级人民法院提起上诉的期限分别为15日、10日。为加强上级人民检察院对下一级人民检察院公益诉讼判决、裁定的指导和监督，实行公益诉讼案件第一审判决、裁定备案审查制；对提起上诉的案件，实行上下级检察院同步审查。

一是关于第一审判决书、裁定的备案。人民检察院应当在收到人民法院第一审判决书、裁定书后3日内，将一审判决书或裁定书、裁判文书审查表等材料一并提交上一级人民检察院备案。

二是关于提起上诉的主体。人民检察院认为第一审公益诉讼判决、裁定确有错误，是提起上诉还是提请上一级人民检察院抗诉，理论界和实务界有不同的认识。部分学者认为，宪法规定检察机关是国家法律监督机关，检察官是公共利益的代表，人民检察院在公益诉讼活动中以诉的形式履行法律监督职能，人民检察院不同于一般的诉讼当事人，不适用《民事诉讼法》《行政诉讼法》关于诉讼参与人上诉的一般规定，而应当立足检察机关法律监督职能，应当提请上一级人民检察院提起抗诉。也有学者认为，从现有立法层面看，公益诉讼分别置于《民事诉讼法》《行政诉讼法》之中，公益诉讼程序应当受《民事诉讼法》《行政诉讼法》调整和规制。因此，人民检察院认为第一审法院判决、裁定确有错误的，应当提起上诉。《办案规则》根据最高人民法院、最高人民检察院《关于检察公益诉讼案件适用法律若干问题的解释》有关规定，明确"人民检察院认为第一审公益诉讼判决、裁定确有错误的，应当提出上诉"。

需要强调的是，人民检察院办理公益诉讼案件提起上诉与其他当事人依据《民事诉讼法》《行政诉讼法》提起上诉有所区别。第一，主体身份不同。检察机关是宪法规定的国家法律监督机关，提起公益诉讼是以诉的形式履行法律监督的本职。第二，目的和条件不同。人民检察院认为人民法院第一审判决、裁定确有错误提起上诉，其宗旨和目的是维护国家利益和社会公共利益，而其他当事人不服人民法院的第一审判决、裁定即可提起上诉，目的是维护私益。第三，职能职责不同。基于检察机关具有法律监督的职能属性，除了依法提起上诉外，还同时履行审判监督职责，对审判活动进行监督，促进司法公正，维护公平与正义。

三是关于提起上诉案件的同步审查。基于第一审判决、裁定提起上诉的期限分别为15日、10日，上一级人民检察院难以在短期内对全案进行审查并作出是否提出上诉的决定，为此，《办案规则》提出两级人民检察院对提起上诉的案件进行同步审查，以提高案件审查质效。地方各级检察院收到同级人民法院作出的公益诉讼案件第一审判决、裁定书后，应当立即进行审查。上一级检察院收到下级检察院报送的公益诉讼案件审查报告、起诉书、判决、裁定书等备案材料后，应当指定专人及时审查。两级人民检察院同步审查以下内容：（1）第一审判决、裁定认定的基本事实是否缺乏证据证明；（2）第一审判决、裁定认定事实的主要证据是否伪造；（3）第一审判决、裁定认定事实的主要证据是否经过质证；（4）审判组织的组成是否合法、应当回避的审判人员是否回避；（5）第一审判决、裁定是否遗漏或者超出诉讼请求；（6）第一审判决、裁定适用法律是否错误等。作出一审判决、裁定法院的同级人民检察院是同步审查的责任主体，主要侧重于对案件事实与证据进行审查；上一级检察院负督促和指导的责任，主要侧重于对法律适用进行审查。

第五十九条

人民检察院提出上诉的，应当制作公益诉讼上诉书。公益诉讼上诉书的主要内容包括：

（一）公益诉讼上诉人；

（二）被上诉人的基本情况；

（三）原审人民法院名称、案件编号和案由；

（四）上诉请求和事实理由。

【条文主旨】

本条是关于上诉书制作的规定。

【条文释义】

《民事诉讼法》第172条规定："上诉应当递交上诉状。上诉状的内容，应当包括当事人的姓名，法人的名称及其法定代表人的姓名或者其他组织的名称及其主要负责人的姓名；原审人民法院名称、案件的编号和案由；上诉的请求和理由。"参照这一规定，《办案规则》对人民检察院提出上诉时应当制作上诉书及上诉书的相关内容作了规定。

第六十条

人民检察院应当在上诉期限内通过原审人民法院向上一级人民法院提交公益诉讼上诉书，并将副本连同相关证据材料报送上一级人民检察院。

【条文主旨】

本条是关于上诉书提交的规定。

【条文释义】

根据《民事诉讼法》第173条规定，《办案规则》规定，人民检察院应当在上诉期限内将公益诉讼上诉书通过原审人民法院向上一级人民法院提交。

提起上诉的人民检察院将公益诉讼上诉书副本连同相关证据材料报送上一级人民检察院，便于上一级人民检察院对提起上诉的案件进行同步审查，及时进行指导、监督。

> **第六十一条**
> 上一级人民检察院认为上诉不当的，应当指令下级人民检察院撤回上诉。
> 上一级人民检察院在上诉期限内，发现下级人民检察院应当上诉而没有提出上诉的，应当指令下级人民检察院依法提出上诉。

【条文主旨】

本条是关于上诉案件审查处理的规定。

【条文释义】

根据《人民检察院组织法》的规定，上级人民检察院认为下级人民检察院的决定错误的，指令下级人民检察院纠正，或者依法撤销、变更。上一级人民检察院通过备案审查和对提起上诉案件的同步审查后，作出相应处理决定：

一是认为上诉不当的，应当指令下级人民检察院撤回上诉。《办案规则》起草过程中，曾根据人民检察院组织法规定，明确上级人民检察院认为抗诉不当，可以指令下级人民检察院撤回上诉或者向同级人民法院撤回上诉。因有关部门有不同认识，只保留了指令撤回。

二是在上诉期限内，上一级人民检察院经同步审查发现第一审法院判决、裁定确有错误，下级人民检察院应当提出上诉而没有提出上诉，本着有错必纠的原则，从切实维护国家和社会公共利益角度出发，应当指令下级人民检察院依法提出上诉。

超过上诉期，上一级人民检察院发现下级人民检察院应当提出上诉而没有提出上诉的，此时分两种情况：如果被告提起上诉，上一级人民检察院应当与下级人民检察院共同做好二审应对，根据《办案规则》第62条规定，共同审查案件材料。如果被告没有提起上诉，裁定、判决已生效的情况下，按照《办案规则》第64条规定，上级人民检察院应当依法提出抗诉。

第六十二条

被告不服第一审公益诉讼判决、裁定上诉的,人民检察院应当在收到上诉状副本后三日内报送上一级人民检察院,提起诉讼的人民检察院和上一级人民检察院应当全面审查案卷材料。

【条文主旨】

本条是关于被告上诉的规定。

【条文释义】

被告不服第一审公益诉讼判决、裁定上诉的,人民检察院及时将上诉状副本报送上一级人民检察院,有利于两级人民检察院依法全面审查案卷材料,重点审查一审争议的事实、证据和法律适用等焦点问题,采取积极有效对策应诉,切实维护国家利益和社会公共利益。

第六十三条

人民法院决定开庭审理的上诉案件,提起诉讼的人民检察院和上一级人民检察院应当共同派员出席第二审法庭。

人民检察院应当在出席第二审法庭之前向人民法院提交《派员出庭通知书》,载明人民检察院出庭检察人员的姓名、法律职务以及出庭履行的职责等。

【条文主旨】

本条是关于二审出庭的规定。

【条文释义】

最高人民法院、最高人民检察院《关于检察公益诉讼案件适用法律若干问题的解释》第11条规定:"人民法院审理第二审案件,由提起公益诉讼的人民检察院派员出庭,上一级人民检察院也可以派员参加。"人民法院、人民检察院办理公益诉讼案件主要任务是充分发挥司法审判、法律监督职能作用,维护宪法法律权威,维护社会公平正义,维护国家利益和社会公共利益。为更好地实现维护公益目的,《办案规则》在"两高"公益诉讼司法解释的基础上,进一步规定人民法院决定开庭审理的上诉案件,上一级人民检察院应当派员出席第二审法庭。上一级人民检察院派员出庭，更符合检察权、审判权运行特点和规律。

最高人民法院、最高人民检察院《关于检察公益诉讼案件适用法律若干问题的解释》第8条规定："人民法院开庭审理人民检察院提起的公益诉讼案件，应当在开庭三日前向人民检察院送达出庭通知书。人民检察院应当派员出庭，并应当自收到人民法院出庭通知书之日起三日内向人民法院提交派员出庭通知书。派员出庭通知书应当写明出庭人员的姓名、法律职务以及出庭履行的具体职责。"《办案规则》并没有明确由哪一级检察院提交《派员出庭通知书》。实践中，有的二审法院向提起诉讼检察院和上一级检察院分别发送出庭通知书，有的只向平级的上一级检察院发送出庭通知。上一级人民检察院在出席第二审法庭之前，可以统一向对应二审人民法院提交《派员出庭通知书》，载明两级人民检察院出庭人员的姓名、法律职务以及出庭履行的职责等，以便人民法院提前妥善安排庭审。

二审阶段，上一级人民检察院与提起诉讼的检察院如何参加庭审活动，实践中存在不同做法。最高人民检察院在第二十九批指导性案例中对此提出明确的指引。海南省海口市人民检察院诉海南A公司等三被告非法向海洋倾倒建筑垃圾民事公益诉讼案（检例第111号）的二审庭审中，海南省人民检察院指派两名检察官与海口市人民检察院共同参加庭审活动，出庭前共同做好各种预案，共同参加质证、辩论庭审全过程。该指导性案例要旨明确："公益诉讼案件二审开庭，上一级人民检察院应当派员出庭，与下级检察机关共同参加法庭调查、法庭辩论、发表意见等，积极履行出庭职责。"在指导意义部分，该案强调"注意发挥上级检察机关派员二审出庭作用，形成维护公共利益的合力"。检察机关作为公益诉讼起诉人提起和参加诉讼，属于履行法定职责的职权行为。最高人民法院、最高人民检察院《关于检察公益诉讼案件适用法律若干问题的解释》明确规定：人民法院、人民检察院办理公益诉讼案件主要任务是充分发挥司法审判、法律监督职能作用，维护宪法法律权威，维护社会公平正义，维护国家利益和社会公共利益；人民法院、人民检察院办理公益诉讼案件，应当遵守宪法法律规定，遵循诉讼制度的原则，遵循审判权、检察权运行规律。二审阶段，上级检察机关应当全面履行公益诉讼和法律监督职责，精心组织、做好各种预案，与下级检察机关共同派员参加庭审全过程。上级检察机关出庭人员应当客观公正地履行职责，可以在庭审的各个阶段发表意见，监督、协同下级检察机关完成二审，以取得良好庭审效果。

第八节　诉讼监督

第六十四条

最高人民检察院发现各级人民法院、上级人民检察院发现下级人民法院已经发生法律效力的公益诉讼判决、裁定确有错误，损害国家利益或者社会公共利益的，应当依法提出抗诉。

【条文主旨】

本条是关于对生效判决、裁定监督的规定。

【条文释义】

《民事诉讼法》第215条第1款规定："最高人民检察院对各级人民法院已经发生法律效力的判决、裁定，上级人民检察院对下级人民法院已经发生法律效力的判决、裁定，发现有本法第二百零七条规定情形之一的，或者发现调解书损害国家利益、社会公共利益的，应当提出抗诉。"公益诉讼中的抗诉是指人民检察院发现人民法院已经发生法律效力的公益诉讼判决、裁定符合法律规定的抗诉条件，依法要求人民法院对案件进行重新审理的诉讼活动。人民检察院提起的公益诉讼抗诉具有以下几个特征：第一，提出抗诉的主体是作出生效判决、裁定的人民法院的上级人民检察院。最高人民检察院向最高人民法院提起公益诉讼抗诉除外。第二，审理公益诉讼抗诉案件是提出抗诉的人民检察院的同级人民法院。第三，抗诉的对象是发生法律效力的公益诉讼判决、裁定。

需要强调的是，不需要将申请再审作为人民检察院提出抗诉的前置程序，最高人民检察院发现各级人民法院、上级人民检察院发现下级人民法院已经发生法律效力的公益诉讼判决、裁定确有错误，损害国家利益或者社会公共利益的，依法直接提出抗诉。

本《办案规则》只明确提出抗诉的诉讼监督方式而未规定检察建议的诉讼监督方式，主要考虑到在公益诉讼一审、二审中，作出生效判决、裁定人民法院的同级人民检察院均派员参与了庭审，发表了庭审意见，判决、裁定生效后，再通过提出再审检察建议的方式开展诉讼监督，难以发挥诉讼监督效果，为此，只保留最高人民检察院和上级人民检察院依法提出抗诉的诉讼监督方式。

第六十五条

人民法院决定开庭审理的公益诉讼再审案件，与人民法院对应的同级人民检察院应当派员出席法庭。

【条文主旨】

本条是关于再审出庭的规定。

【条文释义】

《民事诉讼法》第220条规定："人民检察院提出抗诉的案件，人民法院再审时，应当通知人民检察院派员出席法庭。"本条明确了人民法院决定开庭审理公益诉讼再审案件时检察人员的出庭职责。《人民检察院民事诉讼监督规则》第94条规定："人民检察院提出抗诉的案件，人民法院再审时，人民检察院应当派员出席法庭。必要时，人民检察院可以协调人民法院安排人民监督员旁听。"人民检察院派员出席再审法庭，既可以充分了解人民法院的再审情况，也便于对再审庭审活动实施法律监督，对有效履行法律监督职责具有十分重要的意义。

需要注意的是，本条只规定了"与人民法院对应的同级人民检察院应当派员出席法庭"。《办案规则》起草过程中，曾规定"与人民法院对应的同级人民检察院和提起诉讼检察院应当派员出席法庭"。在最高人民检察院检察委员会审议过程中，根据有关委员审议意见，删除了"和提起诉讼检察院"。

第六十六条

人民检察院发现人民法院公益诉讼审判程序违反法律规定，或者审判人员有《中华人民共和国法官法》第四十六条规定的违法行为，可能影响案件公正审判、执行的，或者人民法院在公益诉讼案件判决生效后不依法移送执行或者执行活动违反法律规定的，应当依法向同级人民法院提出检察建议。

【条文主旨】

本条是关于审判程序、审判人员、执行活动监督的规定。

【条文释义】

《民事诉讼法》第 14 条规定:"人民检察院有权对民事诉讼实行法律监督。"检察机关在民事诉讼中的监督范围涵盖了包括立案、审理、裁判、执行等人民法院行使审判权和执行权的所有民事诉讼活动。

对审判程序和审判人员的监督。《民事诉讼法》第 215 条第 3 款规定:"各级人民检察院对审判监督程序以外的其他审判程序中审判人员的违法行为,有权向同级人民法院提出检察建议。"人民检察院依法对人民法院的公益诉讼审判活动实行法律监督。如果发现人民法院或者审判人员审理案件违反法律规定的诉讼程序,以向同级人民法院提出检察建议的方式予以纠正。

对执行程序的监督。《民事诉讼法》第 242 条进一步明确了"人民检察院有权对民事执行活动实行法律监督"。上述规定在立法上正式赋予检察机关对人民法院的执行活动实施监督职权。人民检察院办理公益诉讼案件,对人民法院的执行活动实行法律监督,主要有以下两种情形:

一是不履行或怠于履行执行职责,主要是人民法院在公益诉讼案件判决生效后不依法移送执行。"两高"《关于检察公益诉讼案件适用法律若干问题的解释》第 12 条规定:"人民检察院提起公益诉讼案件判决、裁定发生法律效力,被告不履行的,人民法院应当移送执行。"如果人民法院没有移送执行,检察机关可以进行监督。另外,还要有以下情形:第一,对依法应当受理的执行申请不予受理又不依法作出不予受理裁定的;第二,对已经受理的执行案件不依法作出执行裁定、无正当理由未在法定期限内采取执行措施或者执行结案的;第三,违法不受理执行异议、复议或者受理后逾期未作出裁定、决定的;第四,暂缓执行、停止执行、中止执行的原因消失后,不按规定恢复执行的;第五,依法应当变更或者解除执行措施而不变更、解除的;第六,有其他不履行或者怠于履行执行职责行为的。

二是执行活动违反法律规定。主要包括以下情形:对执行依据虚假、不存在、未生效或者已被撤销的案件受理执行的;调查、搜查明显违反法律规定的;不按照执行裁定的内容采取执行措施,如超标的执行、执行案外人财产或者对依法不得执行的财产采取执行措施;被执行人提出足以保障执行的款物后仍然执行原查封、扣押财产的;评估、拍卖程序中有违反规定的行为的;违反规定变卖执行物的;违反规定保管、使用被执行财产或者无正当理由不及时将被执行财产交付给申请执行人的;强迫、欺骗执行当事人和解的;

拒绝符合条件的申请人或者同意不符合条件的申请人参与被执行财产分配的；违法解除已经采取的执行措施的；其他违反法律规定开展执行活动的。符合以上情形之一的，人民检察院应当通过提出检察建议的方式对同级人民法院开展诉讼监督。

第三章 行政公益诉讼

第一节 立案与调查

> **第六十七条**
>
> 人民检察院经过对行政公益诉讼案件线索进行评估，认为同时存在以下情形的，应当立案：
> （一）国家利益或者社会公共利益受到侵害；
> （二）生态环境和资源保护、食品药品安全、国有财产保护、国有土地使用权出让、未成年人保护等领域对保护国家利益或者社会公共利益负有监督管理职责的行政机关可能违法行使职权或者不作为。

【条文主旨】

本条是关于人民检察院办理行政公益诉讼案件立案条件一般情形的规定。

【条文释义】

《行政诉讼法》第25条第4款规定："人民检察院在履行职责中发现生态环境和资源保护、食品药品安全、国有财产保护、国有土地使用权出让等领域负有监督管理职责的行政机关违法行使职权或者不作为，致使国家利益或者社会公共利益受到侵害的，应当向行政机关提出检察建议，督促其依法履行职责。行政机关不依法履行职责的，人民检察院依法向人民法院提起诉讼。"据此，检察机关对生态环境和资源保护、食品药品安全、国有财产保护、国有土地使用权出让等领域负有监督管理职责的行政机关，因违法行使职权或者不作为，致使国家利益或者社会公共利益受到侵害的，应当立案调查，并向其发出检察建议，督促行政机关在法定期限内整改并书面回复。行政机关不积极履行职责，致使整改回复期间届满后国家利益或者社会公共利益仍在受侵状态的，检察机关应依法向人民法院提起行政公益诉讼。

2020年10月17日修订通过的《未成年人保护法》，通过在单行法增设公益诉讼条款的方式，为提起未成年人保护领域公益诉讼提供了明确的法律依据，拓展了行政公益诉讼的法定办案领域。该法第106条规定："未成年人合法权益受到侵犯，相关组织和个人未代为提起诉讼的，人民检察院可以督促、支持其提起诉讼；涉及公共利益的，人民检察院有权提起公益诉讼。"《未成年人保护法》于2021年6月1日起施行。本条及时吸收了该单行法的修法成果，在第2项中列举法定公益诉讼领域时，增加了"未成年人保护"的内容，作为公益诉讼办案的法定领域。

本条规定的立案范围，依然为"等"外新领域探索预留了制度空间。党的十九届四中全会通过的《中共中央关于坚持和完善中国特色社会主义制度、推进国家治理体系和治理能力现代化若干重大问题的决定》，强调要"拓展公益诉讼案件范围"。最高人民检察院张军检察长也明确要求，全国检察机关要积极稳妥探索公益诉讼"等"外领域，做好公益诉讼检察工作。目前，对于新领域案件探索范围主要有以下几个层面的规定：一是2021年6月10日全国人大常委会审议通过修订《安全生产法》和《军人地位和权益保障法》，增加了安全生产领域和军人权益保护领域为法定领域。鉴于上述两部法律在《办案规则》施行时尚未实施，两个领域仍列在"等"外领域。二是第十三届全国人民代表大会第三次会议《关于最高人民检察院工作报告的决议》批准的下一阶段工作安排中明确提出的"积极、稳妥办理安全生产、公共卫生、生物安全、妇女儿童及残疾人权益保护、网络侵害、扶贫、文物和文化遗产保护等领域公益损害案件"。三是地方性法规支持探索办理的新领域案件。如河北、内蒙古、河南、湖北、广西、云南、山东七省（自治区）增加了文物和文化遗产保护、互联网个人信息保护等领域，河北省要求重视防灾减灾、应急救援及弘扬社会主义核心价值观的公益诉讼，山东省强调注重研究发现教育、就业及道路交通安全领域的公益诉讼，云南省增加老年人权益保护以及农业农村等领域公益诉讼，广西壮族自治区把损害国家尊严或者民族情感等案件、内蒙古自治区把铁路交通安全及违反《国旗法》《国徽法》《国歌法》等领域纳入公益诉讼视野。四是中央改革文件等要求研究探索的其他新领域案件。目前主要包括：国务院《关于完善进出口商品质量安全风险预警和快速反应监管体系切实保护消费者权益的意见》提出的"加强重点领域质量安全公益诉讼工作"；最高人民法院《关于为设立科创板并试点注册制改革提供司法保障的若干意见》提出的"研究探索建立证券民事、行政公益诉讼制度"；最高人民检察院、全国妇联《关于建立共同推动保护妇女儿童权益工作合作机制的通知》提出的"针对国家机关、事业单位招聘工作中涉嫌就业性别歧视，相关组织、个人通过大众传播媒介或者其他方式贬低损害妇女人格等问题，检察机关可以发出检察建议，或者提起公益诉讼"；最高人民检察院、中央军委政法委员会《关于加强军地检察机关公益诉讼协作工作的意见》提出的"积极稳妥探索办理在国防动员、国防教育、国防资产、军事行动、军队形象声誉、军人地位和权益保护等方面的公益诉讼案件"等。

第六十八条

人民检察院对于符合本规则第六十七条规定的下列情形，应当立案：

（一）对于行政机关作出的行政决定，行政机关有强制执行权而怠于强制执行，或者没有强制执行权而怠于申请人民法院强制执行的；

（二）在人民法院强制执行过程中，行政机关违法处分执行标的的；

（三）根据地方裁执分离规定，人民法院将行政强制执行案件交由有强制执行权的行政机关执行，行政机关不依法履职的；

（四）其他行政强制执行中行政机关违法行使职权或者不作为的情形。

【条文主旨】

本条是关于检察机关办理行政公益诉讼案件立案条件涉及行政强制执行等特殊情形的规定。

【条文释义】

相比本《办案规则》第67条规定的行政公益诉讼案件立案条件的一般情形，本条为涉及行政强制执行等特殊情形下立案办理行政公益诉讼案件提供了依据。这种特殊情形，主要出现在与保护法定领域国家利益和社会公共利益有关的行政强制执行类案件中。在这类案件中，法定领域的行政机关为维护国家利益和社会公共利益，依法自行强制执行或者申请人民法院强制执行，或者人民法院裁定准予执行后行政机关强制执行到位，是行政机关有效实现监督管理所必需的手段，是行政机关依法履行监管职责的有机组成部分，站在公益保护和监督行政机关履行职责的角度看，不能视同于一般的行政行为孤立地看待。由于行政机关怠于履行强制执行权、怠于向人民法院申请强制执行，或者在人民法院裁定准予执行后怠于履职，或者在人民法院强制执行过程中违法处分执行标的，致使国家利益或者社会公共利益受损的，应当认为行政机关仅作出行政行为，尚未实现通过行政行为保护公益的目的，实际上是未有效履行监督管理职责，应作为不依法履职情形予以监督。本条所列的四种情形，就是这样的特殊情形。

第六十九条

对于同一侵害国家利益或者社会公共利益的损害后果，数个负有不同监督管理职责的行政机关均可能存在不依法履行职责情形的，人民检察院可以对数个行政机关分别立案。

人民检察院在立案前发现同一行政机关对多个同一性质的违法行为可能存在不依法履行职责情形的，应当作为一个案件立案。在发出检察建议前发现其他同一性质的违法行为的，应当与已立案案件一并处理。

【条文主旨】

本条是关于行政公益诉讼以被监督对象为标准立案的规定。

【条文释义】

本条明确了行政公益诉讼的案数规则。检察机关提起行政公益诉讼的目的，是督促行政机关依法履行监管职责，是对行政机关违法行使职权的监督，而非针对某一个行政行为造成某一个私益受损进行监督。公益诉讼检察工作自开展以来，由于检察机关监督办案缺乏周密的统一规范，各地办案实践标准、尺度不统一，有些地方存在根据行政相对人数量立案和向行政机关发送数份检察建议的情形，这种做法削弱了诉前检察建议的严肃性，也容易造成人为拆分案件、检察建议数量虚高、浪费司法资源等问题，应当予以纠正。

因此，本条明确了以被监督行政机关为对象进行立案的原则，结合办理案件后续发送检察建议和提起行政公益诉讼，具体可以分为以下几种情形：

一是对于同一损害后果，数个负有不同行政监督管理职责的行政机关均可能存在不依法履行职责或不作为情形的，可以对数个行政机关分别立案，分别发出检察建议。

二是对于同一行政机关对同一时期多个同一性质违法行为存在违法行使职权或不作为情形，均在立案之前发现的，应当作为一个案件立案，并发出一份检察建议。

三是对于同一行政机关对同一时期多个同一性质违法行为存在违法行使职权或不作为情形,其中部分案件线索在立案之后、发出检察建议之前发现的,应当与已立案件合并处理,并发出一份检察建议。

四是对于同一行政机关对多个同一性质违法行为存在违法行使职权或不作为情形,部分案件线索发出检察建议之后发现的,可以另行立案和发出检察建议。

五是对于同一行政机关对多个同一性质违法行为存在违法行使职权或不作为情形,检察机关一般作为一个案件向人民法院提起诉讼。人民法院有不同意见的,可以按照行政诉讼法的有关规定协商处理。

第七十条

人民检察院决定立案的,应当在七日内将《立案决定书》送达行政机关,并可以就其是否存在违法行使职权或者不作为、国家利益或者社会公共利益受到侵害的后果、整改方案等事项进行磋商。

磋商可以采取召开磋商座谈会、向行政机关发送事实确认书等方式进行,并形成会议记录或者纪要等书面材料。

【条文主旨】

本条是关于《立案决定书》送达及与行政机关磋商的规定。

【条文释义】

为落实最高检党组"诉前实现保护公益目的是最佳司法状态"的理念,本条规定了立案后向行政机关送达《立案决定书》,并可以进行磋商。本条第1款规定了《立案决定书》应当送达行政机关,《立案决定书》送达给行政机关的期间为立案后7日内。《民事诉讼法》第85条对期间作出了明确的规定,按照该条规定,立案当日不计算在送达的期间之内。期间届满的最后一日是节假日的,以节假日后的第一日为送达期间届满的日期。《立案决定书》送达时,一般宜采用直接送达的方式,由检察人员直接送达行政机关。需要注意的是,在以事立案的情况下,因被监督行政机关尚未确定,立案后不需要送达《立案决定书》。

本条对《立案决定书》送达后,检察机关可以与行政机关进行磋商作了规定。磋商是行政公益诉讼诉前程序中新设立的制度,是检察机关在行政公益诉讼案件立案后通知行政机关,对行政机关是否依法履职、公共利益是否受到损害等事实进行核实，对行政机关有立即整改意愿和立即整改条件的案件，与行政机关会商整改方案并对整改效果进行监督，使公共利益得到及时有效保护，体现检察机关与行政机关对公共利益协商共治的制度。

磋商是行政公益诉讼中检察机关的一种调查手段。磋商是检察机关在立案后直接向行政机关核实其对受到侵害的国家利益和社会公共利益是否负有监督管理职责，其是否存在违法行使职权或者不作为的情况的一种方式。作为一种调查手段，就要求检察机关按照本规定第二章第四节关于调查的规定进行，要全过程留痕。需要注意的是，磋商不是行政公益诉讼案件办理必须采取的调查措施，本条第1款明确规定人民检察院"可以"与行政机关进行磋商，而不是"应当"或者"必须"，是否进行磋商，由承办案件的检察官或检察官办案组决定。一般来说，对于以事立案的，由于负有监管职责的行政机关不明确，不宜进行磋商，对于公共利益正在遭受不法侵害的，因为公共利益保护的紧迫性，也不宜进行磋商。还需要注意磋商与询问的区别，询问的对象是了解案件事实的个人，应当个别进行，而磋商的对象是行政机关，因此，既可以与行政机关相关负责人员单独进行，也可以采取会议等方式进行。磋商与检察机关在案件审查中的听证也不一样，磋商是调查手段，虽然也包含对行政机关提出的整改方案和整改后果的审查，但其主要的功能在于查明国家利益和社会公共利益是否受到侵害及负有监督管理职责的行政机关是否存在违法行使职权或者不作为的事实，磋商针对的是案情简单、行政机关对公共利益受到侵害、其违法行使职权或不作为没有异议、有立即整改意愿且通过立即整改公共利益可以得到及时有效保护的案件。磋商能够起到对案件繁简分流的作用，能够节约司法资源，提高办案效率，为基层减负降压，使检察机关可以集中精力办理有阻力、需要多部门协商解决的难案要案。案件审查中的听证针对的是在事实认定、法律适用、案件处理等方面存在较大争议，或者有重大社会影响，需要当面听取当事人和其他相关人员意见的重大、复杂、疑难案件，其主要的功能在于审查案件和处理案件。

一是磋商的方式。本条规定了磋商可以采取召开磋商座谈会、向行政机关发送事实确认书等方式进行。召开座谈会的，应当对与会人员的姓名、职务进行确认，形成会议记录并经参与会议的人员签字，也可以在会议记录的基础上形成会议纪要。在实践中，各地可以探索磋商材料的具体形式，如磋商意见函、事实确认书等。如山西省清徐县检察院在立案后，向行政机关发出《行政公益诉讼案件事实确认书》，由行政机关对公共利益受到损害的事实、其法定职责和未依法履职进行确认，提高了调查的效率。一般来说，向行政机关发送的事实确认书应当要求行政机关确认公共利益受到侵害的事实、行政机关负有监管职责、行政机关违法行使职权或不作为等反映案件事实的内容。会议记录、会议纪要、事实确认书应当采用书面形式。磋商的方式还可以分为单独磋商、联合磋商、专家参与磋商和第三方加入磋商等形式。单独磋商是指只有一个行政机关对一个或者同类多个受侵害的公共利益负有监管职责，检察机关在立案后与该行政机关单独就其依法履职进行核实和磋商。联合磋商是指有多个行政机关对一个或同类多个侵害的公共利益负有监管职责，出现了职能交叉甚至重叠的现象，涉及的多个行政机关均愿意在检察机关的主持下进行磋商，例如，福建省检察机关针对行政机关虽有整改意愿但因客观原因整改确有困难，或案件涉及多个行政机关需协调配合共同履职的情况，建立了圆桌会议机制，由人民检察院召集相关部门、组织以及群众代表召开诉前圆桌会议，共同研究解决方案和措施，取得了很好的效果。为了增强磋商的实效，使整改方案科学合理，有效保护公共利益，检察机关可以邀请相关行业具有独立身份的专家参与磋商，解决检察机关专业性知识不足的问题。要审慎对待行政相对人参与磋商，因为磋商解决的是行政机关对职责、未履行职责、公益受侵害无异议并可立即整改的案件，为了充分发挥磋商对案件繁简分流的作用，提高公益保护的效率，磋商一般不宜有行政相对人参加。本条第2款在召开磋商座谈会、向行政机关发送事实确认书之后使用了"等"，对磋商的方式采取了开放的态度，也就是说，磋商并不局限于这两种方式，只要有利于通过与行政机关相互沟通、交换意见、查明事实、明确职责、促使公共利益得到及时有效保护的方式都可以采取，磋商也不一定采用固定的、正式的形式进行。

二是磋商的内容。磋商以有利于查明案件事实，促使行政机关尽快整改，恢复受侵害的公益为原则。本条规定了磋商的内容：核实国家利益或者社会公共利益受到侵害的后果；行政机关的监管职责；行政机关违法行使职权或不作为的事实；行政机关提出的整改方案是否合法，是否能够使受到侵害的国家利益和社会公共利益及时得到保护，国家利益和社会公共利益受到侵害的危险是否能够及时消除等。

三是磋商的后果。第一，终结案件。通过磋商查明了公共利益受到侵害的后果、行政机关的监管职责及其违法履职、不作为与受到侵害的公共利益之间的关联性，行政机关立即制定了整改方案并立即全部实施，国家利益或者社会公共利益已经得到有效保护，检察机关核实后可以直接作出终结案件决定。第二，采取其他调查措施。磋商没有达到查明事实、及时保护公益的目的,包括但不限于以下情形:行政机关对检察机关提出召开磋商会议等进行磋商的意见没有回应的;行政机关对检察机关发送的事实确认书不予确认,认为其不存在不依法履行职责的或者公共利益没有受到侵害;行政机关虽然表示愿意依法履行职责,但仍以消极、拖延等方式拒绝履行职责;行政机关虽然表示愿意依法履行职责,但国家利益或者社会公共利益仍然处于受侵害状态的,检察机关应当继续调查,及时查明案件事实和行政机关的监管职责。

第七十一条

人民检察院办理行政公益诉讼案件,围绕以下事项进行调查:

(一)国家利益或者社会公共利益受到侵害的事实;

(二)行政机关的监督管理职责;

(三)行政机关不依法履行职责的行为;

(四)行政机关不依法履行职责的行为与国家利益或者社会公共利益受到侵害的关联性;

(五)其他需要查明的事项。

【条文主旨】

本条是立案后人民检察院办理行政公益诉讼案件需要重点调查查明的事项的规定。

【条文释义】

调查活动是人民检察院在诉前程序阶段最重要的司法活动,包括调查前期准备、调查内容以及采取的调查方式与手段等要素。确定需要调查的事项是开展调查工作的第一步,检察人员根据调查事项制定调查提纲、确定调查方式,全面、客观地开展证据收集活动,为审查认定案件事实打下坚实的基础。根据行政公益诉讼案件的表现形式、特点和司法实践的总结,本条规定了人民检察院在立案后提出检察建议前阶段,按照提出检察建议或者提起诉讼的条件,开展调查收集证据活动需要重点查明的五个事项,具体包括以下内容:

一是调查国家利益或者社会公共利益受到侵害的事实及持续状态。这既是行政公益诉讼案件立案的必要条件,也是人民检察院在提出检察建议或者提起诉讼前必须再次确认的前提条件。由于公共利益受侵害的状态或程度是一个动态变化的过程,立案后可能会因行政机关的履职或者行政相对人采取停止侵害、消除危险、赔偿损失等有效措施发生变化，因此立案后仍然要对公共利益受侵害的状态再调查核实。

二是调查行政机关的监督管理职责。具体包括行政机关的法定职责、权限和法律依据等情况。根据职权法定原则，调查中要重点关注行政机关的权力来源是否合法，是否具有行政主体资格，是否存在机构改革中行政职能划归其他部门行使的情况，是否对违法行为具有相应的行政决定权还是只有一般的行政管理权。从实践情况看，有的案件立案后在调查中会发现行政机关没有相应的监督管理职责或者没有相应的行政主体资格，如没有行政主体资格的林业站、某市生态环境局某县分局、某县自然资源局某自然资源所等。调查过程中，也应避免"张冠李戴"，如将生态环境部门认定为负有污水管网建设监督管理职责的行政机关。考虑到不同行政机关对同一行政事务的管理权限不同，解决公益侵害问题需要各相关行政机关各司其职、共同发力，人民检察院可以对相关行政机关分别立案，特别不要遗漏具有行政决定权的行政机关，这涉及最终起诉时要选择哪一行政机关作为被告的问题，因此调查活动中还要查清行政机关的管理权限。

三是调查行政机关不依法履行职责的行为。立案前被监督行政机关存在不依法履行职责的情形还只是一种可能性，有待人民检察院立案后调查核实。习近平总书记在关于党的十八届四中全会决定的说明中指出："行政违法行为构成刑事犯罪的毕竟是少数，更多的是乱作为、不作为。如果这类违法行为置之不理、任其发展，一方面不可能根本扭转一些地方和部门的行政乱象，另一方面可能使一些苗头性问题演变为刑事犯罪。"公共利益受到侵害，固然直接原因是违法行为人实施的违法行为，但深层次的原因是负有监督管理职责的行政机关违法行使职权或者不作为。如在生态环境领域，从办案实践情况看，生态环境部门可能存在以移送刑事犯罪代替全部行政监管职责、以行政处罚代替其他监督措施、未对新环境违法行为进行认定和处罚、未充分全面运用法律赋予的监督手段、遗漏环境违法行为、作出行政行为的证据不足、不依法执行行政决定、非法人组织注销后不再追究其违法行为的行政责任。通过督促行政机关及时全面履职制止或纠正违法行为，及时刹住一些苗头性问题，公共利益能得到有效保护。行政机关作为直接对相关领域进行监督管理的行政主管部门，是保护国家利益和社会公共利益的第一责任人，公共利益受到侵害的，查清被监督行政机关是否存在违法行使职权或者不作为，直接决定检察机关能否提出检察建议或提起行政公益诉讼。

四是调查行政机关不依法履行职责的行为与国家利益或者社会公共利益

受到侵害的关联性。一般来说,"两益"受到侵害的结果与行为人实施了违法行为或者不可抗力等客观事件之间构成直接因果关系。司法实践中,违法行为的发生往往都与行政机关违法行使职权或者不作为息息相关,若行政主管部门对违法行为置之不理、任其发展,违法行为得不到及时制止,可能导致"两益"受到侵害甚至其损害后果持续扩大。因此,人民检察院在调查办案过程中,除了要查明"两益"侵害事实是否仍然持续、该行政机关是否负有该监督管理职责和是否不依法履行职责的事实之外,还要查明该行政机关不依法履职的行为与"两益"侵害结果之间存在关联性。这种关联性,不是直接因果关系,而是一种倾向性和可能性,简言之就是,已查明的"两益"受到侵害的领域、范围是属于行政机关的监督管理范围,如果行政机关依法履行监督管理职责,就可以有效阻止违法行为继续进行,保护"两益"不受侵害或者消除侵害危险。如某矿山企业未办理采矿许可证占用基本农田和林地露天采矿长达 3 年,导致基本农田和林地毁损,而某县自然资源局作为本辖区内的矿山治理和土地管理行政主管部门,基本农田和林地毁损与其不履行法定职责之间具有关联性。需要注意的是,因为自然灾害等不可抗力等客观原因导致"两益"受到侵害的,负有相关职责的行政机关应当采取应急处置措施,因行政机关未依法及时履职导致侵害持续扩大的,行政机关的不依法履职行为与扩大的侵害之间就具有关联性。

五是调查其他需要查明的事项。公共利益侵害问题是一个系统复杂的社会治理问题,涉及社会精细化管理、多部门联动,检察机关办案中要善于通过个案办理发现普遍性问题,推动解决同类公益侵害问题,从而推进行业整顿。因此,检察官在调查活动中要履行客观义务,对案件进行全面、客观的调查,除了调查上述四个方面的事项外,还要调查其他需要查明的事项。比如,是否存在监督漏洞,需要督促行业主管部门加强和改进监督管理工作的;某一类问题是否多发高发,需要相关部门完善风险预警防范措施的;行政相对人或者国家工作人员是否构成刑事犯罪等事实。

第七十二条

人民检察院认定行政机关监督管理职责的依据为法律法规规章,可以参考行政机关的"三定"方案、权力清单和责任清单等。

【条文主旨】

本条是关于行政机关监督管理职责认定依据的规定。

【条文释义】

在行政公益诉讼案件办理中，确定行政机关的监督管理职责是提出检察建议、提起诉讼的必要条件，因此也是行政公益诉讼调查的重点之一。本条是对第 71 条第 2 项的细化，列明了检察机关认定行政机关监督管理职责的依据，对检察官及检察官办案组在调查收集证据的过程中需要收集、查阅的法律法规规章等依据和向有关部门调取、查询的证据材料进行指引。

一是本条明确法律法规规章是检察机关认定行政机关监督管理职责的依据。《行政诉讼法》第 63 条规定："人民法院审理行政案件，以法律和行政法规、地方性法规为依据。地方性法规适用于本行政区域内发生的行政案件。人民法院审理民族自治地方的行政案件，并以该民族自治地方的自治条例和单行条例为依据。人民法院审理行政案件，参照规章。"最高人民法院《关于适用〈中华人民共和国行政诉讼法〉的解释》第 100 条第 2 款规定："人民法院审理行政案件，可以在裁判文书中引用合法有效的规章及其他规范性文件。"本条吸收了上述规定，将法律法规和规章作为检察机关认定行政机关监督管理职责的依据。法规既包括国务院制定的行政法规，也包括地方权力机关制定的地方性法规，规章包括国务院各部委制定的规章和地方政府制定的规章，地方性法规和规章在本行政区域内适用。

二是本条将机构编制部门制定的"三定"方案、权力清单、责任清单等文件作为认定行政机关职责的参考，因为这些文件是依据法律、法规和规章编制，且根据地方机构设置将法定的职责赋予具体行政机关的依据，有助于确定行政机关的具体监督管理职责。当法律、法规、规章对行政机关监管职责没有明确规定时，可以依据"三定"方案、权力清单、责任清单对行政机关进行监督，督促其依法履行职责。其中权力清单、责任清单是从不同的角度对法律法规规章和"三定"方案进行梳理形成的关于行政机关具体职责的文件，按照规定都会置于行政机关的官方网站，方便查找。

三是对本条"等"的理解。本条虽然没有将规章以外的其他规范性文件明确作为检察机关认定行政机关监督管理职责的依据或参考的依据，但是，由于现代行政管理手段渐趋多元化，以调整、引导和保护为导向的行政协议、行政允诺、行政计划等手段在行政管理中大量适用，与传统行政管理完全不同的给付行政也大量出现，在这种情况下，行政机关的职责并不完全由"法定"，规范性文件、行政协议等合意行为、行政机关的先行行为都可能产生行政机关的监督管理职责。在司法实践中，对于认定行政机关监督管理职责的依据也持宽松态度。如最高人民法院（2018）行再 205 号行政判决书中明确指出:"'法定职责'的渊源甚广,既包括法律、法规、规章规定的行政机关职责,也包括上级和本级规范性文件以及'三定方案'确定的职责,还包括行政机关本不具有的但基于行政机关的先行行为、行政允诺、行政协议而形成的职责。"所以,本条的"等"为适用规范性文件及其他情形认定行政机关的职责留下了空间。

第七十三条

　　调查结束,检察官应当制作《调查终结报告》,区分情况提出以下处理意见:
　　(一)终结案件;
　　(二)提出检察建议。

【条文主旨】

本条是对调查终结及其处理意见的规定。

【条文释义】

　　调查活动贯穿于行政公益诉讼案件办理的始终。本条所指调查,是指人民检察院立案后作出处理意见前的调查活动,案件事实已经查清、证据确实充分的,调查活动结束,办理案件的检察官或者检察官办案组织应当及时制作《调查终结报告》,并根据查明的事实提出不同的处理意见:第一种是"两益"已经得到有效保护或者"两益"虽未得到有效保护但被监督行政机关已经依法全面履行职责的,提出终结案件的处理意见;第二种是"两益"受侵害的状态仍持续存在,且负有监督管理职责的行政机关存在不依法履行职责行为,向行政机关提出检察建议的处理意见。

　　需要注意的是,检察官在制作《调查终结报告》时,法律文书的名称是"调查终结报告",表明该阶段检察机关的主要司法活动重在"调查"。在调查终结报告中,应对应所要证明的事实,列明所收集的相应证据。行政公益诉讼案件一般包括四组事实:第一组是国家利益或者社会公共利益受到侵害的事实;第二组是行政机关的法定职责;第三组是行政机关违法行使职权或不作为(包括违法行为人实施的违法行为)的事实;第四组是其他需要查明的事实,这部分事实按法律文书格式样本放在"其他需要说明的情况"中表述。

第七十四条

经调查，人民检察院认为存在下列情形之一的，应当作出终结案件决定：

（一）行政机关未违法行使职权或者不作为的；

（二）国家利益或者社会公共利益已经得到有效保护的；

（三）行政机关已经全面采取整改措施依法履行职责的；

（四）其他应当终结案件的情形。

终结案件的，应当报检察长决定，并制作《终结案件决定书》送达行政机关。

【条文主旨】

本条是调查后终结案件的具体情形及程序的规定。

【条文释义】

人民检察院办理行政公益诉讼案件，目的是督促行政机关依法履行职责，采取及时有效的措施保护国家利益和社会公共利益。人民检察院自立案后就应当加强与行政机关的沟通，可以通过磋商、听证、圆桌会议等多种方式督促行政机关整改，公益受到侵害的事实以及行政机关履行职责的情况是一个动态变化的过程，行政公益诉讼案件以终结案件方式结案可能发生在磋商阶段、磋商后检察建议提出前、检察建议提出后，甚至是提起诉讼后等各个节点。本条适用于检察建议提出前阶段，检察官办案组织在该阶段侧重于对案件事实的全面调查，在调查基础上再对案件进行审查，查明案件事实、正确适用法律并作出是否终结案件的司法判断，调查活动从办案方式、手段、措施上属于更具主动性侧重事实判断的司法活动，而审查属于侧重司法判断的司法活动。因此，检察机关在检察建议提出前决定终结案件的，侧重于调查，用"经调查"表述；检察建议提出后起诉前决定终结案件的，侧重于审查，用"经审查"表述。

关于终结案件的具体情形，本条第1款采用明确三种情形加兜底的形式予以概括。这三种情形对应了判断行政机关依法履行职责的"行为+结果+职权"标准的三要件。最高人民检察院张雪樵副检察长在2019年全国公益诉讼检察工作会议上强调，判断行政机关是否依法履行职责，首先，要从行为要件上看，行政机关的履职行为是否有效制止了违法行为人侵害公益的违法行为；其次，要从结果上看，行政机关的履职行为是否有效保护了国家利益和社会公共利益；最后，要从职权上看，行政机关是否依法全面履行了职责，是否穷尽了法律法规规章赋予的监管手段。对应这一判断标准，（1）如果行政机关不存在违法行使职权或不作为违法情形的，检察机关应当终结案件。（2）如果国家利益和社会公共利益已经得到有效保护，受侵害状态已经消除，如违法行为已经停止、妨碍已经排除、生态环境已经得到修复、有关损失已经得到挽回，或者受到侵害的危险已经消除等，检察机关应当终结案件。（3）如果国家利益和社会公共利益虽然客观上虽然没有得到有效保护，但是行政机关已经依法全面运用法律法规、规章和规范性文件规定的行政监管手段，由于法律体系不完善等原因，行政机关基于法无明文规定不得为的权力运行规则没有更强有力的监管手段，这种情形下检察机关也不能认定行政机关未依法履行职责，应当终结案件。人民检察院对行政公益诉讼案件虽作终结案件决定，但对于发现的法律体系不完善或者行政监管漏洞或空白等问题，可以根据《人民检察院检察建议工作规定》第11条之规定，向相关部门发出社会治理类检察建议。本条第1款第4项规定了其他应当终结的情形，如经调查发现不存在国家利益或者社会公共利益受到侵害的事实；行政机关没有相应监督管理职责或者机构改革中该职能已划归其他行政机关行使；不属于行政公益诉讼案件范围等；出现上述情况的，人民检察院应当决定终结案件。

  本条第2款对终结案件的审批权限和文书名称作出规定。终结案件属于公益诉讼案件的结案方式之一，与立案、提出检察建议、提起诉讼一样，都是对行政公益诉讼案件作出重大处理的决定，应当报检察长决定。符合终结案件情形的，检察官办案组织应当在完成《调查终结报告》后将拟制的《终结案件决定书》报请检察长决定。由于人民检察院决定立案时，将《立案决定书》送达了行政机关，同理，经过调查决定终结案件的，也应当将《终结案件决定书》送达行政机关。实践中，已经有大部分党委政府将落实检察建议情况纳入政府绩效考核，行政机关因依法履职或者公益得到保护结案的，需要以《终结案件决定书》作为证明材料。

第二节 检察建议

> **第七十五条**
>
> 经调查，人民检察院认为行政机关不依法履行职责，致使国家利益或者社会公共利益受到侵害的，应当报检察长决定向行政机关提出检察建议，并于《检察建议书》送达之日起五日内向上一级人民检察院备案。
>
> 《检察建议书》应当包括以下内容：
> （一）行政机关的名称；
> （二）案件来源；
> （三）国家利益或者社会公共利益受到侵害的事实；
> （四）认定行政机关不依法履行职责的事实和理由；
> （五）提出检察建议的法律依据；
> （六）建议的具体内容；
> （七）行政机关整改期限；
> （八）其他需要说明的事项。
> 《检察建议书》的建议内容应当与可能提起的行政公益诉讼请求相衔接。

【条文主旨】

本条是关于行政公益诉讼《检察建议书》的发出条件及内容的规定。

【条文释义】

检察建议是检察机关对行政机关的主要监督方式之一。习近平总书记在党的十八届四中全会报告的起草说明中指出："检察机关在履行职责中发现行政机关违法行使职权或者不行使职权的行为，应该督促其纠正。作出这项规定，目的就是要使检察机关对在执法办案中发现的行政机关及其工作人员的违法行为及时提出建议并督促其纠正。这项改革可以从建立督促起诉制度、完善检察建议工作机制等入手。"无论是纠正行政机关的行政违法行为，还是督促行政机关依法履职或提起诉讼，都需要制发《检察建议书》，因此，《检察建议书》是检察机关办理行政公益诉讼案件过程中需要制作的重要的法律文书。

本条第1款规定了《检察建议书》的发出条件和审批、备案程序。发出

《检察建议书》的条件有二：一是检察机关经过调查，根据调查的事实认定国家利益或者社会公共利益受到了实然的侵害或者存在受到侵害的危险；二是检察机关认为行政机关对受到侵害的国家利益或者社会公共利益负有法定的监督管理职责，但是该行政机关没有依法履行职责，包括应当依法行使职权但却不作为，或者违法行使职权的乱作为，致使国家利益或者社会公共利益受到侵害。因为《检察建议书》在行政公益诉讼中的重要性，本款规定了检察机关对《检察建议书》的决定和备案机制，一是提出《检察建议书》的决定权由检察长行使，向被监督的行政机关发出《检察建议书》应当报经本院检察长决定；二是报送上级院的备案机制，提出《检察建议书》的检察机关应当在《检察建议书》送达之日起5日内向上一级人民检察院备案。需要注意的是，这里规定的5日，与《人民检察院检察建议工作规定》第21条"发出的检察建议书，应当于五日内报上一级人民检察院对口业务部门和负责法律政策研究的部门备案"的规定是一致的，但是对备案期间的起算时间进一步作出明确，是自送达之日开始，增强了可操作性。上级检察机关收到下级院提请备案的《检察建议书》后，如发现下级院的《检察建议书》事实不清、适用法律不当等情形，应当及时要求下级院纠正。

本条第2款规定了《检察建议书》应当包含的内容：一是行政机关的名称，即行政公益诉讼案件监督对象；二是案件来源，应根据本《办案规则》第24条的规定予以具体说明；三是国家利益或者社会公共利益受到侵害的事实；四是认定行政机关不依法履行职责的事实和理由；五是提出检察建议的法律依据，主要为规制行政公益诉讼各具体领域的环境保护法、食品安全法、未成年人保护法、安全生产法等法律法规及行政诉讼法、《关于检察公益诉讼案件适用法律若干问题的解释》和本《办案规则》作为依据；六是建议的具体内容，应当注意，行政公益诉讼的检察建议与检察机关在办理其他案件中发出的社会治理类检察建议不同，不宜概括、笼统地要求行政机关进行整改，其指向要具体、明确，要根据各领域法律法规规章明确规定的行政机关监督管理职责，提出具体的检察建议内容，检察建议的内容要具有规范性、针对性和可诉性；七是行政机关整改期限，根据《关于检察公益诉讼案件适用法律若干问题的解释》第21条第2款规定，行政机关应当在收到检察建议书之日起两个月内依法履行职责，并书面回复人民检察院。出现国家利益或者社会公共利益损害继续扩大等紧急情形的，行政机关应当在15日内书面回复；八是其他需要说明的事项。

本条第3款对第2款第6项"建议的具体内容"提出了要求，因为《检察建议书》对行政机关提出纠正行政违法行为和督促依法履行职责的检察建议，行政机关未按照检察建议的要求进行整改，导致国家利益和社会公共利益仍然处于受侵害的状态，就需要提起行政公益诉讼，而诉讼请求的提出，需要与检察建议的内容保持指向上的同一性，不能超出检察建议的内容，因此要求《检察建议书》的建议内容应当与可能提起的行政公益诉讼请求相衔接，即建议的内容要涵盖可能提出的诉讼请求。

第七十六条

人民检察院决定提出检察建议的，应当在三日内将《检察建议书》送达行政机关。

行政机关拒绝签收的，应当在送达回证上记录，把《检察建议书》留在其住所地，并可以采用拍照、录像等方式记录送达过程。

人民检察院可以采取宣告方式向行政机关送达《检察建议书》，必要时，可以邀请人大代表、政协委员、人民监督员等参加。

【条文主旨】

本条是关于《检察建议书》送达期间和送达方式的规定。

【条文释义】

本条第1款规定了《检察建议书》的送达期间，是在检察长作出决定后的3日内。拟制的《检察建议书》由检察长决定签发后，应当及时将《检察建议书》送达行政机关。《检察建议书》一般应当当面送达，主要考虑送达也是检察机关与行政机关沟通的机会，也是为了落实"诉前实现公益保护是最佳司法状态"的理念，督促行政机关及时整改。

考虑到实践中确实存在行政机关可能拒收的情况，本条第2款规定了这种特殊情况的处置办法，即将《检察建议书》留在行政机关的住所地，并由送达人员将行政机关拒收《检察建议书》的情况记录在送达回证上，送达人员应当在送达回证上将送达的时间、送达的地点、行政机关的负责人及工作人员不签收的理由进行记录并签名确认。住所地是指行政机关的办公场所，包括行政机关的接待室、传达室等。对行政机关拒收《检察建议书》的，本款除规定送达人员应当在送达回证上记录外，还规定"并可以采用拍照、录像等方式记录送达过程"，是指行政机关拒绝签收的，送达人员可以通过拍照、录像等方式对送达进行全过程记录，以证明送达的合法性及行政机关拒绝签收的情况，并将所记录的影像资料存入案件卷宗。

为了将检察建议"做到刚性，做成刚性"，督促行政机关按照检察建议切实依法履行监管职责保护国家利益和社会公共利益，本条第3款规定检察机关可以采取宣告的方式送达《检察建议书》。《人民检察院检察建议工作规定》第18条规定："检察建议书应当以人民检察院的名义送达有关单位。送达检察建议书，可以书面送达，也可以现场宣告送达。宣告送达检察建议书应当商被建议单位同意，可以在人民检察院、被建议单位或者其他适宜场所进行，由检察官向被建议单位负责人当面宣读检察建议书并进行示证、说理，听取被建议单位负责人意见。必要时，可以邀请人大代表、政协委员或者特约检察员、人民监督员等第三方人员参加。"本款的规定与其衔接，规定了检察机关可以采取宣告方式送达行政公益诉讼《检察建议书》，必要时，可以邀请人大代表、政协委员、人民监督员等参加。

> **第七十七条**
>
> 提出检察建议后，人民检察院应当对行政机关履行职责的情况和国家利益或者社会公共利益受到侵害的情况跟进调查，收集相关证据材料。

【条文主旨】

本条是关于检察机关提出检察建议后跟进调查的规定。

【条文释义】

调查贯穿于检察机关公益诉讼办案的始终。诉前程序的各个阶段，都需要检察机关开展调查。跟进调查是行政公益诉讼《检察建议书》发出后的必经程序，是审查起诉的基础。检察机关提出检察建议后，是终结案件还是提起诉讼，都需要根据跟进调查的结果来决定，因此，检察机关提出检察建议后，必须跟进开展调查。跟进调查的任务是查明《检察建议书》发出后在法律和司法解释规定的整改期内行政机关是否按照检察建议内容全面依法履职，国家利益或者社会公共利益是否得到了有效保护的相关事实。根据本条的规定，跟进调查的启动时间是在《检察建议书》发出之后。行政机关在收到《检察建议书》后在整改期限内书面回复的，或者在整改期内未书面回复的，检察机关在收到书面回复或者未收到回复的在回复期满后都应进一步调查。由于本《办案规则》第47条将行政公益诉讼案件的起诉审查期间确定为整改期满一个月,为了及时提起诉讼,检察机关在发出检察建议后要及时跟进调查,为提起诉讼奠定基础。跟进调查,不能仅仅审查行政机关的回复,而要收集行政机关是否纠正违法行为或者全面依法履行职责情况以及国家利益或者社会公共利益是否得到有效保护的情况的相关证据。跟进调查应当按照本《办案规则》关于调查的规定进行,必要时,检察机关可以及时就有关情况与行政机关进行沟通,听取意见,也可以要求有关专业人员对整改的效果进行评估、鉴定、检验、检测。

第七十八条

行政机关在法律、司法解释规定的整改期限内已依法作出行政决定或者制定整改方案,但因突发事件等客观原因不能全部整改到位,且没有怠于履行监督管理职责情形的,人民检察院可以中止审查。

中止审查的,应当经检察长批准,制作《中止审查决定书》,并报送上一级人民检察院备案。中止审查的原因消除后,应当恢复审查并制作《恢复审查决定书》。

【条文主旨】

本条是关于起诉审查程序中的中止审查案件的规定。

【条文释义】

《关于检察公益诉讼案件适用法律若干问题的解释》对行政机关的整改期限有明确规定,其第21条第2款规定:"行政机关应当在收到检察建议书之日起两个月内依法履行职责,并书面回复人民检察院。出现国家利益或者社会公共利益损害继续扩大等紧急情形的,行政机关应当在十五日内书面回复。"所以,《办案规则》没有作重复规定。

本条第1款规定中止审查的条件。本款将"客观原因"作为中止审查的条件,行政机关在整改期内,已经依法履职,作出了行政决定或者制定了整改方案。但是,因为出现了突发事件,比如,出现自然灾害等不可抗力,或者重大公共卫生突发事件等,行政机关不能按照整改方案履行职责,人民检察院可以中止审查。本条在"突发事件"之后使用了"等","等"是指与突发事件相当的行政机关难以克服的因素或事件,导致未能整改或未能全部整改到位,人民检察院也可以中止审查。这些因素和事件既有自然原因,也有法定程序运行的原因导致未能整改或未能全部整改到位的情形,包括但不限于:一是季节的原因,比如,行政机关冬季作出责令行政相对人补植复绿的决定,但冬季不宜补种树木,需要待宜种季节才能整改;二是气候的原因,比如,行政机关作出要求行政相对人对河道进行修复的决定,但正处于汛期,不能修复,必须待汛期过后才能进行整改;三是行政程序本身时间要求更长的期限;四是行政机关在整改期限内作出具体可行的分期整改计划,正在按照分期计划实施但尚未完成的。上述这些情况主要表现为非行政机关自身的原因,而是行政机关自身难以克服的因素或者事件。

本条第 2 款规定检察机关决定对案件中止审查的,应当制作《中止审查决定书》,由于《立案决定书》《检察建议书》送达了行政机关,为了让行政机关了解检察机关对案件的办理情况,督促行政机关在条件成就时实施整改方案,保护受损的公共利益,《中止审查决定书》也应当送达行政机关。为了强化对中止审查的管理,本款规定了中止审查的审批和备案制度,按照本款的规定,中止审查由检察长审批,承办案件的检察官或者办案组没有决定权。另外,还应当将中止审查的情况报上一级检察机关备案。本款没有规定报上一级检察院备案的时间,但是,本《办案规则》第 76 条第 1 款和《人民检察院检察建议工作规定》的第 21 条都规定了《检察建议书》报上级检察院备案的时间,此处也应当参照执行,即在决定作出后 5 日内报上级检察院备案。上级检察院对备案情况应当及时进行备案审查,如果下级检察机关作出的中止审查不当的,应当根据本《办案规则》第 10 条第 2 款的规定指令下级人民检察院纠正。同时,为了强化对中止审查的管理,本款还规定对于中止审查的案件,检察机关应当及时跟进,在中止审查的原因消除后,立即作出恢复审查决定,制作《恢复审查决定书》并送达行政机关。

第七十九条

经过跟进调查,检察官应当制作《审查终结报告》,区分情况提出以下处理意见:

(一)终结案件;

(二)提起行政公益诉讼;

(三)移送其他人民检察院处理。

【条文主旨】

本条是关于跟进调查后处理结果的规定。

【条文释义】

　　经过跟进调查，检察官办案组织应当制作《审查终结报告》。报告中需要区分三种情形提出处理意见：一是对于存在本《办案规则》第74条所列四种情形之一的，提出终结案件的意见；二是对于符合起诉条件且本院有起诉管辖权的，提出提起行政公益诉讼的意见；三是对于符合起诉条件但本院无起诉管辖权，需要移送其他人民检察院审查起诉的，提出移送审查起诉的意见。

第八十条

　　经审查，人民检察院发现有本规则第七十四条第一款规定情形之一的，应当终结案件。

【条文主旨】

　　本条是关于在审查起诉阶段终结案件的规定。

【条文释义】

　　本条系援引条款。在检察建议发出后经过跟进调查对全案审查后，人民检察院发现有本《办案规则》第74条应当终结案件情形之一的，作出终结案件决定。两个阶段规定终结案件的情形一致，区别的是作出终结案件的时间节点不一样，第74条适用于调查阶段终结案件，本条适用于审查起诉阶段终结案件。

第三节　提起诉讼

第八十一条

　　行政机关经检察建议督促仍然没有依法履行职责，国家利益或者社会公共利益处于受侵害状态的，人民检察院应当依法提起行政公益诉讼。

【条文主旨】

　　本条是关于检察机关经过诉前程序后提起行政公益诉讼的规定。

【条文释义】

根据本条规定，检察机关提起行政公益诉讼，必须达到以下三个条件：

一是案件已经过检察建议程序。诉前检察建议是行政公益诉讼案件提起诉讼的必经程序，绝大多数案件通过提出检察建议能达到督促行政机关纠正违法行为或整改的效果，提起行政公益诉讼的只是少数，主要是矛盾突出、职能交叉或者本地有重大影响的案件。对生态环境和资源保护、食品药品安全、国有财产保护、国有土地使用权出让等领域的公益保护问题，行政机关不仅仅是法定的监管主体，其还拥有相应的技术能力和专业知识，有关问题的治理必须依赖于行政权去推动。因此，正常状态下，检察机关认为行政机关违法行使职权或者不作为的，首先向被监督行政机关提出检察建议，督促其纠正违法行为或者依法全面履行职责，促使问题处理回归到行政程序中；只有经过诉前程序，行政机关拒不纠正违法行为或者不依法全面履行法定职责，国家利益和社会公共利益仍处于受侵害状态的，检察机关才提起行政公益诉讼，通过审判程序解决公益侵害问题。

二是被监督行政机关在检察建议提出后仍然没有依法全面履行职责。需要注意的是，认定被监督行政机关是否未依法全面履行职责，应当在发出检察建议后及时跟进调查予以认定。对于一些特殊情形，如恢复植被、修复土壤、治理污染等，行政机关主观上有整改意愿，但由于受季节气候条件、施工条件、工期等客观原因限制，行政机关在检察建议回复期内无法整改完毕的，不宜机械认定未依法全面履行职责，可以适用中止审查的规定，但应当在中止审查的消除后恢复审查，继续跟进调查。

三是经过跟进调查，国家利益或者社会公共利益仍然持续处于受侵害状态。需要指出的是，对于公共利益只得到部分保护的情形，因还有部分公共利益受侵害的状态仍然没有消除，应当认定为公共利益仍然处于受侵害状态。

第八十二条

有下列情形之一的，人民检察院可以认定行政机关未依法履行职责：

（一）逾期不回复检察建议，也没有采取有效整改措施的；

（二）已经制定整改措施，但没有实质性执行的；

（三）虽按期回复，但未采取整改措施或者仅采取部分整改措施的；

（四）违法行为人已经被追究刑事责任或者案件已经移送刑事司法机关处理，但行政机关仍应当继续依法履行职责的；

（五）因客观障碍导致整改方案难以按期执行，但客观障碍消除后未及时恢复整改的；

（六）整改措施违反法律法规规定的；

（七）其他没有依法履行职责的情形。

【条文主旨】

本条是关于行政机关未依法履行职责的认定情形的规定。

【条文释义】

认定行政机关未依法履行职责，实际上是对行政机关是否依法全面履职的判断，直接关系到行政公益诉讼案件经过检察建议后能否提起公益诉讼。

在2019年最高检会同生态环境部等九部委会签的《关于在检察公益诉讼中加强协作配合依法打好污染防治攻坚战的意见》和2020年最高检会同中央网信办等十单位会签的《关于在检察公益诉讼中加强协作配合依法保障食品药品安全的意见》中都明确了判断行政机关履职尽责的标准：以法律规定的行政执法机关的法定职责为依据，以是否采取有效措施制止违法行为，是否全面运用法律法规、规章和规范性文件规定的行政监管手段，国家利益和社会公共利益是否得到了有效保护为标准。张雪樵副检察长将之归纳为"行为要件＋结果要件＋职权要件"的三要件标准。行政机关依法履行职责应当以法律规定的行政执法机关法定职责为依据，对照行政机关的"三定"方案，以是否采取有效措施制止违法行为，是否全面运用法律法规、规章和规范性文件规定的行政监管手段，国家利益或者社会公共利益是否得到了有效保护进行综合判断。本条列举的七种情形是公益诉讼检察工作开展以来各地办案的经验总结，是检察机关与法院、行政机关达成的共识。具体如下：

第一项属于完全不履职的行政不作为，行政机关逾期既不回复检察建议也不采取整改措施的，应当认定行政机关未依法履行职责。实践中还存在两种情形,一种是行政机关回复了检察建议,但在回复中明确表示不进行整改,应认定为完全不履职的行政不作为;另一种是行政机关逾期不回复检察建议,但实际上已经采取相关措施解决了公益侵害问题,从结果上来说,"两益"侵害状态已经消失,不宜认定行政机关不依法履行职责,但需要检察机关在工作中加强与行政机关的协作配合,消除行政机关对行政公益诉讼认识上的偏差。

第二项属于不完全履职的行政不作为,行政机关虽然已经制定整改措施,但没有实质性按整改措施执行的,仍应当认定行政机关未依法履行职责。

第三项属于不完全、不及时履职的行政不作为。判断行政机关是否依法履行职责,不是收到回复就认定其履职尽责了,要根据行政机关回复内容和跟进调查等情况,综合认定行政机关实施的行政处理行为是否依法、全面,对于行政机关虽按期回复但未采取整改措施或者仅采取部分整改措施的,应当认定为行政机关未依法履行职责。这种情形比较常见,人民检察院发出检察建议后,绝大多数行政机关会按期回复,但实际上并没有采取整改措施或者以各种原因为由只是采取了部分整改措施,对整改措施仅停留在纸面上或者应付整改,应当认定为行政机关未依法履行职责。

第四项涉及如何正确理解行政执法与刑事司法的衔接问题,实践中仍存在一种错误的认识,认为违法行为人已被追究刑事或者案件已移送刑事司法机关处理的,行政机关就不再负有监管职责。最高人民法院行政审判庭(2017)行他字第215号《关于行政公益诉讼中刑事处罚与行政处理衔接有关问题的电话答复》,针对吉林省高级人民法院提出的"对非法毁坏林木涉嫌犯罪的行为,在刑事处理尚未终结的情况下,行政机关能否作出责令补种树苗的处理决定?人民检察院因此事针对行政机关未予处理的情形提起行政公益诉讼的,人民法院应否受理"的问题,答复意见是:"责令补种树苗的行政处理决定与针对非法毁坏林木的犯罪所处刑罚之间不具有吸收关系,在此情况下,行政机关应当依法履行职责。行政机关不履行或者不及时履行法定职责,人民检察院就此提起行政公益诉讼且符合其他起诉条件的,人民法院应当依法立案。至于刑事案件是否立案以及是否审结,并不影响上述结论。"国务院《行政执法机关移送涉嫌犯罪案件的规定》(2020年8月7日修订)第11条也规定,行政执法机关对应当向公安机关移送的涉嫌犯罪案件,不得以行政处罚代替移送,但行政执法机关向公安机关移送涉嫌犯罪案件前已经作出的警告,责令停产停业,暂扣或者吊销许可证、暂扣或者吊销执照的行政处罚决定,不停止执行。行政执法机关向公安机关移送涉嫌犯罪案件前,已经依法给予当事人罚款的，人民法院判处罚金时，依法折抵相应罚金。因此，在行政责任和刑事责任交叉的案件中，对违法行为人刑事责任的追究并不当然地免除其应当承担的行政责任，当法律规范追求的行政秩序没有恢复时，仍然需要行政机关依法及时履职，如果等到刑事案件办结再去行政执法，可能导致公益侵害状态持续并扩大，不利于公益保护。实践中，行政机关作出责令违法行为人停止侵害、消除危险、依法处置危险废物、土地复垦、补植复绿等行政行为，不会影响刑事案件的办理，也更有利于保护"两益"，这些行政责任方式是刑事责任不能实现的，行政机关应当在移送司法机关追究刑事责任的同时，对违法行为人作出相应行政处理决定。

第五项属于不及时履职的情形，针对的是补植复绿、增殖放流、矿山治理等整改措施，可能因为客观障碍（比如季节、气候等不可抗力）等非因行政机关本身的原因难以在回复期内完成，但是在客观障碍消除后行政机关仍未及时恢复整改的情形。需要指出的是，这里的客观障碍与《办案规则》第78条规定的客观原因相同。这些因素和事件既有自然原因，也有法定程序运行的原因导致未能整改或未能全部整改到位的情形，这些情况主要表现为非行政机关自身的原因，是行政机关自身难以克服的因素或者事件。

第六项属于违法行使职权（或者乱作为），主要是针对行政机关作出的整改措施因违法而得不到执行的情形，如财政部门对套取补贴违法行为应当作出追缴决定，但其仅作出追缴通知书导致不能向法院申请强制执行，应当认定财政部门未依法正确履行职责。需要注意的是，此情形下提起行政公益诉讼不是针对新的违法行为，而是就检察建议指出的行政机关不依法全面履职的行为。

第七项为兜底条款，为其他未依法履行职责的情形。

常态化开展"回头看"，是落实巩固公益诉讼办案成效，切实提升公益诉讼检察治理效能的重要举措，也是公益诉讼质量建设的重要抓手。在对重点已办结案件进行"回头看"的过程中，也涉及对行政机关依法履行职责的判断问题，并根据不同情形作出不同的处理。一是在"回头看"过程中，发现行政机关原整改措施为虚假整改，未从根本上解决公益侵害问题，侵害行为没有停止或者侵害危险一直没有消除，应当认定行政机关经检察建议督促仍没有依法完全履行职责，符合提起行政公益诉讼的条件。针对这种情形，检察机关已经作出不当终结案件决定的，且距终结案件在一定合理期限内，经本院检察长或检委会决定，可以撤回终结案件决定书，向法院直接提起行政公益诉讼。二是行政机关之前的违法行为经检察建议督促，已经切实整改到位，国家利益和社会公共利益已经恢复，实质达到检察机关终结案件标准，但经过"回头看"发现同类问题又出现反复、反弹的，可以视为行政机关新的不依法履行职责，检察机关应当另案进行监督，经过诉前程序后根据整改情况再决定是否提起诉讼。

> **第八十三条**
> 　　人民检察院可以根据行政机关的不同违法情形，向人民法院提出确认行政行为违法或者无效、撤销或者部分撤销违法行政行为、依法履行法定职责、变更行政行为等诉讼请求。
> 　　依法履行法定职责的诉讼请求中不予载明行政相对人承担具体义务或者减损具体权益的事项。

【条文主旨】

本条是关于行政公益诉讼的诉讼请求种类和适用的规定。

【条文释义】

根据《行政诉讼法》的规定，以及"两高"《关于检察公益诉讼案件适用法律若干问题的解释》第25条关于人民法院对行政公益诉讼案件作出不同类型判决的规定，检察机关提起行政公益诉讼的，可以根据行政机关违法情形的种类，提出确认行政行为违法或者无效、撤销或部分撤销违法行政行为、依法履行法定职责、变更行政行为等诉讼请求。

一是确认行政行为违法。根据《行政诉讼法》第74条、第75条的规定，确认行政行为违法诉讼请求主要适用于以下三种情形：第一，行政行为应当撤销，但撤销会给国家利益或者社会公共利益造成重大损害；第二，行政行为违法，但不具有可撤销内容；第三，被告在起诉前改变原违法行政行为的，如纠正违法行为或者依法履行职责。该诉讼请求一般表述为"确认被告未依法履行某某职责行为违法"。在要求确认违法的同时，可以一并要求行政机关采取补救措施。但对于行政机关不作为的，一般不能在起诉时既请求履行法定职责又请求确认违法。实践中，行政机关对同一公益侵害事实往往既有违法行使职权又有行政不作为情形的，由于撤销违法行政行为可能造成"两益"损害扩大或者不具有可撤销内容的，人民检察院对行政不作为提出履行法定职责的诉讼请求时，还可以针对行政机关违法行使职权的行为提出确认违的诉讼请求。如某县自然资源局违法在公益林范围内颁发采矿许可证，同时对采矿许可人超范围违法采矿行为破坏生态违法行为未进行监管，导致采矿许可证范围内和范围外的公益林被毁损和地质环境遭到破坏，在检察机关发出检察建议后该县自然资源局仍未有效保护生态地质环境的，人民检察院可以提出行政机关履行矿山地质环境保护监管职责的诉讼请求，还可以提出确认行政机关颁证行为违法的诉讼请求。

二是确认行政行为无效。适用于行政行为实施主体不具有行政主体资格、行政行为没有依据或者行政行为的内容客观上不可能实施等重大且明显违法情形。该诉讼请求一般表述为"确认被告某某行政行为无效"。

三是撤销或部分撤销违法行政行为。根据《行政诉讼法》第70条的规定，该诉讼请求适用于行政行为主要证据不足，适用法律、法规错误，违反法定程序，超越职权，滥用职权，明显不当六种情形；符合以上列举情形的，可以一并要求行政机关重新作出具体行政行为。该诉讼请求一般表述为"撤销或部分撤销某某行政行为"。

四是依法履行法定职责。适用于行政机关不履行或不全面履行法定职责，判决履行仍有意义的情形。这里的法定职责主要是法律、法规、规章规定的监督管理职责。对于法律、法规、规章明确规定行政机关履行期限的，在诉讼请求中列明行政机关履行职责的期限，对于没有规定明确履行期限的，在诉讼请求中一般无须列明要求行政机关履行职责的期限，列明行政机关在合理期限内履行职责即可，由法院在裁判中确定合理期限。该诉讼请求一般表述为"责令被告依法履行某某职责"或"责令被告在某某期限依法全面履行某某等法定职责"。

五是变更行政行为。适用于被诉行政机关作出的行政处罚明显不当，或者其他行政行为涉及对款额的确定、认定确有错误的情形，可以提出变更行政行为的诉讼请求。该诉讼请求一般表述为"责令被告变更某某行政行为"。

司法实践中，人民检察院根据个案中行政机关的不同违法情形，可以单独或者一并提出不同类型的具体诉讼请求。一般情况下，检察机关不单独提出确认违法的诉讼请求，但对于一定时期具有普遍性的违法、对行政机关是否负有监督管理职责存在分歧、对法律适用存在不同认识等特殊情形，检察机关可以单独提出确认违法的诉讼请求。

行政公益诉讼是检察机关以诉的形式履行法律监督职责，属于客观诉讼，本质上是检察权对行政权的监督，核心是通过诉前磋商、检察建议、提起诉讼等方式督促行政机关依法履行法定职责，达到保护国家利益和社会公共利益的政治效果、社会效果和法律效果。检察权的行使是有边界的，不能将检察权变成凌驾于行政权之上的一般监督权，行政机关选择以何种方式履行法定职责属于行政权的范畴，不能在提出依法履行法定职责的检察建议或者诉讼请求中载明行政相对人应承担的具体义务或者减损其具体权益的事项。

办案中，应当注意行政公益诉讼与一般行政诉讼在客体、对象上的区别。第一，行政公益诉讼的客体是行政机关对生态环境资源保护、食品药品安全、国有财产保护、国有土地使用权出让、安全生产、未成年人保护、个人信息保护、军人地位和权益保护等领域进行监督管理的行为。行政公益诉讼不受《行政诉讼法》第12条受案范围的限制，行政公益诉讼涉及的行政行为不限于一般行政诉讼所指的"可诉的行政行为"，应当作扩大解释，既包括对行政相对人权利义务产生影响的外部行政行为，也包括对"两益"产生影响的行政管理（如制定规划、单纯地维护管理）、审批等外化的内部行政行为。如文物保护领域的行政公益诉讼案件，一般不涉及行政相对人，文物保护单位多是政府的事业单位，出现文物毁损、消防等安全隐患或者破坏历史遗迹损害公益的事实，一般没有具体的行政相对人或利害关系人，检察建议的内容只针对行政机关的管理行为，这类管理行为一般不会成为公民、法人或其他组织提起行政诉讼的内容，但因管理行为的行使涉及公益，成为了人民检察院提起行政公益诉讼的客体。第二，行政公益诉讼的对象仅限行政主体，不需要将行政相对人或者利害关系人列为第三人。实践中，由检察机关提起行政公益诉讼，解决公益侵害是谁的法定职责、由谁履职去保护的问题，督促行政机关采取及时有效的措施保护"两益"不受侵害。虽然行政机关履行法定职责过程中作出的行政行为，大部分会涉及行政相对人及利害关系人的权利义务减损或增加，但这是行政机关履职派生出的问题，是行政机关与行政相对人的行政法律关系。行政相对人的权利救济可以通过行政复议、行政诉讼等程序解决。因此，不需要在行政公益诉讼中追加行政相对人为第三人。从实践情况看，将行政相对人或利害关系人列为第三人，往往会增加审理难度，增加诉讼成本，不利于公益得到及时有效保护。

行政公益诉讼提出诉讼请求，还需要注意以下几个问题：

一是能否一并提出规范性文件审查。检察机关办理行政公益诉讼案件时，认为行政机关作出行政行为依据的规范性文件不合法，可以向制定规范性文件的行政机关提出检察建议，或者可以向人民法院申请司法审查。具体而言，对行政机关规范性文件提出检察建议或提请司法审查必须具备两个条件：（1）规范性文件是被诉行政行为的依据。一个行政行为的作出，可能适用多部规范性文件，提请审查的规范性文件必须是被诉行政行为的直接依据，它可以是全部依据，即执行规范性文件的具体内容而作出被诉行政行为，也可以是部分依据，即对其作出被诉行政行为具有实体或程序上的影响。（2）检察机关认为规范性文件不合法。这里的"法"主要是指法律、行政法规、地方性法规、自治条例和单行条例以及行政规章。规范性文件"不合法"，表现为缺少上位法依据、内容与上位法相冲突、形式不合法（如未公布）等情形。如湖南省常德市检察院在办理一起国有土地出让行政公益诉讼案件中，向自然资源部门提出检察建议同时，就住建部门发布的市直单位房地产建设至正负零时办理建设许可手续文件的违法问题，向政府法制部门提出检察建议。

最高人民法院《关于适用〈中华人民共和国行政诉讼法〉的解释》第148条规定："人民法院对规范性文件进行一并审查时，可以从规范性文件制定机关是否超越权限或者违反法定程序、作出行政行为所依据的条款以及相关条款等方面进行。有下列情形之一的，属于行政诉讼法第六十四条规定的'规范性文件不合法'：（一）超越制定机关的法定职权或者超越法律、法规、规章的授权范围的；（二）与法律、法规、规章等上位法的规定相抵触的；（三）没有法律、法规、规章依据，违法增加公民、法人和其他组织义务或者减损公民、法人和其他组织合法权益的；（四）未履行法定批准程序、公开发布程序，严重违反制定程序的；（五）其他违反法律、法规以及规章规定的情形。"

检察机关认为规范性文件不合法的处理方式有两种：其一，向制定规范性文件的行政机关提出检察建议。其二，提起行政公益诉讼时一并建议人民法院对该规范性文件进行审查。但是一般来说，检察机关向制定规范性文件的行政机关提出检察建议，在检察机关提起行政公益诉讼时制定机关已经撤销该规范性文件，不再需要在起诉时一并提出规范性文件的司法审查。还需要注意的是，根据我国《宪法》和《立法法》第80条、第82条的规定，规章的制定主体为国务院各部、委员会，中国人民银行、审计署和具有行政管理职能的直属机构以及省、自治区、直辖市和设区的市、自治州的人民政府，规章属于立法性文件，对规章的审查和监督，依据《宪法》及《立法法》（第95条至第99条）的规定，由国务院、地方人大常委会及省级人民政府根据各自权限改变或者撤销不适当的部门规章或地方政府规章。因此，这里的规范性文件不包括国务院部门规章和地方政府规章。

二是能否一并提出重新作出行政行为。重新作出行政行为属于履行职责的范畴，可一并提出，但不宜过于具体。

三是能否一并提出确认行政协议效力。在办理国有财产保护、国有土地使用权出让领域案件会发生该情形。人民检察院提起行政公益诉讼,本质上是督促行政机关积极履职,妥善处理与第三人之间的行政法律关系,具体的履行情况属于行政权运行的范畴,人民检察院行使公益诉讼检察职能不能越俎代庖,应当尊重行政权运行规律,遵守权力边界,一般不宜一并提出该诉讼请求。

四是能否一并提出采取补救措施。根据《行政诉讼法》第76条的规定,检察机关在提出确认违法或者无效的诉讼请求时,如果行政机关仍有履职空间的可能性,为了国家利益或者社会公共利益的需要,可以一并提出采取补救措施的诉讼请求。

第八十四条

在行政公益诉讼案件审理过程中,行政机关已经依法履行职责而全部实现诉讼请求的,人民检察院可以撤回起诉。确有必要的,人民检察院可以变更诉讼请求,请求判决确认行政行为违法。

人民检察院决定撤回起诉或者变更诉讼请求的,应当经检察长决定后制作《撤回起诉决定书》或者《变更诉讼请求决定书》,并在三日内提交人民法院。

【条文主旨】

本条是关于撤回起诉或变更诉讼请求的规定。

【条文释义】

最高人民法院、最高人民检察院《关于检察公益诉讼案件适用法律若干问题的解释》第24条规定:"在行政公益诉讼案件审理过程中,被告纠正违法行为或者依法履行职责而使人民检察院的诉讼请求全部实现,人民检察院撤回起诉的,人民法院应当裁定准许;人民检察院变更诉讼请求,请求确认原行政行为违法的,人民法院应当判决确认违法。"上述规定授权检察机关在实现全部或部分诉讼请求的情形下,可以撤回起诉或变更诉讼请求,旨在提高诉讼效率,节约司法资源。

一方面,检察机关提起行政公益诉讼的目的是维护国家利益和社会公共利益,不是为诉而诉,在提起诉讼后,行政机关已经依法履行职责诉讼请求全部实现的情况下,受损的公益已经得到修复,检察机关起诉目的已经完全实现，一般情况下可以撤回起诉。另一方面，虽然行政机关在诉讼阶段按照诉讼请求履职并修复公益，但在检察机关与行政机关就是否负有监督管理职责存在认识分歧、行政机关不依法履职情节及造成公益损害后果严重案件已经进入二审、再审阶段等确有必要的情况下，检察机关也可以变更诉讼请求，请求确认原行政行为违法。如在吉林省检察机关督促德惠市朝阳乡政府履行环境保护监管职责行政公益诉讼案中，吉林省人民检察院向吉林省高级人民法院提出抗诉认为二审裁定适用法律错误，吉林省高级人民法院支持吉林省人民检察院的抗诉意见，撤销一审、二审裁定，指定德惠市人民法院重新审理。德惠市人民法院重新组成合议庭审理本案。在此期间，朝阳乡政府对案涉垃圾堆放场进行了清理，经吉林省、长春市、德惠市三级人民检察院共同现场确认，垃圾确已彻底清理，但因朝阳乡政府对其履职尽责标准仍然存在不同认识，德惠市检察院决定保留第一项确认违法的诉讼请求，并获得人民法院的支持，由人民法院通过裁判明确行政机关的行为性质，促进形成行政执法与司法共识。在案件审理过程中，检察机关撤回起诉或变更诉讼请求从本质说是对国家利益和社会公共利益的处分，需经严格规范的程序，应当经检察长决定后制作《撤回起诉决定书》或者《变更诉讼请求决定书》，在法定期限内提交人民法院。

第四章 民事公益诉讼

第一节 立案与调查

> **第八十五条**
>
> 人民检察院经过对民事公益诉讼线索进行评估，认为同时存在以下情形的，应当立案：
> （一）社会公共利益受到损害；
> （二）可能存在破坏生态环境和资源保护，食品药品安全领域侵害众多消费者合法权益，侵犯未成年人合法权益，侵害英雄烈士等的姓名、肖像、名誉、荣誉等损害社会公共利益的违法行为。

【条文主旨】

本条是关于人民检察院办理民事公益诉讼案件的立案条件的规定。

【条文释义】

本条作为民事公益诉讼案件的立案条件，是检察机关办理公益诉讼案件在立案环节的核心条款之一，与《办案规则》第28条、第67条共同构成各类公益诉讼案件立案条件的完整规则。

本条的主要依据，是《民事诉讼法》第58条第2款"人民检察院在履行职责中发现破坏生态环境和资源保护、食品药品安全领域侵害众多消费者合法权益等损害社会公共利益的行为，在没有前款规定的机关和组织或者前款规定的机关和组织不提起诉讼的情况下，可以向人民法院提起诉讼"，《英雄烈士保护法》第25条第2款"英雄烈士没有近亲属或者近亲属不提起诉讼的，检察机关依法对侵害英雄烈士的姓名、肖像、名誉、荣誉，损害社会公共利益的行为向人民法院提起诉讼"，以及《未成年人保护法》第106条"未成年人合法权益受到侵犯，相关组织和个人未代为提起诉讼的，人民检察院可以督促、支持其提起诉讼；涉及公共利益的，人民检察院有权提起公益诉讼"。据此，检察机关可以对破坏生态环境和资源保护、食品药品安全领域侵害众多消费者合法权益、侵害英雄烈士合法权益等损害社会公共利益的违法行为，以及未成年人保护领域侵害未成年人合法权益损害社会公共利益的违法行为，向人民法院提起民事公益诉讼。

> **第八十六条**
>
> 人民检察院立案后，应当调查以下事项：
> （一）违法行为人的基本情况；
> （二）违法行为人实施的损害社会公共利益的行为；
> （三）社会公共利益受到损害的类型、具体数额或者修复费用等；
> （四）违法行为与损害后果之间的因果关系；
> （五）违法行为人的主观过错情况；
> （六）违法行为人是否存在免除或者减轻责任的相关事实；
> （七）其他需要查明的事项。
> 对于污染环境、破坏生态等应当由违法行为人依法就其不承担责任或者减轻责任，及其行为与损害后果之间不存在因果关系承担举证责任的案件，可以重点调查（一）（二）（三）项以及违法行为与损害后果之间的关联性。

【条文主旨】

本条是关于民事公益诉讼立案后应当调查的重点内容的规定。

【条文释义】

民事公益诉讼调查的内容主要包括违法主体、违法行为、损害后果、因果关系、主观过错、免责事项等。具体而言，包括以下内容：

一是违法行为人的基本情况。违法行为人是个人的，应当调查其身份信息、户籍信息等；违法行为人是法人或其他组织的，应当调查其性质、工商登记注册信息、组织机构代码、经营范围、营业执照、缴纳税收情况、经营情况、经营规模等，同时，还需要调查可能承担连带责任的其他主体。

二是违法行为人实施的损害社会公共利益的行为。应当查明违法行为人破坏生态环境和资源保护、食品药品安全领域侵害众多消费者合法权益等损害社会公共利益的行为，侵害英雄烈士等的姓名、肖像、名誉、荣誉，损害社会公共利益的行为，以及其他领域中，违法行为人实施的损害社会公共利益的行为及具体过程。

三是社会公共利益受到损害的类型、具体数额或者修复费用等。第一，要调查社会公共利益遭受损害的类型，如物质损害、精神损害、财产损害、非财产损害、人身损害、人格尊严损害、直接损害、间接损害等，比如，消费者合法权益遭受的损害多为人身、财产损害，英烈保护领域社会公共利益遭受的损害多为英雄烈士的人格尊严和社会主义核心价值观。调查明确损害的类型，有助于下一步提出精准的诉讼请求。第二，调查社会公共利益损害的状态，是否处于持续受损状态，比如，环境持续受到污染，还是处于特定的已经结束的受损状态，比如，特定珍贵、濒危野生动物遭猎杀等。调查受损状态，主要是为了对持续性损害采取紧急措施，避免损害进一步扩大。第三，要调查受损的数额或者修复费用，采用鉴定、评估、审计、咨询专业意见等方式确定社会公共利益受到损害的具体数额，能够修复的，确定修复费用等，以便确定诉讼请求的赔偿金额。

四是违法行为与损害后果之间的因果关系。因果关系指违法行为作为原因，损害事实作为结果，在二者之间存在引起与被引起的客观联系。在实践中，一般把握为条件相当的因果关系，也就是作为原因被考察的事实是否通常会增加后果出现的客观可能性。因果关系可以依据一般社会见解进行判断，也可以通过委托鉴定、评估、审计、咨询专家意见等方式作出判断。

五是违法行为人的主观过错情况。重点调查违法行为人实施违法行为的次数、持续时间、手段和方式、获利情况、是否曾被行政处罚或刑事处罚等，以便综合确定违法行为人的主观过错程度。

六是违法行为人是否存在免除或者减轻责任的相关事实。尽管从举证责任来看，该项内容由违法行为人承担，但为了全面掌握案件事实，精准提出诉讼请求以及庭审应对需要，检察机关应当就违法行为人免除或者减轻责任的相关事实进行调查。

七是其他需要查明的事项。

根据《民法典》等相关法律法规规定，污染环境、破坏生态等领域案件，行为人应当就法律规定的不承担责任或者减轻责任的情形及其行为与损害之间不存在因果关系承担举证责任。检察机关在办理生态环境和资源保护等法律规定举证责任倒置的领域案件过程中，在调查违法行为人的基本情况、损害社会公共利益的行为和社会公共利益的损害后果之外，还应当对违法行为与损害后果之间的关联性进行调查，这种关联性不需要达到相当因果关系理论要求的高度盖然性，而是存在因果关系的可能性和初步证据即可。对于法律规定行为人承担无过错责任和举证责任倒置的案件类型，违法行为人的主观过错情况和其是否存在免除或者减轻责任的相关事实，包含在检察调查内容范围之内，但可以不作为检察机关调查内容的重点。

第八十七条

人民检察院办理涉及刑事犯罪的民事公益诉讼案件，在刑事案件的委托鉴定评估中，可以同步提出公益诉讼案件办理的鉴定评估需求。

【条文主旨】

本条是关于刑事附带民事公益诉讼同步鉴定的规定。

【条文释义】

2018年3月"两高"《关于检察公益诉讼案件适用法律若干问题的解释》实施后，全国范围内刑事附带民事公益诉讼发展势头迅猛，实践中对鉴定评估如何开展等问题存在不同做法。本条对办理刑事附带民事公益诉讼案件中同步开展鉴定评估作出指引。

刑事诉讼与民事公益诉讼对证据需求不完全一致，例如，在生态环境领域案件中，刑事案件中的鉴定评估侧重于对被告人违法排放污染物的种类、浓度和排放方式，或者所破坏的农用地、林木、矿产、草原、野生动植物等资源数量和价值的鉴定评估，通过适用相关刑事法律和司法解释的规定定罪量刑。而公益诉讼案件通常还需要进一步查明生态环境受损害的具体情况以及违法行为人实施的违法行为与环境损害之间是否存在因果关系，从而提出修复生态环境的合理期限和费用、赔偿生态服务功能丧失导致的损失等诉讼请求。侦查机关或者刑检部门一般并不了解公益诉讼的鉴定需求，更不会主动委托鉴定。

考虑到污染场地现状变化可能给后续鉴定评估工作带来难以开展的风险，在附带民事公益诉讼立案后，公益诉讼检察部门及时会同刑事检察部门开展环境损害等专业鉴定评估尤为必要。本条主要体现了效率原则，规定的是"同步"提出，适用的前提应是刑事案件的鉴定评估尚未委托，或者鉴定工作尚未开展，出于节约司法成本、协同两类案件办理进度的考虑，公益诉讼部门可以同步提出鉴定评估的需求，统一委托进行。需要注意的是，鉴于环境损害鉴定评估的复杂性，有的案件鉴定耗时较长、费用较高且有资质的鉴定机构数量较少，并非所有类型案件都适合同步委托鉴定。因此，本条文使用"可以"而非"应当"，给实践操作留足空间，对于同步委托鉴定的委托主体、费用支付、具体操作流程等问题，各地可结合具体情况进一步探索细化。

第八十八条

刑事侦查中依法收集的证据材料，可以在基于同一违法事实提起的民事公益诉讼案件中作为证据使用。

【条文主旨】

本条是关于民事公益诉讼中刑事证据的使用规则。

【条文释义】

将刑事侦查中收集的证据作为相关联民事公益诉讼案件的证据直接使用，是实践中被证明行之有效的做法。检察机关在办理民事公益诉讼案件，尤其是刑事附带民事公益诉讼案件过程中，充分依托刑事检察职能，收集整理刑事侦查中依法收集的证据材料，能够有效提升办案效率。

适用本条需要把握以下几点：一是证据是在刑事侦查程序中收集。这里既包括公安机关侦查收集的证据，也包括检察机关自行补充侦查收集的证据。这些证据可以是经刑事判决采信确认的证据，也可以是刑事审判中尚未使用的证据。二是证据的收集必须程序合法。如果侦查过程中存在违反刑事诉讼法规定调取的证据，就不符合"合法性"要求，不能作为刑事诉讼的证据，通常也不能作为民事公益诉讼的证据使用，但如果符合民事诉讼证据规则的也可以作为证据使用。因此，对于刑事审判中未被出示或者刑事判决未被采纳的证据，如需作为公益诉讼的证据使用，需要加以甄别，以保证证据的合法性。三是需要在基于同一违法事实提起的民事公益诉讼中才能使用。"同一违法事实"并不仅仅局限于行为人实施的构成犯罪的违法行为，也包括未构成犯罪的违法行为，只要存在违法事实，损害社会公共利益，即便犯罪嫌疑人最终未被定罪量刑，证明该违法事实的证据也可以作为民事公益诉讼的证据。

对于非基于同一违法事实提起的民事公益诉讼，不代表检察机关不能使用刑事侦查中收集的证据，对于证明相同被告主体情况和财产状况的证据，例如，身份证明、法人营业执照、股权变更协议、账簿、纳税记录等证据，只要符合民事诉讼法关于证据"真实性、合法性、关联性"的要求，同样可以作为证据使用。

第八十九条

调查结束，检察官应当制作《调查终结报告》，区分情况提出以下处理意见：

（一）终结案件；

（二）发布公告。

【条文主旨】

本条是关于民事公益诉讼案件调查后处理方式的规定。

【条文释义】

民事公益诉讼案件立案后调查阶段结束，检察官办案组织应当制作的法律文书为《调查终结报告》。《调查终结报告》提出的处理意见主要有两类：一是符合本《办案规则》第90条规定情形之一的，提出终结案件的处理意见；二是符合本《办案规则》第91条、第92条规定情形的，提出发布公告的意见。

第九十条

经调查，人民检察院发现存在以下情形之一的，应当终结案件：

（一）不存在违法行为的；

（二）生态环境损害赔偿权利人与赔偿义务人经磋商达成赔偿协议，或者已经提起生态环境损害赔偿诉讼的；

（三）英雄烈士等的近亲属不同意人民检察院提起公益诉讼的；

（四）其他适格主体依法向人民法院提起诉讼的；

（五）社会公共利益已经得到有效保护的；

（六）其他应当终结案件的情形。

有前款（二）（三）（四）项情形之一，人民检察院支持起诉的除外。

终结案件的，应当报请检察长决定，并制作《终结案件决定书》。

【条文主旨】

本条是对民事公益诉讼案件终结案件具体情形及其报批程序的规定。

【条文释义】

检察机关办理民事公益诉讼案件经过调查,发现案件不存在公益受损的情况,或者受损的公益已经得到有效修复,没有必要进行公告等诉前程序,或者没有必要提起公益诉讼的,应该终结案件。

终结案件的具体情形如下:

一是不存在违法行为的。经调查发现不存在违法行为的,主要包括三种情形:第一,既不存在违法行为,也不存在公共利益损害后果的;第二,虽然存在社会公共利益受到损害的后果,但违法行为人或者其违法行为无法查清的;第三,虽然存在社会公共利益受到损害的后果,但行为人没有违法行为的。如企业排污符合规定的标准但造成环境损害的情况,虽然环境侵权责任为无过错责任,并不要求污染行为本身具有违法性,该排污企业仍应当承担侵权责任。但在检察公益诉讼中,检察机关作为法律监督机关,办理民事公益诉讼案件仍然要求将违法性作为诉请被告承担公益损害责任的要件。

二是生态环境损害赔偿权利人与赔偿义务人经磋商达成赔偿协议,或者已经提起生态环境损害赔偿诉讼的,检察机关应当终结案件。

三是英雄烈士等的近亲属不同意人民检察院提起公益诉讼的。需要注意的是,对于侵害英雄烈士等的姓名、肖像、名誉、荣誉的行为,且未造成重大社会影响的案件,如英雄烈士等的近亲属既不提起诉讼,也不同意人民检察院提起诉讼的,检察机关应当充分听取并尊重英雄烈士等的近亲属的意见和意愿,不再提起民事公益诉讼;如果侵害英雄烈士等的姓名、肖像、名誉、荣誉的行为情形恶劣,造成较大负面社会影响,严重破坏了全社会崇尚、学习、捍卫英雄烈士的氛围、损害中华民族的共同情感和所反映的社会主义核心价值观,客观上构成对社会公共利益的重大侵害,检察机关依法提起民事公益诉讼。

四是其他适格主体依法向人民法院提起诉讼的。根据《民事诉讼法》第58条的规定,生态环境和资源保护、食品药品安全领域中法律规定的机关和有关组织提起民事公益诉讼的,检察机关应当终结案件。

五是社会公共利益已经得到有效保护的。在民事公益诉讼案件办理过程中,对于因违法行为人主动承担责任恢复受损的公益等,使得社会公共利益已经得到有效保护时,检察机关已无继续监督的必要,应当终结案件。

六是其他应当终结案件的情形。

在生态环境损害赔偿权利人、英雄烈士等的近亲属及其他适格主体向人民法院提起诉讼后,人民检察院可以根据民事诉讼法的规定转为支持起诉。

如果检察机关支持起诉的,不终结案件,待支持起诉任务结束后再终结案件。

办理民事公益诉讼案件,拟终结案件的,应当报检察长决定,制作《终结案件决定书》,该文书无须发送违法行为人。

第二节 公 告

【第九十一条】

经调查,人民检察院认为社会公共利益受到损害,存在违法行为的,应当依法发布公告。公告应当包括以下内容:

(一)社会公共利益受到损害的事实;

(二)告知适格主体可以向人民法院提起诉讼,符合启动生态环境损害赔偿程序条件的案件,告知赔偿权利人启动生态环境损害赔偿程序;

(三)公告期限;

(四)联系人、联系电话;

(五)公告单位、日期。

公告应当在具有全国影响的媒体发布,公告期间为三十日。

【条文主旨】

本条是关于发布公告的规定。

【条文释义】

一是公告的条件和目的。根据《民事诉讼法》第58条第2款的规定,检察机关只有在没有法律规定的机关和组织或者法律规定的机关和组织不提起诉讼的情况下,才可以向人民法院提起诉讼。根据"两高"《关于检察公益诉讼案件适用法律若干问题的解释》的相关规定,检察机关拟在某一领域提起民事公益诉讼,首先应当查清是否存在具有公益诉权的法律规定的机关和组织,如果存在相关适格主体,应当以发布公告的方式督促其积极行使公益诉权。经过立案调查取证,对社会公共利益受到损害和存在违法行为的基本事实已经查清,应当依法发布公告。

二是公告的对象。(1)法律规定的机关。目前,法律规定的机关中有明确规定的是行使海洋环境监督管理权的部门。根据《海洋环境保护法》第89

条的规定,行使海洋环境监督管理权的部门代表国家对破坏海洋生态、海洋水产资源、海洋保护区,给国家造成重大损失的责任者提出损害赔偿要求。根据"两高"《关于办理海洋自然资源与生态环境公益诉讼案件若干问题的规定》第3条规定,人民检察院在履职中发现破坏海洋生态、海洋水产资源、海洋保护区的行为,可以告知行使海洋监督管理权的部门提起诉讼。(2)有关组织。主要是指可以提起民事公益诉讼的社会组织。第一,环保组织,根据《环境保护法》第58条的规定,有权提起环境民事公益诉讼的环保组织是指依法在设区的市级以上人民政府民政部门登记、专门从事环境保护公益活动连续5年以上且无违法记录的社会组织。第二,消费者协会,根据《消费者权益保护法》第47条的规定,有权提起消费民事公益诉讼的消费者协会是指中国消费者协会以及在省、自治区、直辖市设立的消费者协会。

关于与生态环境损害赔偿制度的衔接。生态环境损害赔偿制度是党的十八届四中全会部署的一项重要改革任务。2017年8月29日,中央全面深化改革领导小组第三十八次会议审议通过《生态环境损害赔偿制度改革方案》,明确国务院授权省级、市地级政府作为本行政区域内生态环境损害赔偿权利人。省级、市地级政府可指定相关部门或者机构负责生态环境损害赔偿具体工作,省级、市地级政府及其指定的部门或机构均有权提起诉讼。检察公益诉讼实践中,检察机关主动加强与赔偿权利人对接,出台相关衔接机制,以各种方式督促赔偿权利人开展生态环境损害赔偿诉讼,及时保护受损害的生态环境资源。

本《办案规则》规定了检察公益诉讼与生态环境损害赔偿制度的衔接,并同时为实践进一步探索留有余地。在诉前程序方面,检察机关对于立案调查后认为符合《生态环境损害赔偿制度改革方案》规定的启动生态环境损害赔偿程序条件的案件,可以以公告督促起诉等方式告知赔偿权利人启动生态环境损害赔偿程序。

三是公告的内容。公告一般包括以下内容:检察机关在履行职责中发现的行为人在生态环境和资源保护、食品药品安全、英烈保护等领域损害社会公共利益或者有重大损害风险的基本事实;告知法律规定的机关和有权提起诉讼的有关组织在公告期内向有管辖权的人民法院提起诉讼;告知赔偿权利人启动生态环境损害赔偿程序;公告期;联系人、联系地址、联系电话、公告单位、日期等。

四是公告媒介与公告期。公告应当让法律规定的适格主体知晓,因此应当在面向全国发行的媒体上发布。实践中,各级检察机关主要依托《检察日报》、正义网等媒体发布公告。公告期为30日。

五是公告的效力。由于检察机关诉前公告与民事公益诉讼中人民法院受理后公告具有相同的性质和效果，根据"两高"《关于检察公益诉讼案件适用法律若干问题的解释》相关规定，检察机关已履行诉前公告程序的，人民法院立案后不再进行公告。

第九十二条

人民检察院办理侵害英雄烈士等的姓名、肖像、名誉、荣誉的民事公益诉讼案件，可以直接征询英雄烈士等的近亲属的意见。被侵害的英雄烈士等人数众多、难以确定近亲属，或者直接征询近亲属意见确有困难的，也可以通过公告的方式征询英雄烈士等的近亲属的意见。

【条文主旨】

本条是关于英烈保护领域案件诉前程序方式的规定。

【条文释义】

根据《英雄烈士保护法》第25条的规定，对侵害英雄烈士的姓名、肖像、名誉、荣誉的行为，英雄烈士的近亲属可以依法向人民法院提起诉讼。为尊重英雄烈士等的近亲属的诉权，检察机关可以以征询近亲属意见或者公告两种方式履行诉前程序，由检察机关在实践中根据案件实际情况进行适用。英烈保护民事公益诉讼诉前程序的对象是英雄烈士等的近亲属，根据《民法典》第1045条的规定："亲属包括配偶、血亲和姻亲。配偶、父母、子女、兄弟姐妹、祖父母、外祖父母、孙子女、外孙子女为近亲属。配偶、父母、子女和其他共同生活的近亲属为家庭成员。"这也是检察机关办理英烈保护领域案件诉前征询意见的范围。办案实践中，检察机关可以通过英雄烈士等的户籍所在地公安机关查询确定其近亲属的基本情况，查明有权提起诉讼的近亲属名单、住址、联系方式等。对于英雄烈士等有近亲属的，可以当面征询近亲属是否提起诉讼的意见或者向其发出征求意见函，这样既充分尊重英雄烈士等的近亲属的意愿，保证其诉权，也可以省去30日的公告期，以提高办案效率。对于英雄烈士等的近亲属下落不明，或者一案保护多名英雄烈士等涉及近亲属人数众多等情况，检察机关也可以通过公告的方式履行诉前程序，相关程序适用本《办案规则》第91条关于公告的规定。

第九十三条

发布公告后,人民检察院应当对赔偿权利人启动生态环境损害赔偿程序情况、适格主体起诉情况、英雄烈士等的近亲属提起民事诉讼情况,以及社会公共利益受到损害的情况跟进调查,收集相关证据材料。

【条文主旨】

本条是关于公告后跟进调查的规定。

【条文释义】

检察机关在发布公告、告知督促生态环境损害赔偿权利人启动生态环境损害赔偿程序、向英雄烈士等的近亲属征询意见后,应当进行跟进调查,收集相关证据材料。跟进调查的主要内容包括:一是生态环境损害赔偿权利人是否启动生态环境损害赔偿程序、磋商是否达成赔偿协议、赔偿协议是否得到有效履行、未达成赔偿协议时赔偿权利人是否提起生态环境损害赔偿诉讼等;二是法律规定的机关或者有关组织是否提起民事公益诉讼、是否需要检察机关支持起诉、提起的诉讼请求是否能够有效保护社会公共利益等;三是英雄烈士等的近亲属是否提起民事诉讼、是否需要检察机关支持起诉等;四是在提起民事公益诉讼之前社会公共利益受到损害的情况、是否已经得到有效保护等。

第九十四条

经过跟进调查,检察官应当制作《审查终结报告》,区分情况提出以下处理意见:

(一)终结案件;

(二)提起民事公益诉讼;

(三)移送其他人民检察院处理。

【条文主旨】

本条是关于审查终结处理意见的规定。

【条文释义】

民事公益诉讼案件公告后经过跟进调查,案件事实已经查清,证据确实充分,调查任务完成的,检察官办案组织应当制作《审查终结报告》。《审查终结报告》提出的处理意见主要有三类：一是符合本《办案规则》第90条规定情形之一的，提出终结案件的处理意见；二是符合本《办案规则》第96条规定情形之一的，提出提起民事公益诉讼的处理意见；三是对于符合可以提起民事公益诉讼条件的案件，根据本《办案规则》第16条的规定，在立案检察机关与有管辖权的人民法院级别、地域不对应的情况下，立案的检察机关应当将案件移送有管辖权人民法院对应的同级检察机关处理。

第九十五条

经审查，人民检察院发现有本规则第九十条规定情形之一的，应当终结案件。

【条文主旨】

本条是对民事公益诉讼案件终结案件的规定。

【条文释义】

发布公告后终结案件的情形与立案后发布公告前终结案件的情形基本一致，根据本《办案规则》第90条的规定，检察机关作出终结案件的决定，并制作《终结案件决定书》。

第三节 提起诉讼

第九十六条

有下列情形之一，社会公共利益仍然处于受损害状态的，人民检察院应当提起民事公益诉讼：

（一）生态环境损害赔偿权利人未启动生态环境损害赔偿程序，或者经过磋商未达成一致，赔偿权利人又不提起诉讼的；

（二）没有适格主体，或者公告期满后适格主体不提起诉讼的；

（三）英雄烈士等没有近亲属，或者近亲属不提起诉讼的。

【条文主旨】

本条是对提起民事公益诉讼条件的规定。

【条文释义】

人民检察院依法发布公告并跟进调查后,对案件是否符合提起民事公益诉讼的条件进行审查,应当从以下两个方面对起诉条件进行把握:

一是程序性条件。主要是生态环境损害的赔偿权利人是否启动生态环境损害赔偿程序,或是在磋商不成后是否提起生态环境损害赔偿诉讼,公告发出后其他适格主体是否向法院提起诉讼,英雄烈士等的近亲属是否自行提起民事诉讼维护英雄烈士等的姓名、肖像、名誉、荣誉。核实上述情况是必不可少的办案环节。其中,就生态环境损害赔偿权利人不启动磋商或者磋商不成又不提起诉讼的情况,有观点主张应当启动行政公益诉讼督促行政机关起诉,我们认为,行政机关提起生态环境损害赔偿诉讼,是作为自然资源国家所有的所有权人提起的诉讼,与行政机关履行法定监督管理职责不同,检察机关持续应跟进提起民事公益诉讼。本条第2项中的"没有适格主体",主要指新拓展的法定领域,例如,在安全生产领域目前没有其他适格主体可以提起民事公益诉讼,检察机关办理此类案件不需要进行公告。

二是实体性条件。主要是对当前社会公共利益受损害的状态进行评估,如果社会公共利益仍处于受损害状态,人民检察院应当提起民事公益诉讼。如何理解"社会公共利益仍处于受损害状态",可以从以下两个方面来把握:第一,损害社会公共利益的违法行为是否停止。起诉前,污染环境或者破坏生态的行为,生产、销售不符合食品药品安全标准的食品、药品的行为,侵害英雄烈士等的姓名、肖像、名誉、荣誉的行为仍在持续的,应认定为社会公共利益仍处于受损害状态。第二,违法行为造成社会公共利益的损害或者损害风险是否仍然存在。污染环境或者破坏生态的行为已经停止,但被污染或者被破坏的场地未被有效修复,生产、销售不符合食品药品安全标准食品、药品的行为已经停止但损害结果或者损害风险仍然存在,侵害英雄烈士等的姓名、肖像、名誉、荣誉的行为已经停止但不良影响未消除的,也应认定为社会公共利益仍处于受损害状态。

需要注意的是,在生态环境民事公益诉讼案件中,如果行政机关已进行应急处置并承担了费用,或者出资组织对受损场地实施了有效修复,但未向违法行为人追缴或起诉,此时,如果受损害的环境已经应急处置完毕,社会公共利益已经得到有效保护的,检察机关一般不宜单独就应急处置费用而提起诉讼,可以督促行政机关予以追缴;如社会公共利益未得到有效保护的,检察机关可以在提起民事公益诉讼时一并提出让被告承担应急处置费用的诉讼请求。

第九十七条

人民检察院在刑事案件提起公诉时,对破坏生态环境和资源保护,食品药品安全领域侵害众多消费者合法权益,侵犯未成年人合法权益,侵害英雄烈士等的姓名、肖像、名誉、荣誉等损害社会公共利益的违法行为,可以向人民法院提起刑事附带民事公益诉讼。

【条文主旨】

本条规定刑事附带民事公益诉讼的案件范围。

【条文释义】

"两高"《关于检察公益诉讼案件适用法律若干问题的解释》增加了刑事附带民事公益诉讼这一类型。本条在此基础上进一步规定了刑事附带民事公益诉讼的案件范围,扩大了刑事附带民事公益诉讼的案件范围。2018年4月27日通过的《英雄烈士保护法》第25条第2款规定,英雄烈士没有近亲属或者近亲属不提起诉讼的,检察机关依法对侵害英雄烈士的姓名、肖像、名誉、荣誉,损害社会公共利益的行为向人民法院提起诉讼。2021年3月1日施行的《刑法修正案(十一)》在刑法第299条后新增一条,作为第299条之一,规定:"侮辱、诽谤或者以其他方式侵害英雄烈士的名誉、荣誉,损害社会公共利益,情节严重的,处三年以下有期徒刑、拘役、管制或者剥夺政治权利。"上述法律规定共同构成人民检察院提起英雄烈士保护刑事附带民事公益诉讼的实体法依据。2020年10月17日修订的《未成年人保护法》第106条规定,未成年人合法权益受到侵犯,相关组织和个人未代为提起诉讼的,人民检察院可以督促、支持其提起诉讼;涉及公共利益的,人民检察院有权提起公益诉讼。《办案规则》在"两高"《关于检察公益诉讼案件适用法律若干问题的解释》基础上,明确了侵犯未成年人合法权益和侵害英雄烈士的名誉荣誉等刑事附带民事公益诉讼案件范围,并在条文中用"等"字兜底,根据将来的立法逐步拓展。

第九十八条

人民检察院可以向人民法院提出要求被告停止侵害、排除妨碍、消除危险、恢复原状、赔偿损失等诉讼请求。

针对不同领域案件，还可以提出以下诉讼请求：

（一）破坏生态环境和资源保护领域案件，可以提出要求被告以补植复绿、增殖放流、土地复垦等方式修复生态环境的诉讼请求，或者支付生态环境修复费用，赔偿生态环境受到损害至修复完成期间服务功能丧失造成的损失、生态环境功能永久性损害造成的损失等诉讼请求，被告违反法律规定故意污染环境、破坏生态造成严重后果的，可以提出惩罚性赔偿等诉讼请求；

（二）食品药品安全领域案件，可以提出要求被告召回并依法处置相关食品药品以及承担相关费用和惩罚性赔偿等诉讼请求；

（三）英雄烈士等的姓名、肖像、名誉、荣誉保护案件，可以提出要求被告消除影响、恢复名誉、赔礼道歉等诉讼请求。

人民检察院为诉讼支出的鉴定评估、专家咨询等费用，可以在起诉时一并提出由被告承担的诉讼请求。

【条文主旨】

本条是对民事公益诉讼诉讼请求的规定。

【条文释义】

民事公益诉讼的诉讼请求是检察机关基于一定民事法律关系提出的具体权益主张，是对公益侵害行为民事责任承担方式的具体化。《民法典》第179条第1款规定了11种民事责任的承担方式，分别是：停止侵害，排除妨碍，消除危险，返还财产，恢复原状，修理、重作、更换，继续履行，赔偿损失，支付违约金，消除影响、恢复名誉，赔礼道歉。第2款规定法律规定惩罚性赔偿的，依照其规定。第3款规定本条规定的民事责任承担方式，可以单独适用，也可以合并适用。11种民事责任承担方式涵盖了所有民事案件的诉讼请求。

侵权之债是检察机关提起民事公益诉讼的基础法律关系，因此，民事公益诉讼中可以提出的诉讼请求与民法上的侵权责任承担方式基本对应，归纳起来，民事公益诉讼中涉及的民事责任承担方式主要分为四类：一是预防性的责任承担方式，包括停止侵害、排除妨碍、消除危险；二是恢复性责任承担方式，即恢复原状；三是赔偿性的责任承担方式，即赔偿损失；四是人格恢复性责任承担方式，即赔礼道歉。在不同类型的案件中，上述责任承担方式可单独适用，也可以合并适用，部分诉求在具体表述上也各有不同，可以灵活运用。

一是生态环境和资源保护领域。生态环境一旦被破坏、被污染，往往造成很严重的后果，恢复原状需要高昂代价。因此，《环境保护法》第5条规定环境保护坚持保护优先、预防为主、综合治理、公众参与、损害担责的原则。生态环境案件中，停止侵害适用于被告实施的环境违法行为尚未完全停止的情况，且不限于已经导致现实损害的行为，还包括危险行为。排除妨碍主要适用于噪音、灰尘、烟雾等不可量物侵害环境的情况。消除危险适用于运用通常的知识或者经验，就足以判断违法行为具有较高致害可能性，包括现实存在的或者即将确定发生的危险。预防性责任方式是一把"双刃剑"，使用得当可以有效降低生态环境受到破坏的风险，使用不当则可能影响企业合法生产经营，阻碍社会经济发展，实践中要权衡利益作出决定。

恢复性责任方式是环境民事公益诉讼最重要的诉求，《民法典》第1234条及修改后的最高人民法院《关于审理环境侵权责任纠纷案件适用法律若干问题的解释》第13条，用"修复生态环境"代替了原条文中"恢复原状"的表述，具有更加丰富的内涵。本条第2款第1项结合实践中出现的效果较好的案例，列举了补植复绿、增殖放流、土地复垦三类修复生态环境的具体诉讼请求，分别适用于毁坏林木、非法捕捞、破坏农用地等违法情形，并留有"等"外探索的空间。该款同时整合了《民法典》第1234条和第1235条的内容，体现出修复生态环境与赔偿损失两项诉讼请求之间的密切联系，即在受损害环境可以修复的情况下，如被告不履行修复义务，可以提出要求被告承担生态环境修复费用的诉讼请求，同时赔偿生态环境受到损害至恢复期间的服务功能损失，而在受损害环境无法修复的情况下，可以提出要求被告赔偿生态环境功能永久性损失的诉讼请求。

此外，根据《民法典》第1232条规定，本条作出了生态环境领域公益诉讼中可以提出惩罚性赔偿的诉讼请求的规定，旗帜鲜明地亮明检察机关服务保障生态文明建设、惩治环境违法行为的坚定态度。作为特殊的民事责任承担方式，惩罚性赔偿的适用要严格把握《民法典》第1232条规定的三个要件，即行为人主观故意、行为具有违法性及后果的严重性。关于生态环境损害惩罚性赔偿的计算方式，立法未作出规定。如在江西省浮梁县人民检察院诉浙江 A 化工集团有限公司污染环境民事公益诉讼案中，检察机关对于侵权人违反法律规定故意污染环境、破坏生态造成社会公共利益受到严重损害后果的，依法提起民事公益诉讼，并要求侵权人依法承担相应的惩罚性赔偿责任，获得了法院判决支持。鉴于各案具体情况不同，特别是生态环境案件违法行为的类型多样，造成的损害后果也较为复杂，惩罚性赔偿的具体计算标准在实践中可以进一步探索。最高人民法院于 2022 年 1 月出台了《关于审理生态环境侵权纠纷案件适用惩罚性赔偿的解释》，按照该解释，检察机关提出的生态损害惩罚性赔偿诉讼请求，应当以生态环境受到损害至修复完成期间服务功能丧失导致的损失、生态环境功能永久性损害造成的损失数额作为计算基数，并根据侵权人的恶意程度、侵权后果的严重程度、侵权人因污染环境、破坏生态行为所获得的利益或者侵权人所采取的修复措施及其效果等因素，数额不超过基数的两倍予以参考适用，同时综合考虑侵权人已经被行政机关给予罚款和人民法院判处的罚金。

二是食品药品安全领域。食品药品安全领域民事公益诉讼案件，属于人民法院受理的消费民事公益诉讼的一种，目前法律授权检察机关提起的消费民事公益诉讼所保护的对象特定为食品、药品领域的消费者权益。根据《消费者权益保护法》的规定，消费者权利包括安全权、知情权、自主选择权、公平交易权、求偿权、结社权、受教育权、人格尊严民族习惯受尊重权、个人信息受保护权、监督权等，这些权利大都源自私法，也有的源自公法。食品药品安全检察公益诉讼着重保护消费者的安全权，特别是人身安全。

食品药品安全公益诉讼首要功能是及时制止加害行为。直接对应的诉讼请求是停止侵害、排除妨碍，停止侵害、排除妨碍均面向诉讼时已经存在的侵害或妨碍行为。食品药品安全公益诉讼的另一项重要功能是预防加害行为的持续扩张和发展，面向将来提供救济，即虽然生产经营者的违法行为没有造成损害事实或者仅造成少数的消费者受损，但将来损害仍可能发生和扩张，为避免此种可能的发生而提出的诉讼请求就是消除危险，危险是可以合理预见而不是主观臆测的。消除危险能够防患于未然，本条第 2 款第 2 项规定的召回并依法处置相关食品药品以及承担相关费用，就是消除危险这一诉讼请求的具体化和特定化。

关于食品药品安全领域的惩罚性赔偿，由于法律和司法解释对通过食品安全民事公益诉讼提出惩罚性赔偿诉讼请求的规定还不明确，理论和实务界对此存在不同的认识。2021 年 4 月，"两高"等七部门形成《探索建立食品安全民事公益诉讼惩罚性赔偿制度座谈会会议纪要》，就食品安全民事公益诉讼中建立惩罚性赔偿制度等问题达成共识。

实践中要根据行为人主观过错程度、违法次数和持续时间、受害人数、损害类型、经营状况、获利情况、财产状况、行政处罚和刑事处罚等因素，综合考虑是否提出惩罚性赔偿诉讼请求。有下列情形之一的，可以参照《民法典》《食品安全法》《消费者权益保护法》等法律规定提出惩罚性赔偿：第一，行为人主观过错严重；第二，违法行为次数多、持续时间长；第三，违法销售金额大、获利金额多、受害人覆盖面广；第四，造成严重损害后果或者恶劣社会影响的；第五，具有其他严重侵害社会公共利益的情形。

认定是否侵害众多不特定消费者合法权益，损害社会公共利益，应当以是否存在对众多不特定消费者造成食品安全潜在风险为前提，不仅包括已经发生的损害，也包括有重大损害风险的情形，具体可结合鉴定意见、专家意见、行政执法机关检验检测报告等予以认定。

三是英雄烈士权益保护领域。本条所列举的消除影响、恢复名誉、赔礼道歉是英雄烈士权益保护领域较常见的诉讼请求。《英雄烈士保护法》第2条第2款对"英雄烈士"的定义是"近代以来，为了争取民族独立和人民解放、实现国家富强和人民幸福，促进世界和平和人类进步而毕生奋斗、英勇献身的英雄烈士"，但在实践中，对于未被评定为烈士但影响力巨大的杰出人物（如雷锋、袁隆平），或者为国家和人民作出巨大贡献又尚未离世的英雄人物，在其姓名、肖像、名誉、荣誉（权）受到损害的情况下，检察机关是否可以通过公益诉讼方式予以保护，《英雄烈士保护法》未作明确规定。我们认为这些英雄人物的事迹和精神也是中华民族的共同历史记忆和社会主义核心价值观的重要体现，应当加以保护。对于已故的英雄烈士，《民法典》第185条规定"侵害英雄烈士等的姓名、肖像、名誉、荣誉，损害社会公共利益的，应当承担民事责任"。该条保护的对象包括为了人民利益英勇斗争而牺牲，堪为楷模的人，还包括在保卫国家和国家建设中作出巨大贡献、建立卓越功勋的（获得党、国家、军队最高荣誉勋章的）已经故去的人。因此可以视为已将其纳入民事公益诉讼的保护，这是对英雄烈士"等"的拓展。对于在世的英雄人物不属于《英雄烈士保护法》规定的英雄烈士的范畴，不宜由检察机关直接起诉，但可以为其本人诉讼提供支持。本条与《民法典》表述相一致，使用了"英雄烈士等"的表述，为将来保护对象范围的拓展留足空间。

《办案规则》规定，检察院为诉讼支出的鉴定评估、专家咨询等费用，可以在起诉时一并提出由被告承担的诉讼请求。

《人民检察院公益诉讼办案规则》理解与适用

第九十九条

民事公益诉讼案件可以依法在人民法院主持下进行调解。调解协议不得减免诉讼请求载明的民事责任,不得损害社会公共利益。

诉讼请求全部实现的,人民检察院可以撤回起诉。人民检察院决定撤回起诉的,应当经检察长决定后制作《撤回起诉决定书》,并在三日内提交人民法院。

【条文主旨】

本条是关于民事公益诉讼调解和撤诉的规定。

【条文释义】

在民事诉讼中,和解和调解是当事人处分权的集中体现,和解是当事人之间经协商达成协议,不强调人民法院的参与和主持,调解则是在人民法院主持下,双方当事人本着合法、自愿原则达成调解协议,解决争议。公益诉讼中能否适用和解,尚有不同认识,有观点认为社会公共利益是不可任意处分的,起诉主体无论是检察机关还是社会组织都只是程序意义上的诉讼当事人,无权代表公众随意放弃、处分权利;也有观点认为和解具有成本低、效率高、社会效果好、节约司法资源等优势。最高人民法院《关于适用〈中华人民共和国民事诉讼法〉的解释》第287条规定,公益诉讼当事人可以和解,也可以调解,同时规定了人民法院对和解协议和调解协议进行审查和公告调解协议的相关程序。最高人民法院对公益诉讼的调解和解问题持肯定态度。

本条规定了人民检察院可以调解、撤诉的情形,在查清事实、保障社会公共利益,确保履行修复环境等责任的前提下,人民检察院可与被告就履行责任的具体时间、方式等达成一致,在人民法院的主持下达成调解协议。人民检察院可以调解的条件是诉讼请求载明的责任不得被减免,不得损害社会公共利益;可以撤诉的条件是诉讼请求全部实现。换言之,只要被告积极配合人民检察院主动履行义务,实现了与判决结果相当的实质效果,人民检察院就可以与被告达成调解协议或者撤诉。另外,最高人民法院《关于适用〈中华人民共和国民事诉讼法〉的解释》第288条对公益诉讼中的撤回起诉有程序性要求,即需要在法庭辩论终结前撤回,实践中要注意把握办案节点。

对于撤诉的程序,《办案规则》规定,经检察长决定后,制作《撤回起诉决定书》,并在3日内提交人民法院。

第四节　支持起诉

第一百条

下列案件，人民检察院可以支持起诉：
（一）生态环境损害赔偿权利人提起的生态环境损害赔偿诉讼案件；
（二）适格主体提起的民事公益诉讼案件；
（三）英雄烈士等的近亲属提起的维护英雄烈士等的姓名、肖像、名誉、荣誉的民事诉讼案件；
（四）军人和因公牺牲军人、病故军人遗属提起的侵害军人荣誉、名誉和其他相关合法权益的民事诉讼案件；
（五）其他依法可以支持起诉的公益诉讼案件。

【条文主旨】

本条是关于人民检察院支持起诉的案件范围的规定。

【条文释义】

支持起诉最早源自《民事诉讼法》第 15 条："机关、社会团体、企业事业单位对损害国家、集体或者个人民事权益的行为，可以支持受损害的单位或者个人向人民法院起诉。"在当时的立法背景下，该条支持起诉的范围限于民事私益诉讼，而不包括公益诉讼。2017 年修改的《民事诉讼法》第 55 条[①]第 2 款规定："……前款规定的机关或者组织提起诉讼的，人民检察院可以支持起诉。"该条款确立了检察机关支持民事公益诉讼制度。民事公益诉讼中的支持起诉，担负着平衡多元诉权主体间内在关系，践行公益保护多元共治理念，协助提升社会组织等主体的权益救济能力的重任。本条以列举的方式对检察机关可以支持起诉的案件类型做了划分，分别是：一是生态环境损害赔偿权利人提起的生态环境损害赔偿诉讼案件；二是适格主体提起的民事公益诉讼案件；三是英雄烈士等的近亲属提起的维护英雄烈士等的姓名、肖像、名誉、荣誉的民事诉讼案件；四是军人和因公牺牲军人、病故军人遗属

[①]　现为第 58 条。

提起的侵害军人荣誉、名誉和其他相关合法权益的民事诉讼案件；五是其他依法可以支持起诉的公益诉讼案件。虽然第三类、第四类案件涉及当事人的私人权益，但由于都具有公共利益保护属性，也都是公益诉讼支持起诉的案件范围。

关于如何启动支持起诉的程序，考虑到司法资源的有限性，检察机关对相关主体的诉讼"来者不拒"一律给予支持并不现实，本条规定人民检察院"可以"而非"应当"支持起诉，与民事诉讼法的表述一致，对于相关主体的支持起诉申请，检察机关都应当进行审查，依职权作出是否支持起诉的决定。一般来说，支持起诉的案件需要满足一定的条件，例如，损害后果严重、社会影响较大、原告诉讼能力较弱等。各地检察院可以结合个案具体情况，进一步探索完善支持起诉的办案规则。

> **第一百零一条**
> 人民检察院可以采取提供法律咨询、向人民法院提交支持起诉意见书、协助调查取证、出席法庭等方式支持起诉。

【条文主旨】

本条规定了人民检察院支持起诉的方式。

【条文释义】

支持起诉的方式主要包括四种：提供法律咨询、提交支持起诉意见书、协助调查取证、出席法庭。人民检察院支持起诉的功能主要是为相对弱势的原告提供必要帮助，以及发挥检察监督的作用，推动案件的诉讼进展，实现对公共利益的更好保护。

提供法律咨询，主要针对起诉案件的事实问题和法律问题，提供必要的解答。提供法律咨询的形式不限于书面，也可以座谈交流或者口头答复等，目的是帮助被支持的主体完善诉讼策略。

在与被支持的起诉主体充分沟通，了解掌握案件情况的基础上，为更好推动诉讼进程，保护社会公共利益，人民检察院可以向人民法院提交支持起诉意见书，表明支持起诉的意见，给予各起诉主体以有力的诉讼支持。

协助调查取证是支持起诉的重要方式之一，主要针对被支持的起诉主体因客观原因无法自行收集的证据，例如，由有关国家机关部门保存，当事人无权查阅调取，或者涉及国家秘密、商业秘密及个人隐私等证据。被支持的起诉主体可以自行获取的证据，以及与案件审判无关的证据，原则上人民检察院不予调取，避免陷入支持起诉替代化，背离立法目的的境地。

相较于上述三种方式，出席法庭对案件审理的影响是最直接的，通过派员出席法庭，人民检察院的支持起诉工作能够发挥最大的社会影响力。关于出席法庭的检察官是否有权参与法庭调查、法庭辩论和调解和解的问题，要明确的是，人民检察院作为"支持起诉人"参与诉讼，并非民事公益诉讼的共同"原告"，原则上不得代替起诉主体行使诉权，检察人员出席法庭的主要任务是宣读支持起诉意见书，表明人民检察院支持起诉的态度，一般在原告宣读《起诉书》完毕后进行。在庭审的法庭调查、法庭辩论、调解等阶段，人民检察院不直接参与诉讼活动，但可应审判组织的要求，就所协助调取证据的来源、过程、内容等相关情况进行说明，并回答相关问题。

> **第一百零二条**
>
> 人民检察院在向人民法院提交支持起诉意见书后，发现有以下不适合支持起诉情形的，可以撤回支持起诉：
>
> （一）原告无正当理由变更、撤回部分诉讼请求，致使社会公共利益不能得到有效保护的；
>
> （二）原告撤回起诉或者与被告达成和解协议，致使社会公共利益不能得到有效保护的；
>
> （三）原告请求被告承担的律师费以及为诉讼支出的其他费用过高，对社会公共利益保护产生明显不利影响的；
>
> （四）其他不适合支持起诉的情形。
>
> 人民检察院撤回支持起诉的，应当制作《撤回支持起诉决定书》，在三日内提交人民法院，并发送原告。

【条文主旨】

本条规定了人民检察院撤回支持起诉的情形。

【条文释义】

人民检察院的支持起诉工作既要保持客观中立，又要发挥法律监督的作用，在发现具有不适合支持起诉的情形时，应及时作出撤回支持起诉的决定，并及时将《撤回支持起诉决定书》提交人民法院、发送原告。

撤回支持起诉的情形主要有以下四种：

一是原告无正当理由变更、撤回部分诉讼请求，致使社会公共利益不能得到有效保护。根据民事诉讼法的规定，原被告双方在民事诉讼中的地位平等，按照意思自治原则，享有承认、放弃、变更诉讼请求、和解等处分权。与一般私益诉讼不同的是，公益诉讼的原告行使处分权需要予以限制，即必须在不损害社会公共利益的前提下行使。因此，在原告无正当理由变更、撤回部分诉讼请求，导致社会公共利益不能得到有效保护的情况下，人民检察院作为支持起诉人，应及时与其进行沟通，沟通无果后应及时撤回支持起诉。

二是原告撤回起诉或者与被告达成和解协议，致使社会公共利益不能得到有效保护。虽然最高人民法院《关于适用〈中华人民共和国民事诉讼法〉的解释》第287条规定，公益诉讼当事人可以和解，也可以调解，但为了防止和解协议或者调解协议损害社会公共利益，该条同时也规定了人民法院对和解协议和调解协议进行审查和公告的相关程序，即由人民法院、社会公众共同对公益诉讼的和解协议或者调解协议进行监督。在人民检察院支持起诉的案件中，人民检察院应充分发挥监督作用，对于原被告私下达成和解协议可能致使社会公共利益不能得到有效保护的，应及时撤回支持起诉。

三是原告请求被告承担的律师费以及为诉讼支出的其他费用过高，对社会公共利益保护产生明显不利影响。根据最高人民法院《关于审理环境民事公益诉讼案件适用法律若干问题的解释》、最高人民法院《关于审理消费民事公益诉讼案件适用法律若干问题的解释》等相关司法解释的规定，原告请求被告承担合理的律师费以及为诉讼支出的调查取证等其他合理费用，人民法院可以予以支持。对于合理律师费及其他费用的理解，可参考最高人民法院《关于审理商标民事纠纷案件适用法律若干问题的解释》第17条的规定："商标法第六十三条第一款规定的制止侵权行为所支付的合理开支，包括权利人或者委托代理人对侵权行为进行调查、取证的合理费用。人民法院根据当事人的诉讼请求和案件具体情况，可以将符合国家有关部门规定的律师费用计算在赔偿范围内。"公益诉讼案件一般均涉及繁琐的调查取证和高昂的鉴定费用，原告聘请律师从事诉讼活动，能够更加公正高效地推进诉讼进程，由此产生的律师费等合理的诉讼成本，理应由造成社会公共利益受损害的被告负担。同时，如果原告向被告索要过高的律师费和其他费用，导致被告无力履行修复生态环境、赔偿损失义务的发生，那么保护社会公共利益的目标将无法得以实现，人民检察院的支持起诉也就失去了正当性。此时，人民检察院通过撤回支持起诉的方式，可以提示法院注意审查原告所主张费用的"合理性"，酌情作出判决。

四是其他不适合支持起诉的情形。由于实践中各类案件的复杂性，本条也设置了兜底条款，赋予人民检察院对撤回支持起诉一定的决定权。民事公益诉讼案件的审判牵动各方利益，只要社会组织等原告的诉讼行为能够有效保护社会公共利益，即便对案件事实认定和法律适用的理解存在部分分歧，人民检察院也可以支持起诉，而一旦发现原告不当处分诉讼权利，原被告双方存在"利益交换"嫌疑的，即便和解协议约定的内容没有明显问题，人民检察院也应当撤回支持起诉。

第一百零三条

人民检察院撤回支持起诉后，认为适格主体提出的诉讼请求不足以保护社会公共利益，符合立案条件的，可以另行立案。

【条文主旨】

本条是关于人民检察院撤回支持起诉后另行立案的规定。

【条文释义】

作为人民检察院的"四大检察"之一，公益诉讼检察的内涵、方式、手段要远比社会组织等其他主体更丰富。人民检察院既可以开展行政公益诉讼，通过磋商、发送诉前检察建议、起诉等方式，督促具有相关行政管理职能的机关依法履职，维护国家利益和社会公共利益，又可以在没有其他适格主体，或者其他适格主体不起诉的情况下，提起民事公益诉讼，维护社会公共利益。因此，人民检察院在民事公益诉讼中具有兜底性，是守护社会公共利益的最后一道防线。作为支持起诉人，一旦发现符合本《办案规则》第102条规定的情形之一，人民检察院可以作出撤回支持起诉的决定。

根据最高人民法院《关于审理环境民事公益诉讼案件适用法律若干问题的解释》第28条规定："环境民事公益诉讼案件的裁判生效后，有权提起诉讼的其他机关和社会组织就同一污染环境、破坏生态行为另行起诉，有下列情形之一的，人民法院应予受理：（一）前案原告的起诉被裁定驳回的；（二）前案原告申请撤诉被裁定准许的,但本解释第二十六条规定的情形除外。环境民事公益诉讼案件的裁判生效后,有证据证明存在前案审理时未发现的损害,有权提起诉讼的机关和社会组织另行起诉的,人民法院应予受理。"因此,人民检察院在撤回支持起诉后,一旦满足上述条件,可以另行立案并提起诉讼。

第五章　其他规定

> **第一百零四条**
>
> 办理公益诉讼案件的人民检察院对涉及法律适用、办案程序、司法政策等问题，可以依照有关规定向上级人民检察院请示。

【条文主旨】

本条是关于检察公益诉讼请示案件办理的规定。

【条文释义】

上下级检察院之间的案件请示与答复工作是检察权运行机制的重要内容，对于充分发挥上级检察院决策指导作用、保证下级检察院办案活动正常进行具有重要意义。公益诉讼检察工作是人民检察院的一项新的检察职能，这项工作既不同于刑事公诉，也不同于民事、行政诉讼监督，检察机关办理公益诉讼案件中经常遇到如何适用法律、具体办案程序、司法政策把握等疑难、复杂的问题，需要向上级人民检察院请示。关于请示案件，最高人民检察院制定了《人民检察院案件请示办理工作规定（试行）》，下级人民检察院请示公益诉讼案件也应当遵照办理。

实践中，检察公益诉讼请示案件还应当注意以下问题：一是案件请示范围。严格限定"对涉及法律适用、办案程序、司法政策等"方面确属重大疑难复杂的问题，经本级人民检察院研究难以决定的，应当向上级人民检察院请示。对于公益诉讼新领域案件的立案，属于案件请示范围，应当依照最高人民检察院《关于积极稳妥拓展公益诉讼案件范围的指导意见》中相关要求进行规范审批备案。二是案件请示程序。案件请示应当遵循逐级请示原则。对重大紧急的突发案件，下级人民检察院必须越级请示的，应当说明理由，接受请示的上级人民检察院认为理由不能成立的，应当要求其逐级请示。三是案件请示规范。下级人民检察院请示案件，应当由本院案件管理部门通过统一业务应用系统，报送上级人民检察院案件管理部门，同时报送书面请示一式三份。

四是请示案件办理期限。上级人民检察院对案件请示应当及时办理并答复下级人民检察院。对在诉讼程序内案件的请示，应当在办案期限届满之前答复下级人民检察院。对不在诉讼程序内案件的请示，应当在一个月以内答复下级人民检察院；特别重大复杂案件，经分管副检察长批准，可以延长一个月。

第一百零五条

本规则所涉及的法律文书格式，由最高人民检察院统一制定。

【条文主旨】

本条是关于制作检察公益诉讼法律文书的规定。

【条文释义】

公益诉讼法律文书是检察机关依法办理公益诉讼案件的重要载体，真实记录办理案件活动，直接反映办案过程的文字凭证，直接关系着检察机关法律监督的成效和检察形象。具体而言，规范检察公益诉讼法律文书具有以下重要意义：一是有利于保障检察权的依法规范行使。检察法律文书是检察机关执法办案的有力证明，这就要求检察机关制作的每一份法律文书在形式、内容上都要规范，而且说理论证充分，从而保障检察权的依法正确行使。二是有利于提高司法公信力。公众一般是通过检察法律文书了解检察机关作出的决定及理由。因此，只有认定事实清楚，运用证据、适用法律正确，并进行严密的论证分析的规范法律文书才能让人们更加全面、深入地了解公益诉讼检察工作，得出的结论才更能让社会公众信服，让其更好地遵守和服从，进而提升司法公信力。由于检察公益诉讼是新时代检察机关的新职能和新工作，最高人民检察院对检察公益诉讼法律文书统一制定，并与本《办案规则》配套使用。

第一百零六条

各级人民检察院办理公益诉讼案件，应当依照有关规定及时归档。

【条文主旨】

本条是关于建立检察公益诉讼案卷的规定。

【条文释义】

公益诉讼检察卷宗是反映公益诉讼检察办案情况真实记录的重要载体，因此建立公益诉讼检察卷宗是公益诉讼检察工作的一个重要环节。公益诉讼检察部门在公益诉讼案件办理完毕后，应当依据最高人民检察院和国家档案局联合印发的《人民检察院诉讼档案管理办法》和《人民检察院诉讼文书材料立卷归档细则》《人民检察院公益诉讼案卷格式标准》要求，及时整理归档。人民检察院应当将办理案件过程中涉及的有关诉讼文书、证据材料及其他与案件办理工作相关的材料，按照一定的原则、顺序建立案卷，并按照相关要求按期归档。认真做好立卷归档工作，对于提高办案质量，加强自我监督，更好地开展公益诉讼检察工作，履行法律监督职能，具有重要意义。

按照方便使用和保密的原则，公益诉讼检察案卷应分为检察正卷和检察副卷。

第一百零七条

人民检察院提起公益诉讼，不需要交纳诉讼费用。

【条文主旨】

本条是关于检察公益诉讼案件诉讼费用的规定。

【条文释义】

检察机关提起公益诉讼改革过程中，最高人民检察院、最高人民法院等中央改革参与单位达成共识，"提起公益诉讼，人民检察院免缴诉讼费"，并在《人民检察院提起公益诉讼试点工作实施办法》（现已失效）、《人民法院审理人民检察院提起公益诉讼案件试点工作实施办法》等司法解释中作出明确规定。由于检察机关提起公益诉讼是履行法律监督职能的职权行为，是行使公权力，因此检察机关提起公益诉讼不需要交纳诉讼费用，而不是不预交诉讼费用。

第六章　附　则

> **第一百零八条**
>
> 　　军事检察院等专门人民检察院办理公益诉讼案件，适用本规则和其他有关规定。

【条文主旨】

本条是关于专门人民检察院的规定。

【条文释义】

　　专门人民检察院是国家在专门领域设置的检察院。1979 年《人民检察院组织法》曾规定了军事检察院、铁路运输检察院、水上运输检察院和其他专门检察院。1983 年修改《人民检察院组织法》，改为设置军事检察院等专门人民检察院。自此，明确为专门人民检察院的只有军事检察院。筹备中的水上检察院被撤销。部分铁路运输检察院被撤销，仅保留分院和基层院两级院，划归铁路局所在地省级人民检察院领导，2012 年铁路检察院改革移交后，两级检察院作为省级检察院派出机构。目前铁检改革仍在进行中。对其是否仍为专门人民检察院存在不同认识，通常认为其属于派出院。2018 年修订《人民检察院组织法》，对专门人民检察院未作改动。目前，军事检察院分为三级，分别是解放军军事检察院、战区军事检察院和总直属军事检察院、基层军事检察院。

　　军事检察公益诉讼制度是检察公益诉讼在军队和军事领域的生动实践，是检察公益诉讼制度的重要组成部分。自 2018 年 7 月军事检察机关开展公益诉讼试点工作以来，军地检察机关加强协作配合，办理了一批有影响力、有可复制性、效果显著的军地互涉案件。近年来，一些军事检察院在涉军资产保护、军事安全保护等国防利益保护领域探索办理公益诉讼案件，不仅拓展了公益诉讼的案件范围，也增强了国防利益保护的制度刚性。2020 年 4 月 22 日，最高人民检察院和中央军委政法委员会联合印发了《关于加强军地检察机关公益诉讼协作工作的意见》，为了进一步加强军事检察机关与地方检察机关公益诉讼协作工作，推动检察公益诉讼深入开展，共同维护国家利益和社会公共利益，维护国防和军事利益，建立长效机制。随着公益诉讼案件范围的不断拓展以及检察公益诉讼工作的深入推进，军事检察院等专门人民检察院办理公益诉讼案件将成为基本职能，应当适用《办案规则》和其他有关规定办理案件。

第一百零九条

本规则所称检察官，包括检察长、副检察长、检察委员会委员、检察员。

本规则所称检察人员，包括检察官和检察辅助人员。

【条文主旨】

本条是关于界定检察官和检察人员概念的规定。

【条文释义】

一是关于"检察官"的界定。我国《检察官法》第2条明确规定"检察官是依法行使国家检察权的检察人员，包括最高人民检察院、地方各级人民检察院和军事检察院等专门人民检察院的检察长、副检察长、检察委员会委员和检察员"。《办案规则》与其表述一致。《办案规则》中多次使用"检察长"概念，对"检察长"的理解应当包含"检察长和副检察长"。2004年最高人民检察院法律政策研究室在给内蒙古自治区人民检察院研究室的《关于对〈人民检察院刑事诉讼规则〉中"检察长"含义的答复》中指出："《人民检察院刑事诉讼规则》是关于人民检察院如何具体适用刑事诉讼法的规范性文件，其中很多规定是规范人民检察院内部工作程序的。在具体工作中，检察长领导检察院的工作，可以授权副检察长代行检察长职责，因此，《人民检察院刑事诉讼规则》中的'检察长'，应当理解为包含'副检察长'。"虽然该答复针对《人民检察院刑事诉讼规则》中"检察长"含义的理解，也符合检察公益诉讼司法实际，可以适用《办案规则》中"检察长"的理解。

二是关于"检察人员"的界定。2013年3月，最高人民检察院与中央组织部共同发布人员分类管理制度改革意见，将检察人员划分为检察官、检察辅助人员、司法行政人员三类。《办案规则》规定检察人员包括检察官和检察辅助人员。其中，检察辅助人员包括检察官助理、书记员、司法警察、检察技术人员等。实践中，检察官助理、书记员、司法警察和检察技术人员也是参与办案的重要力量。

第一百一十条

《中华人民共和国军人地位和权益保障法》《中华人民共和国安全生产法（2021修正）》等法律施行后，人民检察院办理公益诉讼案件的范围相应调整。

【条文主旨】

本条是关于新法律施行后办案范围调整的规定。

【条文释义】

2021年6月10日，第十三届全国人民代表大会常务委员会第二十九次会议通过《中华人民共和国军人地位和权益保障法》，自2021年8月1日起施行。该法第62条规定："侵害军人荣誉、名誉和其他相关合法权益，严重影响军人有效履行职责使命，致使社会公共利益受到损害的，人民检察院可以根据民事诉讼法、行政诉讼法的相关规定提起公益诉讼。"

同日，第十三届全国人民代表大会常务委员会第二十九次会议通过全国人民代表大会常务委员会《关于修改〈中华人民共和国安全生产法〉的决定》，《中华人民共和国安全生产法（2021修正）》自2021年9月1日起施行。该法第74条第2款规定："因安全生产违法行为造成重大事故隐患或者导致重大事故，致使国家利益或者社会公共利益受到侵害的，人民检察院可以根据民事诉讼法、行政诉讼法的相关规定提起公益诉讼。"

《办案规则》于2021年7月1日生效施行时，《军人地位和权益保障法》《安全生产法（2021修正）》已通过但尚未施行，随着新法律的施行，人民检察院办理公益诉讼案件的范围相应调整。截至目前，人民检察院办理公益诉讼的法定范围已在此基础上又增加了个人信息保护与反垄断领域。

第一百一十一条

本规则未规定的其他事项,适用民事诉讼法、行政诉讼法及相关司法解释的规定。

【条文主旨】

本条是关于《办案规则》补充适用的规定。

【条文释义】

公益诉讼与普通民事、行政诉讼相比具有一定的特殊性,由于我国尚无公益诉讼专门法律。因此,对于本《办案规则》未规定的其他事项,适用民事诉讼法、行政诉讼法。此外,检察公益诉讼案件办理中也可以适用最高人民检察院、最高人民法院或与其他国家机关联合公布的相关司法解释,比如最高人民法院、最高人民检察院《关于检察公益诉讼案件适用法律若干问题的解释》,最高人民法院《关于审理环境民事公益诉讼案件适用法律若干问题的解释》,最高人民法院《关于审理消费民事公益诉讼案件适用法律若干问题的解释》等司法解释。

第一百一十二条

本规则自2021年7月1日起施行。
最高人民检察院以前发布的司法解释和规范性文件与本规则不一致的,以本规则为准。

【条文主旨】

本条是关于《办案规则》生效时间及效力的规定。

【条文释义】

一是关于《办案规则》的生效时间,明确自2021年7月1日起施行。法律的施行日期即法律的生效日期,是法律效力的起点。《立法法》第57条规定:"法律应当明确规定施行日期。"本《办案规则》的施行时间为2021年7月1日。二是关于《办案规则》的效力,最高人民检察院以前发布的司法解释和规范性文件与本《办案规则》不一致的,以本《办案规则》为准。2015年检察公益诉讼试点以来,最高人民检察院发布了一批司法解释和规范性文件,包括最高人民检察院、国土资源部《关于加强协作推进行政公益诉讼促进法治国土建设的意见》,最高人民法院、最高人民检察院《关于检察公益诉讼案件适用法律若干问题的解释》,最高人民检察院、生态环境部等《关于在检察公益诉讼中加强协作配合依法打好污染防治攻坚战的意见》,最高人民检察院、中央网信办等《关于在检察公益诉讼中加强协作配合依法保障食品药品安全的意见》,最高人民检察院、中央军委政法委员会《关于加强军地检察机关公益诉讼协作工作的意见》,《检察机关民事公益诉讼案件办案指南(试行)》,《检察机关行政公益诉讼案件办案指南(试行)》等。在执行《办案规则》过程中,应注意与以上司法文件的衔接工作,注意把握两点:第一,对于《办案规则》已经吸收的内容,应当直接执行《办案规则》的规定;第二,与《办案规则》不一致的,根据新法优先于旧法的原则,应当适用《办案规则》。

第三部分

人民检察院公益诉讼法律文书格式样本（2021年版）

目 录

1. 行政公益诉讼文书
   - 1.1. 行政公益诉讼诉前审查
     - 1.1.1. 受理案件登记表（公益诉讼用）
     - 1.1.2. 案件材料移送清单（公益诉讼用）
     - 1.1.3. 接收案件通知书（公益诉讼用）
     - 1.1.4. 报请移送案件线索意见书（行政公益诉讼用）
     - 1.1.5. 交办案件线索通知书（行政公益诉讼用）
     - 1.1.6. 移送案件线索通知书（行政公益诉讼用）
     - 1.1.7. 案件移送通知书（行政公益诉讼用）
     - 1.1.8. 初步调查报告（行政公益诉讼用）
     - 1.1.9. 立案审批表（行政公益诉讼用）
     - 1.1.10. 立案决定书（行政公益诉讼用）
     - 1.1.11. 不立案决定书（行政公益诉讼用）
     - 1.1.12. 磋商函（行政公益诉讼用）
     - 1.1.13. 事实确认书（行政公益诉讼用）
     - 1.1.14. 磋商意见书（行政公益诉讼用）
     - 1.1.15. 调查终结报告（行政公益诉讼用）
     - 1.1.16. 检察建议书（行政公益诉讼用）
     - 1.1.17. 审查终结报告（行政公益诉讼用）
     - 1.1.18. 终结案件决定书（行政公益诉讼用）
     - 1.1.19. 中止审查决定书（行政公益诉讼用）
     - 1.1.20. 恢复审查决定书（行政公益诉讼用）
     - 1.1.21. 延长审查起诉期限审批表（行政公益诉讼用）
     - 1.1.22. 报请延长审查起诉期限意见书（行政公益诉讼用）
     - 1.1.23. 移送审查起诉意见书（行政公益诉讼用）
   - 1.2. 行政公益诉讼一审
     - 1.2.1. 行政公益诉讼起诉书（行政公益诉讼一审用）
     - 1.2.2. 派员出庭通知书（行政公益诉讼用）
     - 1.2.3. 出庭意见书（行政公益诉讼一审用）
     - 1.2.4. 出庭预案（行政公益诉讼用）
     - 1.2.5. 召开庭前会议建议书（公益诉讼用）

1.2.6. 通知证人（鉴定人、有专门知识的人）出庭申请书（公益诉讼用）

1.2.7. 延期审理建议书（公益诉讼用）

1.2.8. 中止审理建议书（公益诉讼用）

1.2.9. 恢复审理建议书（公益诉讼用）

1.2.10. 变更诉讼请求决定书（行政公益诉讼用）

1.2.11. 撤回部分诉讼请求决定书（行政公益诉讼用）

1.2.12. 撤回起诉决定书（行政公益诉讼用）

1.2.13. 一审判决、裁定审查表（公益诉讼用）

1.3. 行政公益诉讼上诉

  1.3.1. 上诉案件审查报告（行政公益诉讼上诉用）

  1.3.2. 行政公益诉讼上诉书（行政公益诉讼上诉用）

  1.3.3. 出庭意见书（行政公益诉讼上诉用）

  1.3.4. 撤回上诉决定书（行政公益诉讼上诉用）

1.4. 行政公益诉讼二审

  1.4.1. 二审案件审查报告（行政公益诉讼二审用）

  1.4.2. 支持上诉意见书（行政公益诉讼二审用）

  1.4.3. 指令提出上诉决定书（行政公益诉讼二审用）

  1.4.4. 指令撤回上诉决定书（行政公益诉讼二审用）

  1.4.5. 出庭意见书（行政公益诉讼二审用）

  1.4.6. 二审判决、裁定审查表（公益诉讼二审用）

1.5. 行政公益诉讼再审

  1.5.1. 出庭意见书（行政公益诉讼再审用）

1.6. 请示案件（行政公益诉讼）

  1.6.1. 请示（行政公益诉讼用）

  1.6.2. 请示案件审查意见书（行政公益诉讼用）

  1.6.3. 批复（行政公益诉讼用）

1.7. 指定管辖案件（行政公益诉讼）

  1.7.1. 报请指定管辖意见书（行政公益诉讼用）

  1.7.2. 商请指定管辖函（行政公益诉讼用）

  1.7.3. 报请指定管辖答复（行政公益诉讼用）

  1.7.4. 指定管辖决定书（行政公益诉讼用）

1.8.（不）批准延长审查起诉期限案件（行政公益诉讼）

  1.8.1. 批准延长审查起诉期限决定书（行政公益诉讼用）

1.8.2. 不批准延长审查起诉期限决定书（行政公益诉讼用）
2. 民事公益诉讼文书
 2.1. 民事公益诉讼诉前审查
  2.1.1. 报请移送案件线索意见书（民事公益诉讼用）
  2.1.2. 交办案件线索通知书（民事公益诉讼用）
  2.1.3. 移送案件线索通知书（民事公益诉讼用）
  2.1.4. 案件移送通知书（民事公益诉讼用）
  2.1.5. 初步调查报告（民事公益诉讼用）
  2.1.6. 立案审批表（民事公益诉讼用）
  2.1.7. 立案决定书（民事公益诉讼用）
  2.1.8. 不立案决定书（民事公益诉讼用）
  2.1.9. 调查终结报告（民事公益诉讼用）
  2.1.10. 公告（民事公益诉讼用）
  2.1.11. 审查终结报告（民事公益诉讼用）
  2.1.12. 终结案件决定书（民事公益诉讼用）
  2.1.13. 中止审查决定书（民事公益诉讼用）
  2.1.14. 恢复审查决定书（民事公益诉讼用）
  2.1.15. 延长审查起诉期限审批表（民事公益诉讼用）
  2.1.16. 报请延长审查起诉期限意见书（民事公益诉讼用）
  2.1.17. 移送审查起诉意见书（民事公益诉讼用）
 2.2. 民事公益诉讼一审
  2.2.1. 民事公益诉讼起诉书（民事公益诉讼用）
  2.2.2. 派员出庭通知书（民事公益诉讼用）
  2.2.3. 出庭意见书（民事公益诉讼一审用）
  2.2.4. 出庭预案（民事公益诉讼用）
  2.2.5. 变更诉讼请求决定书（民事公益诉讼用）
  2.2.6. 撤回部分诉讼请求决定书（民事公益诉讼用）
  2.2.7. 追加起诉决定书（民事公益诉讼用）
  2.2.8. 撤回起诉决定书（民事公益诉讼用）
  2.2.9. 支持起诉审查报告（民事公益诉讼用）
  2.2.10. 不支持起诉决定书（民事公益诉讼用）
  2.2.11. 支持起诉意见书（民事公益诉讼用）
  2.2.12. 撤回支持起诉决定书（民事公益诉讼用）

2.3. 刑事附带民事公益诉讼一审

    2.3.1. 刑事附带民事公益诉讼起诉书（刑事附带民事公益诉讼用）

    2.3.2. 派员出庭通知书（刑事附带民事公益诉讼用）

    2.3.3. 出庭意见书（刑事附带民事公益诉讼一审用）

    2.3.4. 出庭预案（刑事附带民事公益诉讼用）

    2.3.5. 变更诉讼请求决定书（刑事附带民事公益诉讼用）

    2.3.6. 撤回部分诉讼请求决定书（刑事附带民事公益诉讼用）

    2.3.7. 追加起诉决定书（刑事附带民事公益诉讼用）

    2.3.8. 撤回起诉决定书（刑事附带民事公益诉讼用）

2.4. 民事公益诉讼上诉

    2.4.1. 上诉案件审查报告（民事公益诉讼上诉用）

    2.4.2. 民事公益诉讼上诉书（民事公益诉讼上诉用）

    2.4.3. 出庭意见书（民事公益诉讼上诉用）

    2.4.4. 撤回上诉决定书（民事公益诉讼上诉用）

2.5. 刑事附带民事公益诉讼上诉

    2.5.1. 上诉案件审查报告（刑事附带民事公益诉讼上诉用）

    2.5.2. 刑事附带民事公益诉讼上诉书（刑事附带民事公益诉讼上诉用）

    2.5.3. 出庭意见书（刑事附带民事公益诉讼上诉用）

    2.5.4. 撤回上诉决定书（刑事附带民事公益诉讼上诉用）

2.6. 民事公益诉讼二审

    2.6.1. 二审案件审查报告（民事公益诉讼二审用）

    2.6.2. 支持上诉意见书（民事公益诉讼二审用）

    2.6.3. 出庭意见书（民事公益诉讼二审用）

    2.6.4. 指令提出上诉决定书（民事公益诉讼二审用）

    2.6.5. 指令撤回上诉决定书（民事公益诉讼二审用）

2.7. 刑事附带民事公益诉讼二审

    2.7.1. 二审案件审查报告（刑事附带民事公益诉讼二审用）

    2.7.2. 支持上诉意见书（刑事附带民事公益诉讼二审用）

    2.7.3. 出庭意见书（刑事附带民事公益诉讼二审用）

    2.7.4. 指令提出上诉决定书（刑事附带民事公益诉讼二审用）

    2.7.5. 指令撤回上诉决定书（刑事附带民事公益诉讼二审用）

2.8. 民事公益诉讼再审

    2.8.1. 出庭意见书（民事公益诉讼再审用）

2.9. 刑事附带民事公益诉讼再审
  2.9.1. 出庭意见书（刑事附带民事公益诉讼再审用）
2.10. 请示案件（民事公益诉讼）
  2.10.1. 请示（民事公益诉讼用）
  2.10.2. 请示案件审查意见书（民事公益诉讼用）
  2.10.3. 批复（民事公益诉讼用）
2.11. 指定管辖案件（民事公益诉讼）
  2.11.1. 报请指定管辖意见书（民事公益诉讼用）
  2.11.2. 商请指定管辖函（民事公益诉讼用）
  2.11.3. 报请指定管辖答复（民事公益诉讼用）
  2.11.4. 指定管辖决定书（民事公益诉讼用）
2.12. （不）批准延长审查起诉期限案件
  2.12.1. 批准延长审查起诉期限决定书（民事公益诉讼用）
  2.12.2. 不批准延长审查起诉期限决定书（民事公益诉讼用）

3. 公用文书
  3.1. 回避文书
    3.1.1. 回避申请审批表（公益诉讼用）
    3.1.2. 回避决定书（公益诉讼用）
    3.1.3. 驳回回避申请决定书（公益诉讼用）
    3.1.4. 回避复议决定书（公益诉讼用）
  3.2. 调查类文书
    3.2.1. 询问笔录（公益诉讼用）
    3.2.2. 权利义务告知书（公益诉讼用）
    3.2.3. 调取证据通知书（公益诉讼用）
    3.2.4. 调取证据清单（公益诉讼用）
    3.2.5. 勘验笔录（公益诉讼用）
    3.2.6. 财产（证据、行为）保全建议书（公益诉讼用）
    3.2.7. 协助查询金融财产通知书（公益诉讼用）
    3.2.8. 委托协助调查函（公益诉讼用）
  3.3. 听证类文书
    3.3.1. 提请听证审批表（公益诉讼用）
    3.3.2. 听证通知书（公益诉讼用）
    3.3.3. 听证权利义务告知书（公益诉讼用）

3.3.4. 听证邀请函（公益诉讼用）

    3.3.5. 听证会场纪律（公益诉讼用）

    3.3.6. 听证笔录（公益诉讼用）

    3.3.7. 听证评议笔录（公益诉讼用）

  3.4. 其他文书

    3.4.1. 报请备案表（公益诉讼用）

    3.4.2. 案件审查报告（公益诉讼用）

    3.4.3. 案件讨论笔录（公益诉讼用）

    3.4.4. 函（公益诉讼用）

    3.4.5. 送达回证（公益诉讼用）

1. 行政公益诉讼文书

1.1. 行政公益诉讼诉前审查

1.1.1. 受理案件登记表（公益诉讼用）

××××人民检察院

受理案件登记表

统一受案号		案件类别	
移送单位		受理日期	
被监督行政机关/违法行为人		案　　由	
案卷册数		承办部门	
受理部门意见			
备　注		接收人	

制作说明

一、本文书根据《人民检察院公益诉讼办案规则》第二十五条规定制作，本文书为人民检察院受理公益诉讼案件登记时使用。

二、本文书是公益诉讼案件受理文书，案管部门受理由案管部门填写，公益诉讼部门受理由公益诉讼部门填写。

1.1.2. 案件材料移送清单（公益诉讼用）

××××人民检察院
案件材料移送清单

案件名称：

案件统一编号： ××××

编 号	材料名称	数 量	特 征	备 注
移交人				年　月　日
接收人				年　月　日

注：本清单一式两份，一份案管部门保存，一份交案件承办部门。

制作说明

一、本文书为案管部门向案件承办部门移送案件材料时使用。

二、填写清单时每一份材料填记一行。填写完毕后，在空余表格处画截止线，以示结束。

三、本文书一式两份，一份由案管部门保存，一份交案件承办部门。

1.1.3. 接收案件通知书（公益诉讼用）

××××人民检察院

接收案件通知书

××检××案收〔20××〕×××号

××××：

你（单位）于×××年×月×日向本院移送的××××一案的法律文书（共×份）、案卷材料（卷宗共××册、光盘共××张）等。经审核，符合相关法律规定，决定予以接收。

××年×月××日
（接案件印）

第一联　交移送机关

××××人民检察院

接收案件通知书

××检××案收〔20××〕×××号

××××：

××××于××××年××月××日向本院移送的××××一案的法律文书（共×份）、案卷材料（卷宗共××册、光盘共××张）等。经审查，符合《人民检察院公益诉讼办案规则》的相关规定，决定予以接收。

××××年××月×××日
（接案件印）

第二联　交案件承办部门

制作说明

一、本文书依据《最高人民检察院案件管理暂行办法》的规定制作。

二、使用本文书时,案件管理部门如实填写接收材料、卷宗、光盘数量。

三、本文书以案为单位制作。

四、本文书加盖接收案件专用印章。

五、本文书共二联,第一联交移送机关,第二联交案件承办部门。

1.1.4. 报请移送案件线索意见书（行政公益诉讼用）

××××人民检察院
报请移送案件线索意见书

××检行公线报〔20××〕×号

××××人民检察院：

本院于××年×月×日受理×××（行政机关）××××（违法行为）案件线索，经调查：

……（以下写明查明的案件线索情况，包括：行政机关基本情况，本院初步调查认定的事实及其证据、适用法律的意见，以及报请移送上级检察机关的理由）。

根据《人民检察院公益诉讼办案规则》第二十六条的规定，现将案件线索提请报送你院，请予审查。

××年×月×日
（院印）

制作说明

一、本文书根据《人民检察院公益诉讼办案规则》第二十六条的规定制作。人民检察院对行政公益诉讼案件线索决定报请上级人民检察院时使用。

二、本文书加盖人民检察院印章。

1.1.5. 交办案件线索通知书（行政公益诉讼用）

××××人民检察院
交办案件线索通知书

××检行公线交〔20××〕×号

××××人民检察院：

本院于××年×月×日受理×××（行政机关）××××（违法行为）案件线索，经调查：

……（以下写明查明的案件情况，本院初步调查认定的该案件线索事实及其证据、适用法律的意见，以及交由下级检察机关办理的理由）。根据《人民检察院公益诉讼办案规则》第十一条的规定，现将案件线索交由你院办理，办理结果应及时反馈本院。

××年×月×日
（院印）

制作说明

一、本文书根据《人民检察院公益诉讼办案规则》第十一条的规定制作。人民检察院对行政公益诉讼案件线索决定交办下级人民检察院时使用。

二、本文书加盖人民检察院印章。

1.1.6. 移送案件线索通知书（行政公益诉讼用）

××××人民检察院
移送案件线索通知书

××检行公线移〔20××〕××号

××××人民检察院：

本院于××年×月×日受理×××（行政机关）××××（违法行为）案件线索，经调查：

……（以下写明查明的案件线索情况，包括：行政机关基本情况，本院初步调查认定的事实及其证据、适用法律的意见，以及移送同级检察机关办理的理由）。

根据《人民检察院公益诉讼办案规则》第二十六条的规定，现将该案件线索移送你院办理。

××年×月×日

（院印）

制作说明

一、本文书根据《人民检察院公益诉讼办案规则》第二十六条的规定制作。人民检察院对行政公益诉讼案件线索决定移送其他同级人民检察院时使用。

二、本文书加盖人民检察院印章。

1.1.7. 案件移送通知书（行政公益诉讼用）

××××人民检察院
案件移送通知书

××检行公案移〔20××〕××号

××××人民检察院：

×××××一案，根据……（写明移送案件的原因），现将本案及有关材料移送你院。

××年×月×日
（院印）

制作说明

一、本文书为人民检察院移送行政公益诉讼案件时使用。

二、本文书加盖人民检察院印章。

1.1.8. 初步调查报告（行政公益诉讼用）

关于××××一案的初步调查报告

本院在履行××职责中发现，××（被监督行政机关）××××行为可能致使国家利益（或者/和社会公共利益）受到侵害，现已完成初步调查。

一、被监督行政机关基本情况

被监督行政机关：……（写明单位名称、住所地、法定代表人或负责人姓名、职务等）。

二、案件线索来源情况

……（写明案件线索来源情况）。

三、初步调查基本情况

……（写明初步调查发现国家利益和社会公共利益受到损害情况及被监督行政机关可能违法行使职权或者不作为的情况）。

四、初步调查意见

承办案件的检察官（检察官办案组）认为，……（结合案件线索情况，阐明本案是否符合行政公益诉讼的立案条件）。

综上，根据《人民检察院公益诉讼办案规则》第二十七条、第六十七条（第六十八条）的规定，建议……（提出是否立案的建议）。

承办人：××，××

××年×月×日

制作说明

本文书根据《人民检察院公益诉讼办案规则》第二十七条的规定制作。初步调查是否符合行政公益诉讼立案条件时使用。

1.1.9. 立案审批表（行政公益诉讼用）

××××人民检察院

立案审批表

案　号	
案件名称	
被监督行政机关	
案　由	
基本案情	
承办人意见	
部门负责人意见	
主管检察长意见	
备　注	

制作说明

一、本文书根据《人民检察院公益诉讼办案规则》第三十条的规定制作。初步调查后不制作《初步调查报告》时，报批行政公益诉讼案件线索是否符合立案条件时使用。

二、本文书由承办人制作，层报主管检察长审批。

1.1.10. 立案决定书（行政公益诉讼用）

××××人民检察院
立案决定书

××检行公立〔20××〕×号

本院在履行职责过程中发现××××（被监督行政机关）可能存在××行为违法/怠于履行××职责，致使国家利益（或者/和社会公共利益）（具体受侵害的是国家利益、社会公共利益还是国家利益和社会公共利益需要依据案件实际情况确定）受到侵害，根据《中华人民共和国行政诉讼法》第二十五条第四款、《人民检察院公益诉讼办案规则》第六十七条（第六十八条）的规定，决定立案调查。

××年×月×日

（院印）

制作说明

一、本文书根据《中华人民共和国行政诉讼法》第二十五条第四款、《人民检察院公益诉讼办案规则》第三十条的规定制作。人民检察院对行政公益诉讼案件决定立案时使用。

二、本文书应当自立案之日起七日内送达行政机关。

三、本文书加盖人民检察院印章。

1.1.11. 不立案决定书（行政公益诉讼用）

××××人民检察院

不立案决定书

××检行公不立〔20××〕×号

××××一案线索，本院经审查认为，……（写明不立案的理由）。根据《人民检察院公益诉讼办案规则》第三十条的规定，决定不立案。

××年×月×日
（院印）

制作说明

一、本文书根据《人民检察院公益诉讼办案规则》第三十条的规定制作。人民检察院对行政公益诉讼案件决定不立案时使用。

二、本文书加盖人民检察院印章。

1.1.12. 磋商函（行政公益诉讼用）

××××人民检察院
磋商函

××检行公磋〔20××〕×号

××××（被监督行政机关）：

本院在履行职责过程中发现，……（简要案情）。对此，你单位可能存在××行为违法/怠于履行××职责，致使国家利益（或者/和社会公共利益）受到侵害。现根据《人民检察院公益诉讼办案规则》第七十条的规定，与你单位就以下事项进行磋商：

1.

2.……（写明是否存在违法行使职权或者不作为、国家利益或者社会公共利益受到侵害的后果、整改方案等与行政机关开展磋商的事项）。

特此函告。

××年×月×日

（院印）

制作说明

一、本文书根据《人民检察院公益诉讼办案规则》第七十条制作，用于与被监督行政机关开展案件磋商用。

二、本文书加盖人民检察院印章。

1.1.13. 事实确认书（行政公益诉讼用）

××××人民检察院
事实确认书

××检行公磋〔20××〕××号

　　本院在履行职责过程中发现××（被监督行政机关）可能存在××行为致使国家利益（或者/和社会公共利益）受到侵害，已于××年×月×日立案。根据《人民检察院公益诉讼办案规则》第七十条的规定，本院与××（被监督行政机关）于××年×月×日进行了磋商，并就以下事项进行确认：

　　1.

　　2.……（写明国家利益或者/和社会公共利益受到侵害的情况、行政机关相关法定职责、违法行使职权或者不作为情况、整改方案等已经与行政机关形成一致意见的事实）。

　　××年×月×日　　　　　　　　　年　　月　　日
　　　（院印）　　　　　　　　　（行政机关盖章）

制作说明

　　一、本文书根据《人民检察院公益诉讼办案规则》第七十条制作，用于与被监督行政机关开展案件磋商后，对形成一致意见的事实进行确认时使用。

　　二、本文书加盖人民检察院印章。

　　三、本文书送达行政机关后，由行政机关确认盖章后寄回附卷。

1.1.14. 磋商意见书（行政公益诉讼用）

××××人民检察院
磋商意见书

××检行公磋〔20××〕××号

××××（被监督行政机关）：

本院在履行职责过程中发现××（被监督行政机关）可能存在××行为致使国家利益（或者/和社会公共利益）受到侵害，已于××年×月×日立案。根据《人民检察院公益诉讼办案规则》第七十条的规定，本院与你单位于××年×月×日进行了磋商，并形成以下磋商意见：

1.

2.……（写明与被监督行政机关磋商后双方形成的一致性磋商意见）。

××年×月×日

（院印）

制作说明

一、本文书根据《人民检察院公益诉讼办案规则》第七十条制作，用于与被监督行政机关开展案件磋商，形成一致的磋商意见后使用。

二、本文书加盖人民检察院印章。

1.1.15. 调查终结报告（行政公益诉讼用）

关于××××一案的调查终结报告

本院在履行××职责中发现，××（被监督行政机关）××行为致使国家利益（或者/和社会公共利益）受到侵害。本院于××年×月×日立案，[××年×月×日与××（被监督行政机关）进行磋商。]现已调查终结。

一、被监督行政机关基本情况

被监督行政机关：……（写明单位名称、地址、法定代表人或负责人姓名、职务等）。

二、案件基本情况

（一）案件线索来源情况

……（写明案件线索来源情况）。

（二）国家利益（或者/和社会公共利益）受到侵害情况及证据

……（写明国家利益或者/和社会公共利益受到侵害的情况，并列明证据及证明目的。检察机关调查取证的，应说明调查收集证据情况，如何时何地采用何种调查手段对哪些证据进行了调查收集）。

（三）行政机关的法定职责

……（写明被监督行政机关与本案不依法履行职责事实有关的法定职责，列明职责依据）。

（四）行政机关违法行使职权或者不作为情况及证据

……（写明被监督行政机关违法行使职权或者不作为的情况，并列明证据及证明目的。检察机关调查取证的，应说明调查收集证据情况，如何时何地采用何种调查手段对哪些证据进行了调查收集）。

三、磋商情况

……（如与行政机关进行了磋商，写明与被监督行政机关进行磋商的情况以及磋商的结果)。

四、调查终结意见

承办案件的检察官(检察官办案组)认为,……(结合调查认定的案件情况,依照法律、法规和司法解释相关规定,详细论述本案是否符合发出检察建议的条件,及检察建议具体内容)。

综上所述,××(被监督行政机关)××行为……(概括说明是否符合发出检察建议的条件)。现根据《中华人民共和国行政诉讼法》第二十五条第四款、《人民检察院公益诉讼办案规则》第七十四条或者第七十五条的规定,建议……(提出调查处理建议,决定终结案件或者发出检察建议及检察建议的具体内容)。

五、其他需要说明的情况

……(写明本案其他需要说明的情况,如案件风险评估、领导批示等其他重要情况)。

承办人:××,××

××年×月×日

制作说明

本文书根据《人民检察院公益诉讼办案规则》第七十三条的规定制作。调查终结后对行政公益诉讼案件作出终结案件或者发出检察建议的调查处理意见时使用。

1.1.16. 检察建议书（行政公益诉讼用）

××××人民检察院

检察建议书

××检行公建〔20××〕××号

××××（被建议行政机关的名称）：

……（写明案件来源或提出检察建议的起因）。本院依法进行了调查。

现查明：

……（写明检察机关认定的国家利益或者/和社会公共利益受到侵害的事实、行政机关的法定职责、行政机关违法行使职权或者不作为的事实等）。

……（写明检察机关与行政机关进行磋商的情况以及调查情况）。

本院认为，……（写明被建议行政机关行政行为构成违法行使职权或者不作为的理由和法律依据）。现根据《中华人民共和国行政诉讼法》第二十五条第四款、《人民检察院公益诉讼办案规则》第七十五条的规定，向你单位提出如下检察建议：

……（写明建议的具体内容）。

请于收到本检察建议书后两个月（或者十五日）内依法履行职责，并书面回复本院。

××年×月×日

（院印）

制作说明

一、本文书根据《中华人民共和国行政诉讼法》第二十五条第四款、《人民检察院公益诉讼办案规则》第七十五条的规定制作。人民检察院决定向行政机关提出检察建议，督促其依法履行职责时使用。

二、本文书应当在决定提出检察建议后三日内送达被建议行政机关。

三、本文书加盖人民检察院印章。

1.1.17. 审查终结报告（行政公益诉讼用）

关于××××一案的审查终结报告

本院在履行××职责中发现，××（被监督行政机关）××行为致使国家利益或者/和社会公共利益受到侵害。本院于××年×月×日立案，××年×月×日与××（被监督行政机关）进行磋商（如有），××年×月×日向××（被监督行政机关）发送检察建议。现已审查终结。

一、行政机关基本情况

被监督行政机关：……（写明单位名称、地址、法定代表人或负责人姓名、职务等）。

二、案件基本情况

（一）案件线索来源情况

……（写明案件线索来源情况）。

（二）国家利益（或者/和社会公共利益）受到侵害情况及证据

……（写明国家利益或者/和社会公共利益受到侵害的情况，并列明证据及证明目的。检察机关调查取证的，应说明调查收集证据情况，如何时何地采用何种调查手段对哪些证据进行了调查收集）。

（三）行政机关的法定职责

……（写明被监督行政机关与本案不依法履行职责事实有关的法定职责，列明职责依据）。

（四）行政机关违法行使职权或者不行为情况及证据

……（写明被监督行政机关违法行使职权或者不作为的情况，并列明证据及证明目的。检察机关调查取证的，应说明调查收集证据情况，如何时何地采用何种调查手段对哪些证据进行了调查收集）。

三、磋商情况

……（如与行政机关进行磋商，写明与被监督行政机关开展磋商的情况及磋商结果、继续调查情况）。

四、检察建议情况

……（写明向被监督行政机关发送检察建议的时间、基本内容等）。

五、跟进调查情况

……（写明向行政机关发出检察建议后行政机关书面回复情况，以及行政机关书面回复或者检察建议期满后行政机关的实际整改情况和国家利益或者/和社会公共利益受到侵害情况）。

六、审查终结意见

承办案件的检察官（检察官办案组）认为，……（结合审查认定的案件情况，依照法律、法规和司法解释相关规定，详细论述本案是否符合提起行政公益诉讼的条件以及诉讼请求）。

综上所述，××（被监督行政机关）××行为……（概括说明是否符合提起行政公益诉讼的条件，若符合提起行政公益诉讼条件，是否由本院提起诉讼。）现根据《中华人民共和国行政诉讼法》第二十五条第四款、《人民检察院公益诉讼办案规则》第八十条或第八十一条或第十六条的规定，建议……（提出审查处理建议，决定终结案件或者提起行政公益诉讼或者移送其他院审查起诉）。

七、其他需要说明的情况

……（写明本案其他需要说明的情况，如案件风险评估、领导批示等其他重要情况）。

承办人：××，××
××年×月×日

制作说明

一、本文书根据《中华人民共和国行政诉讼法》第二十五条第四款、《人民检察院公益诉讼办案规则》第七十九条的规定制作。由检察官在审查起诉阶段对案件审查后制作审查报告时使用。

二、审查报告应当全面、客观、公正地叙述案件事实，依据法律规定提出处理建议。

1.1.18. 终结案件决定书（行政公益诉讼用）

××××人民检察院

终结案件决定书

××检行公终〔20××〕××号

本院在办理××××（行政机关名称、案由）一案中，因……（写明终结审查的事由）。根据《人民检察院公益诉讼办案规则》第七十四条的规定，决定终结案件。

××年×月×日
（院印）

制作说明

一、本文书根据《人民检察院公益诉讼办案规则》第七十四条的规定制作。人民检察院对行政公益诉讼案件作出终结案件决定时使用。

二、本文书加盖人民检察院印章。

三、本文书应当发送被监督行政机关。

1.1.19. 中止审查决定书（行政公益诉讼用）

××××人民检察院

中止审查决定书

××检行公中〔20××〕×号　

本院在办理××××一案中，因……（写明中止审查的事由），根据《人民检察院公益诉讼办案规则》第七十八条的规定，决定本案中止审查。

××年×月×日　
（院印）　

制作说明

一、本文书根据《人民检察院公益诉讼办案规则》第七十八条的规定制作。人民检察院对行政公益诉讼案件中止审查时使用。

二、本文书加盖人民检察院印章。

1.1.20. 恢复审查决定书（行政公益诉讼用）

××××人民检察院
恢复审查决定书

××检行公恢〔20××〕×号

本院在办理××××一案中，因……（写明恢复审查的事由），根据《人民检察院公益诉讼办案规则》第七十八条的规定，决定本案恢复审查。

××年×月×日
（院印）

制作说明

一、本文书根据《人民检察院公益诉讼办案规则》第七十八条的规定制作。人民检察院对行政公益诉讼案件恢复审查时使用。

二、本文书加盖人民检察院印章。

1.1.21. 延长审查起诉期限审批表（行政公益诉讼用）

××××人民检察院
延长审查起诉期限审批表

案件名称			
立案时间		发出检察建议时间	
因该案……（写明需要延长审查起诉期限的原因），根据《人民检察院公益诉讼办案规则》第四十七条的规定，需延长审查起诉期限，时间从××年×月×日至××年×月×日，请批示。 承办人：			
主管检察长意见			
备注			

制作说明

本文书依据《人民检察院公益诉讼办案规则》第四十七条的规定制作。为承办检察官对于行政公益诉讼案件不能按期作出审查起诉决定的，申请延长审查起诉期限时使用。

《人民检察院公益诉讼办案规则》理解与适用

1.1.22. 报请延长审查起诉期限意见书（行政公益诉讼用）

××××人民检察院

报请延长审查起诉期限意见书

××检行公报延〔20××〕×号

××××人民检察院：

　　本院于××年×月×日对×××（行政机关）××××（违法行为）案件立案，并于××年×月×日向×××（行政机关）发出检察建议。经审查：

　　……（写明查明的案件简要情况、本院延长审查起诉期限的理由、情况和报请上级院延长审查起诉期限的理由）。

　　根据《人民检察院公益诉讼办案规则》第四十七条的规定，现报请你院批准延长审查起诉期限，时间从××年×月×日至××年×月×日。请批示。

××年×月×日
（院印）

制作说明

　　一、本文书根据《人民检察院公益诉讼办案规则》第四十七条的规定制作。下级人民检察院对行政公益诉讼案件不能按期作出审查起诉决定，报请上级人民检察院批准延长审查起诉期限时使用。

　　二、本文书加盖人民检察院印章。

1.1.23. 移送审查起诉意见书（行政公益诉讼用）

××××人民检察院
移送审查起诉意见书

×××人民检察院：

本院于××××年××月××日立案的××××案，经审查需移送你院审查起诉：

一、被监督行政机关基本情况

被监督行政机关：……（写明单位名称、地址、法定代表人或负责人姓名、职务等）。

二、案件基本情况

（一）案件线索来源情况

……（写明案件线索来源情况）。

（二）案件基本情况

……（写明查明的案件情况，包括：国家利益或社会公共利益受到侵害的情况、行政机关法定职责、行政机关怠于履职/违法履职、法定职责等基本情况、与行政机关的磋商情况、检察建议情况、跟进调查情况等）。

三、移送审查起诉的意见及理由

……（写明本院审查起诉的具体意见及移送审查起诉的理由）。现根据《人民检察院公益诉讼办案规则》第十六条的规定，将本案移送你院审查起诉。

四、其他需要说明的情况

……（写明本案其他需要说明的情况，如案件风险评估、领导批示等其他重要情况）。

×× 年 × 月 × 日

（院印）

制作说明

一、本文书根据《人民检察院公益诉讼办案规则》第十六条的规定制作，用于向有起诉管辖权的人民检察院移送行政公益诉讼案件审查起诉。

二、本文书应加盖院章。

1.2. 行政公益诉讼一审

1.2.1. 行政公益诉讼起诉书（行政公益诉讼一审用）

××××人民检察院
行政公益诉讼起诉书

××检行公诉〔20××〕××号

公益诉讼起诉人：×××人民检察院

被告：……（写明单位名称、地址、法定代表人或负责人姓名、职务等）。

诉讼请求：

……（写明具体的诉讼请求，检察机关可以向人民法院提出确认行政行为违法或者无效、撤销或部分撤销违法行政行为、依法履行法定职责、变更行政行为等诉讼请求）。

事实和理由：

本院在履行×××职责中发现，×××（被告）×××行为致使国家利益（或者/和社会公共利益）受到侵害。本院于××××年××月××日立案，××××年××月××日履行检察建议程序。

经依法审查查明：……（写明案件线索来源、检察机关审查认定的国家利益或者/和社会公共利益受到侵害的事实、被告法定职责、被告违法行使职权或者不作为的事实、诉前程序履行及回复情况、实际整改情况等）。

认定上述事实的证据如下：

……（针对上述事实分别列举证据）。

本院认为,……(概述被告行政行为构成违法行使职权或者不作为的理由和法律依据)。检察机关发现……后,……(写明检察机关履行的诉前程序),被告仍未依法履行职责,国家利益(或者/和社会公共利益)持续处于受侵害状态。现根据《中华人民共和国行政诉讼法》第二十五条第四款和《人民检察院公益诉讼办案规则》第八十一条的规定,向你院提起诉讼,请依法裁判。

此致
×××人民法院

××××年×月×日
(院印)

附件:1.检察卷宗 × 册;
　　　2.行政公益诉讼起诉书副本 × 份;
　　　3.证人、鉴定人、需要出庭的具有专门知识的人员名单;
　　　4.其他需要附注的事项。

制作说明

一、本文书根据《人民检察院公益诉讼办案规则》第八十一条的规定制作。人民检察院向人民法院提起行政公益诉讼时使用。

二、本文书发送人民法院,并按照被告数量提交副本。

三、本文书加盖人民检察院印章。

1.2.2. 派员出庭通知书（行政公益诉讼用）

××××人民检察院
派员出庭通知书

××检行公派〔20××〕×号

你院定于××××年×月×日开庭审理的×××一案，根据《最高人民法院、最高人民检察院关于检察公益诉讼案件适用法律若干问题的解释》第八条第二款和《人民检察院公益诉讼办案规则》第四十九条（如出席二审法庭，适用《最高人民法院、最高人民检察院关于检察公益诉讼案件适用法律若干问题的解释》第十一条和《人民检察院公益诉讼办案规则》第六十三条）的规定，本院决定委派×××（法律职务、姓名）代表本院出席法庭，依法履行职责。

此致
×××人民法院

××××年×月×日

（院印）

制作说明

一、本文书根据《最高人民法院、最高人民检察院关于检察公益诉讼案件适用法律若干问题的解释》第八条第二款、第十一条和《人民检察院公益诉讼办案规则》第四十九条、第六十三条的规定制作。人民检察院派员出席法庭时使用。

二、提起诉讼的人民检察院派员出席一审法庭时，适用《最高人民法院、最高人民检察院关于检察公益诉讼案件适用法律若干问题的解释》第八条第二款和《人民检察院公益诉讼办案规则》第四十九条；提起诉讼的人民检察院或者上一级人民检察院派员出席二审法庭时，适用《最高人民法院、最高人民检察院关于检察公益诉讼案件适用法律若干问题的解释》第十一条和《人民检察院公益诉讼办案规则》第六十三条。

三、本文书应当在收到人民法院出庭通知书之日起三日内发送人民法院。

四、本文书加盖人民检察院印章。

1.2.3. 出庭意见书（行政公益诉讼一审用）

××××人民检察院
出庭意见书

被 告 ×××

案 由 ×××

起诉书号 ×××

审判长、审判员（人民陪审员）：

根据《中华人民共和国行政诉讼法》第二十五条第四款、《最高人民法院、最高人民检察院关于检察公益诉讼案件适用法律若干问题的解释》第九条、《人民检察院公益诉讼办案规则》第五十一条的规定，我（们）受×××人民检察院的指派，代表本院，以公益诉讼起诉人的身份出席法庭，并依法对行政诉讼实行法律监督。现对本案证据和案件情况发表如下意见，请法庭注意。

……（结合案情重点阐述以下问题：

一、根据法庭调查的情况，概述法庭质证的情况、各证据的证明作用，并运用各证据之间的逻辑关系证明被告行政机关违法行使职权或者不作为致使国家利益或者/和社会公共利益受到损害事实清楚，证据确实充分。

二、根据被告行政机关的违法行为，论证应适用的法律条款及被告应承担的法律责任。

三、根据庭审情况，在论证被告行政机关违法行为损害国家利益和社会公共利益的基础上，作必要的法制宣传和教育工作。）

综上所述，本案被告×××违法行使职权或者不作为致使国家利益和社会公共利益受到损害事实清楚，证据确实充分，建议依法判令被告

×××（确认原行政行为违法、履行职责等相应行政责任）。

检察员：××
××××年×月×日当庭发表

制作说明

本文书根据《中华人民共和国行政诉讼法》第二十五条第四款、《最高人民法院、最高人民检察院关于检察公益诉讼案件适用法律若干问题的解释》第九条的规定制作。人民检察院出庭人员在行政公益诉讼一审案件中发表出庭意见时使用。

1.2.4. 出庭预案（行政公益诉讼用）

×××行政公益诉讼案
出庭预案

一、检察机关出庭情况简介

公益诉讼起诉人：×××人民检察院

开庭时间：××××年××月××日

开庭地点：×××人民法院

出庭人员：×××（法律职务）

　　　　　×××（法律职务）

　　　　　×××（法律职务）

二、出庭人员分工

1. ×××负责宣读行政公益诉讼起诉书、宣读出庭意见书，发表出庭意见。

2. ×××负责庭审答辩、出示部分证据。

3. ×××负责庭审答辩、出示部分证据、法庭辩论。

三、证据出示提纲

为充分证明本院诉求合理合法，便于合议庭及旁听人员更加清晰地了解本案案情，公益诉讼起诉人将分×组证据进行举证。

第一组证据：证明案件来源的相关证据

证明目的：×××。

证据一：×××。

证据二：×××。

（以下每组证据均列明证明目的、主要证据）

第二组证据：国家利益和社会公共利益受损情况

第三组证据：行政机关法定职责情况

第四组证据：行政机关不依法履职或违法行使职权情况

第五组证据：检察机关履行诉前程序的证据

四、质证预案

（质证过程中可能遇到的问题。）

五、辩论预案

预案归纳争议焦点如下：

1.××××××

2.××××××

（辩论预案）

焦点一：××××××

焦点二：××××××

焦点三：××××××

六、出庭意见

（公益诉讼起诉人结合案件事实、证据及法律适用，撰写出庭意见提纲。）

制作说明

本文书根据《人民检察院公益诉讼办案规则》制作，参考用于行政公益诉讼案件开庭前准备工作。

1.2.5. 召开庭前会议建议书（公益诉讼用）

××××人民检察院
召开庭前会议建议书

××检公庭前建〔20××〕×号

本院以××号起诉书提起公益诉讼的××××一案，因……（写明需要召开庭前会议的原因），＿＿＿＿＿＿＿＿＿＿＿＿＿＿＿＿＿＿＿＿＿＿＿建议你院召开庭前会议。

此致
××××人民法院

××年×月×日
（院印）

制作说明

一、本文书根据《人民检察院公益诉讼办案规则》第五十条的规定制作。人民检察院建议人民法院召开庭前会议时使用。

二、本文书一份发送人民法院，一份附卷。

三、本文书加盖人民检察院印章。

1.2.6. 通知证人（鉴定人、有专门知识的人）出庭申请书（公益诉讼用）

××××人民检察院

通知证人（鉴定人、有专门知识的人）出庭申请书

××检公通证（鉴、专）出庭〔20××〕××号

本院以××号公益诉讼起诉书提起的诉被告××公益诉讼一案，因××（写明需要证人、鉴定人、有专门知识的人出庭的原因），根据《人民检察院公益诉讼办案规则》第五十四条的规定，申请证人（鉴定人、有专门知识的人）××出庭。

此致
××××人民法院

××年×月×日
（院印）

制作说明

一、本文书根据《人民检察院公益诉讼办案规则》第五十四条的规定制作。人民检察院办理公益诉讼案件申请证人（鉴定人、有专门知识的人）出庭时使用。

二、本文书一份发送人民法院，一份附卷。

三、本文书加盖人民检察院印章。

1.2.7. 延期审理建议书（公益诉讼用）

××××人民检察院

延期审理建议书

××检公延建〔20××〕××号

对于××××一案，因……（写明需要延期审理的理由），建议你院对该案延期审理。

此致
××人民法院

××年×月×日
（院印）

制作说明

一、本文书根据《人民检察院公益诉讼办案规则》制作。人民检察院向人民法院建议延期审理公益诉讼案件时使用。

二、本文书一份发送人民法院，一份附卷。

三、本文书加盖人民检察院印章。

1.2.8. 中止审理建议书（公益诉讼用）

××××人民检察院
中止审理建议书

××检公中审建〔20××〕××号

对于××××一案，因……（写明需要中止审理的原因），建议你院对该案中止审理。

此致
××××人民法院

××年×月×日
（院印）

制作说明

一、本文书根据《人民检察院公益诉讼办案规则》制作。人民检察院建议人民法院中止审理公益诉讼案件时使用。

二、本文书一份发送人民法院，一份附卷。

三、本文书加盖人民检察院印章。

1.2.9. 恢复审理建议书（公益诉讼用）

××××人民检察院

恢复审理建议书

××检公恢审建〔20××〕××号

××××人民法院：

对于××××一案，你院于××年××月××日中止审理，现该案……（写明需要恢复审理的原因），建议你院对该案恢复审理。

××年×月×日
（院印）

制作说明

一、本文书根据《人民检察院公益诉讼办案规则》制作。人民检察院建议人民法院恢复审理公益诉讼案件时使用。

二、本文书一份发送人民法院，一份附卷。

三、本文书加盖人民检察院印章。

1.2.10. 变更诉讼请求决定书（行政公益诉讼用）

××××人民检察院
变更诉讼请求决定书

××检行公变诉〔20××〕××号

本院以××号行政公益诉讼起诉书提起的诉被告××行政公益诉讼一案，因××（写明变更诉讼请求的原因），根据《最高人民法院、最高人民检察院关于检察公益诉讼案件适用法律若干问题的解释》第二十四条、《人民检察院公益诉讼办案规则》第八十四条的规定，决定变更诉讼请求为……（写明变更后的诉讼请求）。

此致
××××人民法院

××年×月×日
（院印）

制作说明

一、本文书根据《最高人民法院、最高人民检察院关于检察公益诉讼案件适用法律若干问题的解释》第二十四条、《人民检察院公益诉讼办案规则》第八十四条的规定制作。人民检察院决定对行政公益诉讼变更诉讼请求时使用。

二、本文书一份发送人民法院，一份附卷。

三、本文书加盖人民检察院印章。

1.2.11. 撤回部分诉讼请求决定书（行政公益诉讼用）

××××人民检察院

撤回部分诉讼请求决定书

××检行公撤部诉〔20××〕××号

本院以××号行政公益诉讼起诉书提起的诉被告×××行政公益诉讼一案，因×××（写明撤回部分诉讼请求的原因），决定撤回关于××××一项的诉讼请求。

此致
×××人民法院

××××年×月×日
（院印）

制作说明

一、本文书根据《人民检察院公益诉讼办案规则》制作。人民检察院决定对行政公益诉讼案件撤回部分诉讼请求时使用。

二、本文书一份发送人民法院，一份附卷。

三、本文书加盖人民检察院印章。

1.2.12. 撤回起诉决定书（行政公益诉讼用）

××××人民检察院

撤回起诉决定书

××检行公撤诉〔20××〕××号

本院以××号行政公益诉讼起诉书提起的诉被告×××行政公益诉讼一案，因……（写明撤回起诉的原因），根据《最高人民法院、最高人民检察院关于检察公益诉讼案件适用法律若干问题的解释》第二十四条、《人民检察院公益诉讼办案规则》第八十四条的规定，决定撤回起诉。

此致
×××人民法院

××××年×月×日
（院印）

制作说明

一、本文书根据《最高人民法院、最高人民检察院关于检察公益诉讼案件适用法律若干问题的解释》第二十四条、《人民检察院公益诉讼办案规则》第八十四条的规定制作。人民检察院决定对行政公益诉讼案件撤回起诉时使用。

二、本文书一份发送人民法院，一份附卷。

三、本文书加盖人民检察院印章。

1.2.13. 一审判决、裁定审查表（公益诉讼用）

一审判决、裁定审查表

案件名称			
起诉书文号		审理案件法院	
裁判文书文号		收到裁判文书时间	
裁判内容	（简要填写裁判内容，裁判驳回起诉或者未全部支持检察机关诉讼请求的，简述理由）		
承办人（检察官办案组）审查意见	（简述审查意见，是否符合提出上诉条件）		
部门负责人审查意见			
主管检察长审查意见			
备注			

制作说明

一、本文书根据《人民检察院公益诉讼办案规则》制作。人民检察院对一审判决、裁定进行审查时使用。

二、本文书由承办人填写，层报主管检察长审批。

1.3. 行政公益诉讼上诉

1.3.1. 上诉案件审查报告（行政公益诉讼上诉用）

关于×××一案上诉的审查报告

×××一案，×××人民法院于××××年××月××日作出×××（判决、裁定文号）判决（裁定），×××人民法院于××××年××月××日将判决（裁定）书送达本院。（如一审被告上诉的，写明"一审被告×××于××××年××月××日提出上诉，×××人民法院于××××年××月××日将上诉状送达本院"。）现已审查终结。

一、一审被告基本情况

一审被告：……（写明被告单位名称、住所地、法定代表人姓名、职务等）。

二、一审法院审判情况

×××人民法院于××××年××月××日作出×××（判决、裁定文号）判决（裁定）。该院查明，……（简要说明法院查明的事实）。该院认为，……（裁判理由及内容）。

三、审查意见

承办案件的检察官（检察官办案组）认为，……（结合审查认定的案件情况，依照法律、法规和司法解释相关规定，详细论述法院判决、裁定认定事实是否清楚、适用法律是否正确、审判程序是否合法，本案是否符合提出上诉的条件等）。

综上所述，……（概括说明是否符合提出上诉的条件）。根据《最高人民法院、最高人民检察院关于检察公益诉讼案件适用法律若干问题的解释》第十条和《人民检察院公益诉讼办案规则》第五十八条（或者第六十二条）的规定，建议……（提出审查处理建议，是否提出上诉。如一审被告上诉的，提出答辩意见）。

四、其他需要说明的情况

……（写明本案其他需要说明的情况，如案件风险评估、领导批示等其他重要情况）。

承办人：×××，×××

××××年×月×日

制作说明

一、本文书根据《最高人民法院、最高人民检察院关于检察公益诉讼案件适用法律若干问题的解释》第十条和《人民检察院公益诉讼办案规则》第五十八条的规定制作。由提起诉讼的人民检察院在一审裁判审查阶段或者在一审被告提出上诉后对案件审查后制作审查报告时使用。

二、审查报告应当全面、客观、公正地叙述案件事实，依据法律规定提出处理建议。

1.3.2. 行政公益诉讼上诉书（行政公益诉讼上诉用）

××××人民检察院

行政公益诉讼上诉书

××检行公上诉〔20××〕××号

公益诉讼上诉人：×××人民检察院

被上诉人：……（写明单位名称、地址、法定代表人或负责人姓名、职务等）。

×××人民法院以××号行政判决（裁定）书对被告×××（姓名）×××（案由）一案判决（裁定）……（判决、裁定结果）。本院依法审查后认为，该判决（裁定）……（认定事实错误或者认定基本事实不清、适用法律错误、审判程序严重违法），理由如下：

……（根据不同情况，理由从认定事实错误或者认定基本事实不清、适用法律错误和审判程序严重违法等几个方面阐述）。

综上所述……（概括上述理由），为维护国家利益（或者/和社会公共利益），依照《最高人民法院、最高人民检察院关于检察公益诉讼案件适用法律若干问题的解释》第十条和《人民检察院公益诉讼办案规则》第五十八条的规定，特提出上诉，请依法裁判。

此致
×××人民法院

××××年×月×日
（院印）

附件：1. 检察卷宗 × 册；

2. 行政公益诉讼上诉书副本 × 份；

3. 其他需要附注的事项。

制作说明

一、本文书根据《最高人民法院、最高人民检察院关于检察公益诉讼案件适用法律若干问题的解释》第十条、《人民检察院公益诉讼办案规则》第五十八条、第五十九条的规定制作。人民检察院向人民法院提出行政公益诉讼上诉时使用。

二、本文书发送一审人民法院，并按照被上诉人数量提出副本。

三、本文书加盖人民检察院印章。

1.3.3. 出庭意见书（行政公益诉讼上诉用）

××××人民检察院
出庭意见书

被告×××
案由×××
上诉书号×××

审判长、审判员：

根据《最高人民法院、最高人民检察院关于检察公益诉讼案件适用法律若干问题的解释》第十一条和《人民检察院公益诉讼办案规则》第六十三条的规定，我（们）受×××人民检察院的指派，代表本院出席法庭。现对本案事实、证据、程序和一审人民法院判决（裁定）发表如下意见，请法庭注意。

……

［一、论证本案违法事实清楚，证据确实充分，或者一审法院认定事实、证据疏漏、有误之处；

二、案件诉讼程序是否合法；

三、论证被告违法行为性质、造成损害社会公共利益的后果，评析（被告）上诉理由；

四、论证一审裁判适用法律、审判程序是否正确，有误的，应提出改判建议。］

检察员：××
××××年×月×日当庭发表

制作说明

本文书根据《最高人民法院、最高人民检察院关于检察公益诉讼案件适用法律若干问题的解释》第十一条和《人民检察院公益诉讼办案规则》第六十三条的规定制作。由提起诉讼的人民检察院出庭人员在行政公益诉讼二审案件中发表出庭意见时使用。

1.3.4. 撤回上诉决定书（行政公益诉讼上诉用）

××××人民检察院
撤回上诉决定书

×× 检行公撤上〔20××〕×号

本院以×××号行政公益诉讼上诉书提出上诉的×××一案，因……（写明撤回上诉的具体理由），本院决定撤回上诉。

此致
×××人民法院

××××年×月×日
（院印）

制作说明

一、本文书根据《人民检察院公益诉讼办案规则》制作。提出上诉的人民检察院在行政公益诉讼二审案件中撤回上诉时使用。

二、本文书发送二审人民法院。

三、本文书加盖人民检察院印章。

1.4. 行政公益诉讼二审

1.4.1. 二审案件审查报告（行政公益诉讼二审用）

关于×××一案二审的审查报告

×××一案，×××人民法院于××××年××月××日作出×××（判决、裁定文号）判决（裁定）。×××人民检察院于××××年××月××日将判决（裁定）书报送本院，拟提出上诉。[如提起诉讼的检察机关已经上诉的，写明×××人民检察院于××××年××月××日以×××（上诉书文号）上诉书对该判决（裁定）向×××人民法院提出上诉；如一审被告上诉的，写明"一审被告×××于××××年××月××日提出上诉，×××人民检察院于××××年××月××日将上诉状报送本院"。]现已审查终结。

一、一审被告基本情况

一审被告：……（写明被告单位名称、住所地、法定代表人姓名、职务等）。

二、一审法院审判情况

×××人民法院于××××年××月××日作出×××（判决、裁定文号）判决（裁定）。该院查明，……（简要说明法院查明的事实）。该院认为，……（裁判理由及内容）。

三、上诉意见

×××人民检察院于××××年××月××日将判决（裁定）书报送本院，拟提出上诉。[如提起诉讼的检察机关已经上诉的，写明×××人民检察院于××××年××月××日以×××（上诉书文号）上诉书对该判决（裁定）向×××人民法院提出上诉。]该院认为，……[提起诉讼的检察机关（拟）提起上诉的事实、理由及具体意见。如一审被告上诉的，写明被告上诉理由]。

四、二审审查意见

承办案件的检察官（检察官办案组）认为，……（结合审查认定的案件情况，依照法律、法规和司法解释相关规定，详细论述法院判决、裁定认定事实是否清楚、适用法律是否正确、审判程序是否合法，本案是否符合支持上诉的条件等）。

综上所述，……（概括说明是否符合支持上诉的条件，或者指令撤回上诉、指令提出上诉的理由等。）根据《最高人民法院、最高人民检察院关于检察公益诉讼案件适用法律若干问题的解释》第十一条、《人民检察院公益诉讼办案规则》第五十八条（或者第六十一条或者第六十二条）的规定，建议……（提出审查处理建议，是否支持上诉或者指令撤回上诉、指令提出上诉，或者提出答辩意见等）。

五、其他需要说明的情况

……（写明本案其他需要说明的情况，如案件风险评估、领导批示等其他重要情况）。

承办人：×××，×××

××××年×月×日

制作说明

一、本文书根据《最高人民法院、最高人民检察院关于检察公益诉讼案件适用法律若干问题的解释》第十一条、《人民检察院公益诉讼办案规则》第五十八条的规定制作。由提起诉讼的上级人民检察院检察官（检察官办案组）在二审阶段对案件审查后制作审查报告时使用。

二、审查报告应当全面、客观、公正地叙述案件事实，依据法律规定提出处理建议。

1.4.2. 支持上诉意见书（行政公益诉讼二审用）

××××人民检察院
支持上诉意见书

××检行公支上〔20××〕×号

×××人民法院：

　　×××人民检察院以××号上诉书对×××人民法院××号（写明当事人姓名、案由）一案的行政判决（裁定）提出上诉。本院审查后认为，×××人民检察院上诉正确，应予支持。……（简要说明支持的理由，可以在原上诉书基础上改变或补充新的上诉理由，也可以变更原上诉请求）。

　　综上所述，为维护国家利益和社会公共利益，依照《最高人民法院、最高人民检察院关于检察公益诉讼案件适用法律若干问题的解释》第十一条和《人民检察院公益诉讼办案规则》第六十三条的规定，请你院依法支持上诉理由。

××××年×月×日
（院印）

制作说明

　　一、本文书根据《最高人民法院、最高人民检察院关于检察公益诉讼案件适用法律若干问题的解释》第十一条、《人民检察院公益诉讼办案规则》第六十三条的规定制作。上级人民检察院在行政公益诉讼二审案件中支持上诉时使用。

　　二、本文书发送二审人民法院。

　　三、本文书加盖人民检察院印章。

1.4.3. 指令提出上诉决定书（行政公益诉讼二审用）

××××人民检察院

指令提出上诉决定书

××检行公指上〔20××〕×号

×××人民检察院：

你院办理的×××一案，经本院审查，……（写明指令提出上诉的理由），应当提出上诉，现根据《人民检察院公益诉讼办案规则》第六十一条第二款的规定，指令你院依法提出上诉。

××××年×月×日

（院印）

制作说明

一、本文书依据《人民检察院公益诉讼办案规则》第六十一条第二款的规定制作。为上级人民检察院对下级人民检察院在上诉期限内，发现下级人民检察院应当提出上诉而没有提出上诉时使用。

二、本文书需写明被指令提出上诉的人民检察院名称、具体案件名称、制作日期，并加盖文书制作单位公章。

三、本文书一式二份，一份送达下级人民检察院，一份保存备查。

1.4.4. 指令撤回上诉决定书（行政公益诉讼二审用）

××××人民检察院

指令撤回上诉决定书

××检行公指撤上〔20××〕×号

×××人民检察院：

你院以×××号行政公益诉讼上诉书提出上诉的×××一案，经本院审查，……（写明指令撤回上诉的理由），现根据《人民检察院公益诉讼办案规则》第六十一条第一款的规定，指令你院撤回上诉。

××××年×月×日

（院印）

制作说明

一、本文书根据《人民检察院公益诉讼办案规则》第六十一条第一款的规定制作。为上级人民检察院认为提出上诉的人民检察院上诉不当时使用。

二、本文书发送下级人民检察院。

三、本文书加盖人民检察院印章。

1.4.5. 出庭意见书（行政公益诉讼二审用）

××××人民检察院
出庭意见书

被　告×××

案　由×××

上诉书号×××

审判长、审判员：

根据《最高人民法院、最高人民检察院关于检察公益诉讼案件适用法律若干问题的解释》第十一条和《人民检察院公益诉讼办案规则》第六十三条的规定，我（们）受×××人民检察院的指派，代表本院出席法庭。现对本案事实、证据、程序和一审人民法院判决（裁定）发表如下意见，请法庭注意。

……

［一、论证本案违法事实清楚，证据确实充分，或者一审法院认定事实、证据疏漏、有误之处；

二、案件诉讼程序是否合法；

三、论证被告违法行为性质、造成损害社会公共利益的后果，评析（被告）上诉理由；

四、论证一审裁判适用法律、审判程序是否正确，有误的，应提出改判建议根据庭审情况发表或补充意见。］

检察员：××

××××年×月×日当庭发表

制作说明

本文书根据《最高人民法院、最高人民检察院关于检察公益诉讼案件适用法律若干问题的解释》第十一条和《人民检察院公益诉讼办案规则》第六十三条的规定制作。由上一级人民检察院出庭人员在行政公益诉讼二审案件中发表出庭意见时使用。

1.4.6. 二审判决、裁定审查表（公益诉讼二审用）

二审判决、裁定审查表

案件名称			
上诉书文号		审理案件法院	
裁判文书文号		收到裁判文书时间	
裁判内容	（简要填写裁判内容，简述理由）		
承办人（检察官办案组）审查意见	（简述审查意见）		
部门负责人审查意见			
主管检察长审查意见			
备注			

制作说明

一、本文书根据《人民检察院公益诉讼办案规则》制作。人民检察院对二审判决、裁定进行审查时使用。

二、本文书由承办人填写，层报主管检察长审批。

1.5. 行政公益诉讼再审

1.5.1. 出庭意见书（行政公益诉讼再审用）

××××人民检察院

出庭意见书

被 告×××

案 由×××

审判长、审判员：

根据《人民检察院公益诉讼办案规则》第六十五条的规定，我（们）受×××人民检察院的指派，代表本院出席法庭。现对本案事实、证据、程序和一审或者二审人民法院判决（裁定）发表如下意见，请法庭注意。

……

[一、论证本案违法事实清楚，证据确实充分，或者一审法院、二审法院认定事实、证据疏漏、有误之处；

二、案件诉讼程序是否合法；

三、论证被告违法行为性质、造成损害国家利益或者社会公共利益的后果，评析被告再审申请理由；

四、论证一审、二审裁判适用法律、审判程序是否正确。]

检察员：××
××××年×月×日当庭发表

制作说明

本文书根据《人民检察院公益诉讼办案规则》第六十五条的规定制作。同级人民检察院出庭人员在行政公益诉讼再审案件中发表出庭意见时使用。

《人民检察院公益诉讼办案规则》理解与适用

1.6. 请示案件（行政公益诉讼）

1.6.1. 请示（行政公益诉讼用）

××××人民检察院

关于××一案的请示

××检行公请〔20××〕××号

××人民检察院：

　　本院办理的××××一案，本院审查后认为：

　　……（该案的基本情况概述，以及案件存在的问题和请示事项内容。）

　　妥否，请批复。

××××年××月××日

（院印）

制作说明

　　本文书根据《人民检察院公益诉讼办案规则》第一百零四条的规定制作，用于向上级人民检察院请示行政公益诉讼案件办理中的问题。

1.6.2. 请示案件审查意见书（行政公益诉讼用）

××××人民检察院
请示案件审查意见书

××××人民检察院于××××年××月××日向本院请示的××××案，承办人对案件进行了审查，现报告如下：

一、案件基本情况

××××

二、请示的事项及理由

××××

××××

三、审查意见

××××

四、需要说明的问题

××××

承办人：××，××

××××年××月××日

制作说明

本文书根据《人民检察院公益诉讼办案规则》第一百零四条的规定制作，用于上级人民检察院对下级人民检察院请示的问题进行审查。

1.6.3. 批复（行政公益诉讼用）

××××人民检察院
关于××××一案的批复

××检行公批复〔20××〕×号

（请示单位名称）：

  你院请示的××××一案，本院审查后认为×××。

此复

××年×月×日
（院印）

制作说明

  本文书根据《人民检察院公益诉讼办案规则》第一百零四条的规定制作，用于上级人民检察院对下级人民检察院请示的问题进行批复。

1.7. 指定管辖案件（行政公益诉讼）

1.7.1. 报请指定管辖意见书（行政公益诉讼用）

××××人民检察院

报请指定管辖意见书

××检行公报指〔20××〕×号

××××人民检察院：

本院于××××年××月××日受理的××××案，经审查，需报请你院指定管辖，现报告如下：

一、被监督行政机关基本情况

被监督行政机关：……（写明单位名称、地址、法定代表人或负责人姓名、职务等）。

二、案件基本情况

（一）案件线索来源情况

……（写明案件线索来源情况）。

（二）案件基本情况

……（写明案件基本情况）。

三、报请指定管辖的意见与理由

……（写明报请由本院/其他院指定管辖的具体理由）。

××年×月×日
（院印）

制作说明

一、本文书根据《人民检察院公益诉讼办案规则》第十七条的规定制作。下级人民检察院向上级人民检察院报请行政公益诉讼案件指定管辖时使用。

二、本文书加盖人民检察院印章。

1.7.2. 商请指定管辖函（行政公益诉讼用）

××××人民检察院
商请指定管辖函

××检行公商指〔20××〕×号

××××人民法院：

　　××××检察院办理的××××案，……（说明指定管辖理由）。经审查，本院拟指定××××人民检察院审查起诉。现商请你院指定××××法院审理。

××××年××月××日
（院印）

制作说明

　　一、本文书根据《人民检察院公益诉讼办案规则》制作。为人民检察院向同级人民法院商请审查起诉案件指定管辖时使用。

　　二、本文书一式两份，一份送达同级人民法院，一份保存备查。

　　三、本文书加盖人民检察院印章。

1.7.3. 报请指定管辖答复（行政公益诉讼用）

××××人民检察院

关于××××一案报请指定管辖的答复

××检行公指答〔20××〕×号

××××（报请指定管辖院）：

你院报请指定管辖的××××一案，经审查，……（说明指定管辖理由）。现将该案指定××××人民检察院管辖。请你院在接到本答复后×日内，将该案件移送××××人民检察院。

××××年××月××日

（院印）

制作说明

一、本文书为上级人民检察院对下级人民检察院报请指定管辖意见，答复指定其他人民检察院管辖时使用。

二、本文书加盖人民检察院印章。

1.7.4. 指定管辖决定书（行政公益诉讼用）

××××人民检察院
指定管辖决定书

××检行公指管〔20××〕×号

×××人民检察院：

××××××一案，……（说明指定管辖理由）。根据《人民检察院公益诉讼办案规则》第十七条（或者第十八条）的规定，现将该案指定你院管辖。

××××年×月×日

（院印）

制作说明

一、本文书根据《人民检察院公益诉讼办案规则》第十七条或者第十八条的规定制作。上级人民检察院将行政公益诉讼案件指定下级人民检察院管辖时使用。

二、本文书加盖人民检察院印章。

1.8.（不）批准延长审查起诉期限案件（行政公益诉讼）

1.8.1. 批准延长审查起诉期限决定书（行政公益诉讼用）

××××人民检察院

批准延长审查起诉期限决定书

××检行公批延〔20××〕××号

××××人民检察院：

你院于××××年××月××日提请批准延长××××案审查起诉期限，经审查认为，本案确有延长审查起诉必要。根据《人民检察院公益诉讼办案规则》第四十七条的规定，批准延长审查起诉期限一个月，自××××年××月××日至××××年××月××日。

××××年×月×日

（院印）

制作说明

一、本文书根据《人民检察院公益诉讼办案规则》第四十七条的规定制作。上级人民检察院批准下级人民检察院延长审查起诉期限时使用。

二、本文书加盖人民检察院印章。

1.8.2. 不批准延长审查起诉期限决定书（行政公益诉讼用）

××××人民检察院
不批准延长审查起诉期限决定书

××检行公不批延〔20××〕××号

××××人民检察院：

你院于××××年××月××日提请批准延长××××案审查起诉期限，经审查认为，本案没有需要延长审查起诉期限的情形。根据《人民检察院公益诉讼办案规则》第四十七条的规定，决定不批准延长该案审查起诉期限。

××××年××月××日
（院印）

制作说明

一、本文书根据《人民检察院公益诉讼办案规则》第四十七条的规定制作。上级人民检察院不批准下级人民检察院延长审查起诉期限时使用。

二、本文书加盖人民检察院印章。

2. 民事公益诉讼文书

2.1. 民事公益诉讼诉前审查

2.1.1. 报请移送案件线索意见书（民事公益诉讼用）

××××人民检察院
报请移送案件线索意见书

××检民公线报〔20××〕×号

×××人民检察院：

本院于××年×月×日受理×××（当事人）××××（违法行为）案件线索，经调查：

……（以下写明查明的案件线索情况，包括当事人基本情况，本院初步调查认定的事实及其证据、适用法律的意见，以及报请移送上级检察机关办理的理由）。

根据《人民检察院公益诉讼办案规则》第二十六条的规定，现将案件线索提请报送你院，请予审查。

××××年×月×日

（院印）

制作说明

一、本文书根据《人民检察院公益诉讼办案规则》第二十六条的规定制作。人民检察院对民事公益诉讼案件线索决定报请上级人民检察院时使用。

二、本文书加盖人民检察院印章。

2.1.2. 交办案件线索通知书（民事公益诉讼用）

××××人民检察院

交办案件线索通知书

××检民公线交〔20××〕×号

××××人民检察院：

本院于××年×月×日受理×××（当事人）××××（违法行为）案件线索，经调查：

……（以下写明查明的案件情况，本院初步调查认定的该案件线索事实及其证据、适用法律的意见，以及交由下级检察机关办理的理由）。根据《人民检察院公益诉讼办案规则》第十一条的规定，现将案件线索交由你院办理，办理结果应及时反馈本院。

××××年×月×日

（院印）

制作说明

一、本文书根据《人民检察院公益诉讼办案规则》第十一条的规定制作。人民检察院对民事公益诉讼案件线索决定交办下级人民检察院时使用。

二、本文书加盖人民检察院印章。

2.1.3. 移送案件线索通知书（民事公益诉讼用）

××××人民检察院
移送案件线索通知书

××检民公线移〔20××〕××号

××××人民检察院：

本院于××年×月×日受理×××（当事人）××××（违法行为）案件线索，经审查：

……（以下写明查明的案件情况，本院初步调查认定的该案件线索事实及其证据、适用法律的意见，以及移送同级检察机关办理的理由）。

根据《人民检察院公益诉讼办案规则》第二十六条的规定，现将该案件线索移送你院办理。

××年×月×日

（院印）

制作说明

一、本文书根据《人民检察院公益诉讼办案规则》第二十六条的规定制作。人民检察院对民事公益诉讼案件线索决定移送其他同级人民检察院时使用。

二、本文书加盖人民检察院印章。

2.1.4. 案件移送通知书（民事公益诉讼用）

×××× 人民检察院

案件移送通知书

××检民公案移〔20××〕××号

××××人民检察院：

　　×××××一案，根据……（写明移送案件的原因），现将本案及有关材料移送你院。

××年×月×日
（院印）

制作说明

一、本文书为人民检察院移送民事公益诉讼案件时使用。

二、本文书加盖人民检察院印章。

2.1.5. 初步调查报告（民事公益诉讼用）

关于××××一案的初步调查报告

本院在履行××职责中发现，××（当事人）××行为可能损害社会公共利益，现已完成初步调查。

一、当事人基本情况

当事人：……（自然人写明姓名、性别、出生年月日、身份证号码、民族、职业或者工作单位及职务、住址等；对于当事人为单位的，写明单位名称、住所地、法定代表人姓名、职务等）。

二、案件线索来源情况

……（写明案件线索来源情况）。

三、初步调查基本情况

……（写明社会公共利益受到损害情况和可能存在的违法行为情况）。

四、初步调查意见

承办案件的检察官（检察官办案组）认为，……（结合案件线索情况，阐明本案是否符合民事公益诉讼的立案条件）。

综上，根据《人民检察院公益诉讼办案规则》第二十七条、第八十五条的规定，建议……（提出是否立案的建议）。

承办人：××，××
××年×月×日

制作说明

本文书根据《人民检察院公益诉讼办案规则》第二十七条、第八十五条的规定制作。初步调查是否符合民事公益诉讼立案条件时使用。

2.1.6. 立案审批表（民事公益诉讼用）

××××人民检察院
立案审批表

案　号	
案件名称	
违法行为人	
案　由	
基本案情	
承办人意见	
部门负责人意见	
主管检察长意见	
备　注	

制作说明

一、本文书根据《人民检察院公益诉讼办案规则》第三十条的规定制作。初步调查后不制作《初步调查报告》时，报批民事公益诉讼案件线索是否符合立案条件时使用。

二、本文书由承办人制作，层报主管检察长审批。

2.1.7. 立案决定书（民事公益诉讼用）

××××人民检察院
立案决定书

××检民公立〔20××〕××号

本院在履行职责过程中发现××（违法行为人）可能存在××行为损害社会公共利益，根据《中华人民共和国民事诉讼法》第五十八条第二款、《人民检察院公益诉讼办案规则》第八十五条的规定，决定立案调查。

××年×月×日

（院印）

制作说明

一、本文书根据《中华人民共和国民事诉讼法》第五十八条第二款、《人民检察院公益诉讼办案规则》第八十五条的规定制作。人民检察院对民事公益诉讼案件决定立案时使用。

二、本文书加盖人民检察院印章。

2.1.8. 不立案决定书（民事公益诉讼用）

××××人民检察院

不立案决定书

××检民公不立〔20××〕×号

　　××××一案线索，本院经审查认为，……（写明不立案的理由）。根据《人民检察院公益诉讼办案规则》第三十条的规定，决定不立案。

××年×月×日

（院印）

制作说明

　　一、本文书根据《人民检察院公益诉讼办案规则》第三十条的规定制作。人民检察院对民事公益诉讼案件决定不立案时使用。

　　二、本文书加盖人民检察院印章。

2.1.9. 调查终结报告（民事公益诉讼用）

关于××××一案的调查终结报告

本院在履行××职责中发现，××（当事人）××行为损害社会公共利益。本院于××年×月×日立案。现已调查终结。

一、当事人基本情况

当事人：……（自然人写明姓名、性别、出生年月日、身份证号码、民族、职业或者工作单位及职务、住址等；对于被告为单位的，写明单位名称、住所地、法定代表人姓名、职务等）。

二、案件基本情况

（一）案件线索来源情况

……（写明案件线索来源情况）。

（二）社会公共利益受到损害情况及证据

……（写明社会公共利益受到损害的情况，并列明证据及证明目的。检察机关调查取证的，应说明调查收集证据情况，如何时何地采用何种调查手段对哪些证据进行了调查收集）。

（三）违法行为情况及证据

……（写明当事人违法行为情况，并列明证据及证明目的。检察机关调查取证的，应说明调查收集证据情况，如何时何地采用何种调查手段对哪些证据进行了调查收集）。

三、调查终结意见

承办案件的检察官（检察官办案组）认为，……（结合审查认定的案件情况，依照法律、法规和司法解释相关规定，详细论述本案是否进行公告）。

综上所述，××（当事人）××行为……（概括说明是否符合进行诉前程序的条件。）现根据《中华人民共和国民事诉讼法》第五十八条第二款和《人民检察院公益诉讼办案规则》第九十条（或者第九十一条）的规定，建议……（提出调查终结处理建议，决定终结案件或者进行公告）。

四、其他需要说明的情况

……（写明本案其他需要说明的情况，如案件风险评估、领导批示等其他重要情况）。

承办人：××，××

××年×月×日

制作说明

本文书根据《人民检察院公益诉讼办案规则》第八十九条的规定制作。调查终结后对民事公益诉讼案件作出终结案件或者公告等的调查处理意见时使用。

2.1.10. 公告（民事公益诉讼用）

××××人民检察院

公 告

××检民公告〔20××〕×号

本院在履行职责中发现，……（检察机关查明的违法行为造成社会公共利益受到损害的基本情况）。根据《中华人民共和国民事诉讼法》第五十八条规定，法律规定的机关和有关组织可以提起民事公益诉讼，法律规定的机关和有关组织提起诉讼的，人民检察院可以支持起诉。现根据《中华人民共和国民事诉讼法》第五十八条第二款、《人民检察院公益诉讼办案规则》第九十一条的规定发出公告，请拟提起民事公益诉讼（和启动生态环境损害赔偿程序）的机关和社会组织，在本公告发出三十日内将有关情况书面反馈本院。

［英烈保护领域案件：

本院在履行职责中发现，……（检察机关查明的违法行为造成社会公共利益受到损害的基本情况）。根据《中华人民共和国英雄烈士保护法》第二十五条第二款、《人民检察院公益诉讼办案规则》第九十二条、第一百条的规定，英雄烈士等的近亲属提起的维护英雄烈士等的姓名、肖像、名誉、荣誉的民事诉讼案件，人民检察院可以支持起诉。现根据《中华人民共和国英雄烈士保护法》第二十五条第二款、《人民检察院公益诉讼办案规则》第九十二条的规定发出公告，请拟提起民事诉讼的英雄烈士等的近亲属在本公告发出三十日内将有关情况书面反馈本院。］

邮寄地址：

联系电话：

特此公告。

×× 年 × 月 × 日

（院印）

制作说明

一、本文书根据《中华人民共和国民事诉讼法》第五十八条第二款、《中华人民共和国英雄烈士保护法》第二十五条第二款、《人民检察院公益诉讼办案规则》第九十一条、第九十二条的规定制作。人民检察院对民事公益诉讼案件履行诉前程序，决定公告告知法律规定的机关和有关组织提起民事公益诉讼（和启动生态环境损害赔偿程序）、告知英雄烈士等的近亲属提起民事诉讼时使用。

二、本文书应当在发行范围为全国的媒体上发布。

三、本文书加盖人民检察院印章。

2.1.11. 审查终结报告（民事公益诉讼用）

关于××××一案的审查终结报告

本院在履行××职责中发现，××（当事人）××行为损害社会公共利益。本院于××年×月×日立案，××年×月×日履行公告程序（或者其他诉前程序）。现已审查终结。

一、当事人基本情况

当事人：……（自然人写明姓名、性别、出生年月日、身份证号码、民族、职业或者工作单位及职务、住址等；对于被告为单位的，写明单位名称、住所地、法定代表人姓名、职务等）。

二、案件基本情况

（一）案件线索来源情况

……（写明案件线索来源情况）。

（二）社会公共利益受到损害情况及证据

……（写明社会公共利益受到损害的情况，并列明证据及证明目的。检察机关调查取证的，应说明调查收集证据情况，如何时何地采用何种调查手段对哪些证据进行了调查收集）。

（三）违法行为情况及证据

……（写明当事人违法行为情况，并列明证据及证明目的。检察机关调查取证的，应说明调查收集证据情况，如何时何地采用何种调查手段对哪些证据进行了调查收集）。

三、公告程序情况

……（写明公告或者其他方式的诉前程序的方式、时间等）。

四、跟进调查情况

……（写明公告等程序后法律规定的机关和有关组织或者英雄烈士等的近亲属的反馈、起诉情况，以及公告期满后当事人的违法行为和社会公共利益受损情况)。

五、审查终结意见

承办案件的检察官办案组认为,……(结合审查认定的案件情况,依照法律、法规和司法解释相关规定,详细论述本案是否符合提起民事公益诉讼的条件)。

综上所述,××(当事人)××行为……(概括说明是否符合提起民事公益诉讼的条件,若符合提起民事公益诉讼条件是否由本院提起诉讼。)现根据《中华人民共和国民事诉讼法》第五十八条第二款和《人民检察院公益诉讼办案规则》第九十五条(或者第九十六条或者第十六条)的规定,建议……(提出审查处理建议,决定终结案件或者提起民事公益诉讼或者移送其他院审查起诉)。

六、其他需要说明的情况

……(写明本案其他需要说明的情况,如案件风险评估、领导批示等其他重要情况)。

承办人:××,××

××年×月×日

制作说明

一、本文书根据《中华人民共和国民事诉讼法》第五十八条第二款、《人民检察院公益诉讼办案规则》第九十四条的规定制作。由检察官在审查起诉阶段对案件审查、讨论完毕后制作审查报告时使用。

二、审查报告应当全面、客观、公正地叙述案件事实,依据法律规定提出处理建议。

2.1.12. 终结案件决定书（民事公益诉讼用）

××××人民检察院
终结案件决定书

××检民公终〔20××〕××号

本院在办理××××（写明当事人姓名、名称，案由）一案中，因……（写明终结案件的事由），根据《人民检察院公益诉讼办案规则》第九十条的规定，决定终结案件。

××年×月×日
（院印）

制作说明

一、本文书根据《人民检察院公益诉讼办案规则》第九十条的规定制作。人民检察院对民事公益诉讼案件作出终结案件决定时使用。

二、本文书加盖人民检察院印章。

2.1.13. 中止审查决定书（民事公益诉讼用）

××××人民检察院

中止审查决定书

××检民公中〔20××〕×号

本院在办理××××一案中，因……（写明中止审查的事由），决定本案中止审查。

××年×月×日
（院印）

制作说明

一、本文书为人民检察院对民事公益诉讼案件中止审查时使用。

二、本文书加盖人民检察院印章。

2.1.14. 恢复审查决定书（民事公益诉讼用）

××××人民检察院
恢复审查决定书

××检民公恢〔20××〕×号

本院在办理××××一案中，因……（写明恢复审查的事由），决定本案恢复审查。

××年×月×日

（院印）

制作说明

一、本文书为人民检察院对民事公益诉讼案件恢复审查时使用。

二、本文书加盖人民检察院印章。

2.1.15. 延长审查起诉期限审批表（民事公益诉讼用）

××××人民检察院
延长审查起诉期限审批表

案件名称			
立案时间		诉前程序时间	
因该案……（写明需要延长审查起诉期限的原因），根据《人民检察院公益诉讼办案规则》第四十七条的规定，需延长审查起诉期限，时间从××年×月×日至××年×月×日，请批示。 承办人：			
主管检察长意见			
备注			

制作说明

本文书依据《人民检察院公益诉讼办案规则》第四十七条的规定制作。为承办检察官对于民事公益诉讼案件不能按期作出审查起诉决定的，申请延长审查起诉期限时使用。

2.1.16. 报请延长审查起诉期限意见书（民事公益诉讼用）

××××人民检察院
报请延长审查起诉期限意见书

××检民公报延〔20××〕×号

××××人民检察院：

本院于××年×月×日对×××（违法行为人）××××（违法行为）案件立案，并于××年×月×日履行×××（诉前程序）。经审查：

……（写明查明的案件简要情况、本院延长审查起诉期限的理由、情况和报请上级院延长审查起诉期限的理由）。

根据《人民检察院公益诉讼办案规则》第四十七条的规定，现报请你院批准延长审查起诉期限，时间从××年×月×日至××年×月×日。请批示。

××年×月×日
（院印）

制作说明

一、本文书根据《人民检察院公益诉讼办案规则》第四十七条的规定制作。下级人民检察院对民事公益诉讼案件不能按期作出审查起诉决定，报请上级人民检察院批准延长审查起诉期限时使用。

二、本文书加盖人民检察院印章。

2.1.17. 移送审查起诉意见书（民事公益诉讼用）

××××人民检察院

移送审查起诉意见书

×××人民检察院：

本院于××××年××月××日立案的××××案，经审查需移送你院审查起诉：

一、当事人基本情况

当事人：……（自然人写明姓名、性别、出生年月日、身份证号码、民族、职业或者工作单位及职务、住址等；对于当事人为单位的，写明单位名称、住所地、法定代表人姓名、职务等）。

二、案件基本情况

（一）案件线索来源情况

……（写明案件线索来源情况）。

（二）案件基本情况

……（写明查明的案件情况，包括：社会公共利益受到侵害的情况、当事人违法行为情况、诉前程序履行情况、跟进调查情况等，并列明证据和证明目的）。

三、移送审查起诉的意见及理由

……（写明本院审查起诉的具体意见及移送审查起诉的理由）。现根据《人民检察院公益诉讼办案规则》第十六条的规定，将本案移送你院审查起诉。

四、其他需要说明的情况

……（写明本案其他需要说明的情况，如案件风险评估、领导批示等其他重要情况）。

××年×月×日
（院印）

制作说明

一、本文书根据《人民检察院公益诉讼办案规则》第十六条的规定制作,用于向有起诉管辖权的人民检察院移送民事公益诉讼案件审查起诉。

二、本文书应加盖院章。

2.2. 民事公益诉讼一审

2.2.1. 民事公益诉讼起诉书（民事公益诉讼用）

××××人民检察院

民事公益诉讼起诉书

××检民公诉〔20××〕×号

公益诉讼起诉人：×××人民检察院

被告：……（写明姓名、性别、出生年月日、身份证号码、民族、职业或者工作单位及职务、住址等；被告为单位的，写明单位名称、住所地、法定代表人姓名、职务等）。

诉讼请求：

……（写明具体的诉讼请求，检察机关可以提出要求被告停止侵害、排除妨碍、消除危险、恢复原状、赔偿损失、赔礼道歉等诉讼请求）。

事实和理由：

本院在履行×××职责中发现，×××（被告）×××行为损害社会公共利益。本院于××××年××月××日立案，××××年××月××日履行公告程序（或者其他方式的诉前程序）。

经依法审查查明：……（写明案件线索来源、检察机关审查认定的社会公共利益受到损害的事实、被告的违法行为、诉前程序履行及跟进调查情况等内容）。

认定上述事实的证据如下：

……（针对上述事实分别列举证据）。

本院认为，……（概述被告的违法行为造成社会公共利益受到损害并应承担民事责任的理由），根据……（引用被告应承担民事责任的法律条款）的规定，应承担……责任。检察机关发现被告违法行为后……（写明检察机关起诉前进行的诉前公告程序），公告期满后……机关（组织）没有提起民事公益诉讼（或者没有适格主体提起诉讼），社会公共利益仍处于受损害状态。现根据《中华人民共和国民事诉讼法》第五十八条第二款、《人民检察院公益诉讼办案规则》第九十六条的规定，向你院提起诉讼，请依法裁判。

此致
×××人民法院

××××年×月×日
（院印）

附件：1. 检察卷宗×册；
2. 民事公益诉讼起诉书副本×份；
3. 证人、鉴定人、需要出庭的具有专门知识的人员名单；
4. 其他需要附注的事项。

制作说明

一、本文书根据《人民检察院公益诉讼办案规则》第九十六条的规定制作。人民检察院向人民法院提起民事公益诉讼时使用。

二、本文书发送人民法院，并按照被告人数提出副本。

三、本文书加盖人民检察院印章。

2.2.2. 派员出庭通知书（民事公益诉讼用）

××××人民检察院

派员出庭通知书

××检民公派〔20××〕×号

你院定于××××年×月×日开庭审理的×××一案，根据《最高人民法院、最高人民检察院关于检察公益诉讼案件适用法律若干问题的解释》第八条第二款和《人民检察院公益诉讼办案规则》第四十九条（如出席二审法庭，适用《最高人民法院、最高人民检察院关于检察公益诉讼案件适用法律若干问题的解释》第十一条和《人民检察院公益诉讼办案规则》第六十三条）的规定，本院决定委派×××（法律职务、姓名）代表本院出席法庭，依法履行职责。

此致
×××人民法院

××××年×月×日

（院印）

制作说明

一、本文书根据《最高人民法院、最高人民检察院关于检察公益诉讼案件适用法律若干问题的解释》第八条第二款、第十一条和《人民检察院公益诉讼办案规则》第四十九条、第六十三条的规定制作。人民检察院派员出席法庭时使用。

二、提起诉讼的人民检察院派员出席一审法庭时，适用《最高人民法院、最高人民检察院关于检察公益诉讼案件适用法律若干问题的解释》第八条第二款和《人民检察院公益诉讼办案规则》第四十九条；提起诉讼的人民检察院或者上一级人民检察院派员出席二审法庭时，适用《最高人民法院、最高人民检察院关于检察公益诉讼案件适用法律若干问题的解释》第十一条和《人民检察院公益诉讼办案规则》第六十三条。

三、本文书应当在收到人民法院出庭通知书之日起三日内发送人民法院。

四、本文书加盖人民检察院印章。

2.2.3. 出庭意见书（民事公益诉讼一审用）

××××人民检察院

出庭意见书

被 告 ×××

案 由 ×××

起诉书号 ×××

审判长、审判员（人民陪审员）：

根据《中华人民共和国民事诉讼法》第五十八条第二款、《最高人民法院、最高人民检察院关于检察公益诉讼案件适用法律若干问题的解释》第九条、《人民检察院公益诉讼办案规则》第五十一条的规定，我（们）受×××人民检察院的指派，代表本院出席法庭，并依法对民事诉讼实行法律监督。现对本案证据和案件情况发表如下意见，请法庭注意。

……（结合案情重点阐述以下问题：

一、根据法庭调查的情况，概述法庭质证的情况、各证据的证明作用，并运用各证据之间的逻辑关系证明被告违法事实清楚，证据确实充分。

二、根据被告的违法事实，论证应适用的法律条款及被告应承担的法律责任。

三、根据庭审情况，在论证被告违法行为损害社会公共利益的基础上，作必要的法制宣传和教育工作。）

综上所述，本案被告×××的违法事实清楚，证据确实充分，建议依法判令被告×××（承担赔偿损失、恢复原状等相应民事责任）。

检察员：××

××××年×月×日当庭发表

> **制作说明**
>
> 　　一、本文书根据《中华人民共和国民事诉讼法》第五十八条第二款、《最高人民法院、最高人民检察院关于检察公益诉讼案件适用法律若干问题的解释》第九条、《人民检察院公益诉讼办案规则》第五十一条的规定制作。
>
> 　　二、人民检察院出庭人员在民事公益诉讼一审案件中发表出庭意见时使用。

2.2.4. 出庭预案（民事公益诉讼用）

×××民事公益诉讼案
出庭预案

一、检察机关出庭情况简介

公益诉讼起诉人：×××人民检察院

开庭时间：××××年××月××日

开庭地点：×××人民法院

出庭人员：×××（法律职务）

×××（法律职务）

×××（法律职务）

二、出庭人员分工

1.×××负责宣读民事公益诉讼起诉书、宣读出庭意见书，发表出庭意见。

2.×××负责庭审答辩、出示部分证据。

3.×××负责庭审答辩、出示部分证据、法庭辩论。

三、证据出示提纲

为充分证明本院诉求合理合法，便于合议庭及旁听人员更加清晰地了解本案案情，公益诉讼起诉人将分×组证据进行举证。

第一组证据：证明案件来源的相关证据

证明目的：××××××。

证据一：××××××。

证据二：××××××。

（以下每组证据均列明证明目的、主要证据）

第二组证据：被告违法行为情况

第三组证据：社会公共利益受损情况

第四组证据：检察机关履行诉前程序的证据

……

四、质证预案

（质证过程中可能遇到的问题。）

五、辩论预案

预案归纳争议焦点如下：

1.××××××

2.××××××

（辩论预案）

焦点一：××××××

焦点二：××××××

焦点三：××××××

六、出庭意见

（公益诉讼起诉人结合案件事实、证据及法律适用，撰写出庭意见提纲。）

制作说明

本文书根据《人民检察院公益诉讼办案规则》制作，参考用于民事公益诉讼案件开庭前准备工作。

2.2.5. 变更诉讼请求决定书（民事公益诉讼用）

××××人民检察院
变更诉讼请求决定书

××检民公变诉〔20××〕××号

本院以××号民事公益诉讼起诉书提起的诉被告××民事公益诉讼一案，因××（写明变更诉讼请求的原因），决定变更诉讼请求为……（写明变更后的诉讼请求）。

此致
×××人民法院

××年×月×日
（院印）

制作说明

一、本文书为人民检察院决定对民事公益诉讼变更诉讼请求时使用。
二、本文书一份发送人民法院，一份附卷。
三、本文书加盖人民检察院印章。

2.2.6. 撤回部分诉讼请求决定书（民事公益诉讼用）

××××人民检察院
撤回部分诉讼请求决定书

××检民公撤部诉〔20××〕××号

本院以××号民事公益诉讼起诉书提起的诉被告×××民事公益诉讼一案，因×××（写明撤回部分诉讼请求的原因），决定撤回关于×××（写明撤回部分诉讼请求的内容）一项的诉讼请求。

此致
×××人民法院

××年×月×日
（院印）

制作说明

一、本文书为人民检察院决定对民事公益诉讼案件撤回部分诉讼请求时使用。
二、本文书发送人民法院。
三、本文书加盖人民检察院印章。

2.2.7. 追加起诉决定书（民事公益诉讼用）

××××人民检察院

追加起诉决定书

××检民公追诉〔20××〕××号

本院以××号民事公益诉讼起诉书提起的诉被告×××民事公益诉讼一案，因×××（写明追加起诉的原因），决定追加×××（追加的被告及追加的诉讼请求）。

此致
×××人民法院

××××年×月×日
（院印）

制作说明

一、本文书为人民检察院决定对民事公益诉讼追加被告及相应诉讼请求时使用。

二、本文书发送人民法院。

三、本文书加盖人民检察院印章。

2.2.8. 撤回起诉决定书（民事公益诉讼用）

××××人民检察院

撤回起诉决定书

××检民公撤诉〔20××〕×号

本院以××号民事公益诉讼起诉书提起的诉被告×××民事公益诉讼一案，因×××（写明撤回起诉的原因），根据《最高人民法院、最高人民检察院关于检察公益诉讼案件适用法律若干问题的解释》第十九条、《人民检察院公益诉讼办案规则》第九十九条的规定，决定撤回起诉。

此致
×××人民法院

××××年×月×日
（院印）

制作说明

一、本文书根据《最高人民法院、最高人民检察院关于检察公益诉讼案件适用法律若干问题的解释》第十九条、《人民检察院公益诉讼办案规则》第九十九条的规定制作。人民检察院决定对民事公益诉讼案件撤回起诉时使用。

二、本文书发送人民法院。

三、本文书加盖人民检察院印章。

2.2.9. 支持起诉审查报告（民事公益诉讼用）

关于×××一案的支持起诉审查报告

×××一案，×××（法律规定的机关或者有关组织）于××××年××月××日向×××人民法院提起民事公益诉讼（或者拟向×××人民法院提起民事公益诉讼）。本院于××××年××月××日立案。现已审查终结。

一、当事人基本情况

原告：……（写明单位名称、住所地、法定代表人姓名、职务等）。

被告：……（自然人写明姓名、性别、出生年月日、身份证号码、民族、职业或者工作单位及职务、住址等；对于被告为单位的，写明单位名称、住所地、法定代表人姓名、职务等）。

二、案件基本情况

……（写明案件来源情况，包括检察机关立案发布公告、原告申请支持起诉情况等。被告违法行为情况及社会公共利益受到损害的情况。检察机关调查取证的，应说明调查收集证据情况，并列明证据及证明目的）。

三、审查意见

承办人（办案组）认为，……（结合审查认定的案件情况，依照法律、法规和司法解释相关规定，详细论述本案支持起诉的理由）。

综上所述，……（概括说明是否符合支持起诉的条件）。现根据《中华人民共和国民事诉讼法》第五十八条第二款和《人民检察院公益诉讼办案规则》第一百条的规定，建议……（提出审查处理建议，决定支持起诉或不支持起诉）。

四、其他需要说明的情况

……（写明本案其他需要说明的情况，如案件风险评估、领导批示等其他重要情况）。

承办人：×××，×××

××××年×月×日

制作说明

一、本文书根据《中华人民共和国民事诉讼法》第五十八条第二款、《人民检察院公益诉讼办案规则》第一百条的规定制作。由检察官对支持起诉案件在案件审查后制作审查报告时使用。

二、审查报告应当全面、客观、公正地叙述案件事实，依据法律规定提出处理建议。

2.2.10. 不支持起诉决定书（民事公益诉讼用）

××××人民检察院

不支持起诉决定书

××检民公不支诉〔20××〕×号

_____（申请人）于____年__月__日因_____一案向本院申请支持起诉。本院经审查认为不符合支持起诉条件，决定不支持起诉。

××××年×月×日

（院印）

制作说明

一、本文书根据《人民检察院公益诉讼办案规则》第一百条的规定制作。人民检察院决定不支持适格主体提起诉讼时使用。

二、本文书发送支持起诉申请人。

三、本文书加盖人民检察院印章。

2.2.11. 支持起诉意见书（民事公益诉讼用）

××××人民检察院
支持起诉意见书

××检民公支诉〔20××〕×号

支持起诉机关：×××人民检察院

原告：×××（写明法律规定的机关或有关组织名称、住所地、法定代表人姓名、职务等）。

被告：×××（自然人写明姓名、性别、出生年月日、身份证号码、民族、职业或者工作单位及职务、住址等；对于被告为单位的，写明单位名称、住所地、法定代表人姓名、职务等）。

根据……（案件来源，如根据原告的申请，检察机关立案后履行诉前程序的，写明相关情况），本院依法进行了审查，决定支持起诉。经审查查明：

……（写明案件基本事实及证据情况）。

本院认为，……（写明支持原告起诉的理由，分析法律关系与责任）。依据《中华人民共和国民事诉讼法》第五十八条第二款和《人民检察院公益诉讼办案规则》第一百条的规定，特支持×××（原告）对×××（被告）提起诉讼，请依法裁判。

此致
×××人民法院

××××年×月×日
（院印）

附件：相关证据材料

制作说明

一、本文书根据《中华人民共和国民事诉讼法》第五十八条第二款、《人民检察院公益诉讼办案规则》第一百条的规定制作。人民检察院决定支持适格主体提起诉讼时使用。

二、本文书发送人民法院和被支持起诉的原告。

三、本文书加盖人民检察院印章。

《人民检察院公益诉讼办案规则》理解与适用

2.2.12. 撤回支持起诉决定书（民事公益诉讼用）

××××人民检察院
撤回支持起诉决定书

××检民公支撤诉〔20××〕×号

本院以××号支持起诉意见书支持×××提起的诉被告×××一案，因×××（写明撤回支持起诉的原因），根据《人民检察院公益诉讼办案规则》第一百零二条的规定，决定撤回支持起诉。

此致
×××人民法院

××××年×月×日
（院印）

制作说明

一、本文书根据《人民检察院公益诉讼办案规则》第一百零二条的规定制作。人民检察院决定对民事公益诉讼案件撤回支持起诉时使用。

二、本文书发送人民法院和被支持起诉的原告。

三、本文书加盖人民检察院印章。

2.3. 刑事附带民事公益诉讼一审

2.3.1. 刑事附带民事公益诉讼起诉书（刑事附带民事公益诉讼用）

××××人民检察院
刑事附带民事公益诉讼起诉书

××检刑附民公诉〔20××〕×号

公益诉讼起诉人：×××人民检察院

被告：……（写明姓名、性别、出生年月日、身份证号码、民族、职业或者工作单位及职务、住址等；被告为单位的，写明单位名称、住所地、法定代表人姓名、职务等）。

诉讼请求：

……（写明具体的诉讼请求，检察机关可以提出要求被告停止侵害、排除妨碍、消除危险、恢复原状、赔偿损失、赔礼道歉等诉讼请求）。

事实和理由：

经依法审查查明，……（写明检察机关审查认定的导致社会公共利益受到损害的违法事实）。

认定上述事实的证据如下：

……（针对上述事实分别列举证据）。

本院认为，……（概述被告的违法行为造成社会公共利益受到损害并应承担民事责任的理由），根据……（引用被告应承担民事责任的法律条款）的规定，应承担……责任。因被告×××的上述行为构成×××罪，依法应当追究刑事责任，本院已于××××年×月×日以××号起诉书向你院提起公诉。现根据《中华人民共和国民事诉讼法》第五十八条第二款、《最高人民法院、最高人民检察院关于检察公益诉讼案件适用法律若干问题的解释》第二十条、《人民检察院公益诉讼办案规则》第九十七条的规定，向你院提起附带民事公益诉讼，请依法裁判。

此致
×××人民法院

××××年×月×日
（院印）

附件：1. 检察卷宗 × 册；
2. 刑事附带民事公益诉讼起诉书副本 × 份；
3. 证人、鉴定人、需要出庭的具有专门知识的人员名单；
4. 其他需要附注的事项。

制作说明

一、本文书根据《人民检察院公益诉讼办案规则》第九十七条的规定制作。人民检察院向人民法院提起刑事附带民事公益诉讼时使用。

二、本文书发送人民法院，并按照被告人数提出副本。

三、本文书加盖人民检察院印章。

2.3.2. 派员出庭通知书（刑事附带民事公益诉讼用）

××××人民检察院

派员出庭通知书

××检刑附民公派〔20××〕×号

你院定于××××年×月×日开庭审理的×××刑事附带民事公益诉讼一案，根据《最高人民法院、最高人民检察院关于检察公益诉讼案件适用法律若干问题的解释》第八条第二款和《人民检察院公益诉讼办案规则》第四十九条（如出席二审法庭，适用《最高人民法院、最高人民检察院关于检察公益诉讼案件适用法律若干问题的解释》第十一条和《人民检察院公益诉讼办案规则》第六十三条）的规定，本院决定委派×××（法律职务、姓名）代表本院出席法庭，依法履行职责。

此致

×××人民法院

××××年×月×日
（院印）

制作说明

一、本文书根据《最高人民法院、最高人民检察院关于检察公益诉讼案件适用法律若干问题的解释》第八条第二款、第十一条和《人民检察院公益诉讼办案规则》第四十九条、第六十三条的规定制作。人民检察院派员出席法庭时使用。

二、提起诉讼的人民检察院派员出席一审法庭时，适用《最高人民法院、最高人民检察院关于检察公益诉讼案件适用法律若干问题的解释》第八条第二款和《人民检察院公益诉讼办案规则》第四十九条；提起诉讼的人民检察院或者上一级人民检察院派员出席二审法庭时，适用《最高人民法院、最高人民检察院关于检察公益诉讼案件适用法律若干问题的解释》第十一条和《人民检察院公益诉讼办案规则》第六十三条。

三、本文书应当在收到人民法院出庭通知书之日起三日内发送人民法院。

四、本文书加盖人民检察院印章。

2.3.3. 出庭意见书（刑事附带民事公益诉讼一审用）

××××人民检察院

出庭意见书

被告×××

案由×××

起诉书号×××

审判长、审判员（人民陪审员）：

根据《中华人民共和国民事诉讼法》第五十八条第二款、《最高人民法院、最高人民检察院关于检察公益诉讼案件适用法律若干问题的解释》第九条、《人民检察院公益诉讼办案规则》第五十一条的规定，我（们）受×××人民检察院的指派，代表本院出席法庭，并依法对刑事附带民事诉讼实行法律监督。现对本案证据和案件情况发表如下意见，请法庭注意。

……（结合案情重点阐述以下问题：

一、根据法庭调查的情况，概述法庭质证的情况、各证据的证明作用，并运用各证据之间的逻辑关系证明被告违法事实清楚，证据确实充分。

二、根据被告的违法事实，论证应适用的法律条款及被告应承担的法律责任。

三、根据庭审情况，在论证被告违法行为损害社会公共利益的基础上，作必要的法制宣传和教育工作。）

综上所述，本案被告×××的违法事实清楚，证据确实充分，建议依法判令被告×××（承担赔偿损失、恢复原状等相应民事责任）。

检察员：××

××××年×月×日当庭发表

制作说明

本文书根据《中华人民共和国民事诉讼法》第五十八条第二款、《最高人民法院、最高人民检察院关于检察公益诉讼案件适用法律若干问题的解释》第九条、《人民检察院公益诉讼办案规则》第五十一条的规定制作。人民检察院出庭人员在民事公益诉讼一审案件中发表出庭意见时使用。

2.3.4. 出庭预案（刑事附带民事公益诉讼用）

××××刑事附带民事公益诉讼案
出庭预案

一、检察机关出庭情况简介

公益诉讼起诉人：×××人民检察院

开庭时间：××年××月×××日

开庭地点：×××人民法院

出庭人员：×××（法律职务）

×××（法律职务）

×××（法律职务）

二、出庭人员分工

1.×××负责宣读刑事附带民事公益诉讼起诉书、宣读出庭意见书，发表出庭意见。

2.×××负责庭审答辩、出示部分证据。

3.×××负责庭审答辩、出示部分证据、法庭辩论。

三、证据出示提纲

为充分证明本院诉求合理合法，便于合议庭及旁听人员更加清晰地了解本案案情，公益诉讼起诉人将分×组证据进行举证。

第一组证据：证明案件来源的相关证据

证明目的：×××。

证据一：×××。

证据二：×××。

（以下每组证据均列明证明目的、主要证据）

第二组证据：被告违法行为情况

第三组证据：社会公共利益受损情况

第四组证据：检察机关履行诉前程序的证据

......

四、质证预案

（质证过程中可能遇到的问题。）

五、辩论预案

预案归纳争议焦点如下：

1.××××××

2.××××××

（辩论预案）

焦点一：××××××

焦点二：××××××

焦点三：××××××

六、出庭意见

（公益诉讼起诉人结合案件事实、证据及法律适用，撰写出庭意见提纲。）

制作说明

本文书根据《人民检察院公益诉讼办案规则》制作，参考用于刑事附带民事公益诉讼案件开庭前准备工作。

2.3.5. 变更诉讼请求决定书（刑事附带民事公益诉讼用）

××××人民检察院
变更诉讼请求决定书

××检刑附民公变诉〔20××〕××号

本院以××号刑事附带民事公益诉讼起诉书提起的诉被告××刑事附带民事公益诉讼一案，因××（写明变更诉讼请求的原因），决定变更诉讼请求为……（写明变更后的诉讼请求）。

此致
×××人民法院

××年×月×日
（院印）

制作说明

一、本文书为人民检察院决定对刑事附带民事公益诉讼变更诉讼请求时使用。

二、本文书一份发送人民法院，一份附卷。

三、本文书加盖人民检察院印章。

2.3.6. 撤回部分诉讼请求决定书（刑事附带民事公益诉讼用）

××××人民检察院
撤回部分诉讼请求决定书

××检刑附民公撤部诉〔20××〕××号

本院以××号刑事附带民事公益诉讼起诉书提起的诉被告×××刑事附带民事公益诉讼一案，因×××（写明撤回部分诉讼请求的原因），决定撤回关于×××（写明撤回部分诉讼请求的内容）一项的诉讼请求。

此致
×××人民法院

××××年×月×日
（院印）

制作说明

一、本文书为人民检察院决定对刑事附带民事公益诉讼案件撤回部分诉讼请求时使用。

二、本文书发送人民法院。

三、本文书加盖人民检察院印章。

2.3.7. 追加起诉决定书（刑事附带民事公益诉讼用）

××××人民检察院
追加起诉决定书

×× 检刑附民公追诉〔20××〕×× 号

本院以 ×× 号刑事附带民事公益诉讼起诉书提起的诉被告 ××× 刑事附带民事公益诉讼一案，因 ×××（写明追加起诉的原因），决定追加 ×××（追加的被告及追加的诉讼请求）。

此致
××× 人民法院

×××× 年 × 月 × 日
（院印）

制作说明

一、本文书为人民检察院决定对刑事附带民事公益诉讼追加被告及相应诉讼请求时使用。
二、本文书发送人民法院。
三、本文书加盖人民检察院印章。

2.3.8. 撤回起诉决定书（刑事附带民事公益诉讼用）

××××人民检察院
撤回起诉决定书

××检刑附民公撤诉〔20××〕×号

本院以××号刑事附带民事公益诉讼起诉书提起的诉被告×××刑事附带民事公益诉讼一案，因×××（写明撤回起诉的原因），根据《最高人民法院、最高人民检察院关于检察公益诉讼案件适用法律若干问题的解释》第十九条、《人民检察院公益诉讼办案规则》第九十九条的规定，决定撤回起诉。

此致
×××人民法院

××××年×月×日
（院印）

制作说明

一、本文书根据《最高人民法院、最高人民检察院关于检察公益诉讼案件适用法律若干问题的解释》第十九条、《人民检察院公益诉讼办案规则》第九十九条的规定制作。人民检察院决定对刑事附带民事公益诉讼案件撤回起诉时使用。

二、本文书发送人民法院。

三、本文书加盖人民检察院印章。

2.4. 民事公益诉讼上诉

2.4.1. 上诉案件审查报告（民事公益诉讼上诉用）

关于×××一案上诉的审查报告

×××一案，×××人民法院于××××年××月××日作出×××（判决、裁定文号）判决（裁定），×××人民法院于××月××日将判决（裁定）书送达本院。（如一审被告上诉的，写明"一审被告×××于××××年××月××日提出上诉，×××人民法院于××××年××月××日将上诉状送达本院"。）现已审查终结。

一、一审被告基本情况

一审被告：……（写明姓名、性别、出生年月日、身份证号码、民族、职业或者工作单位及职务、住址等；被上诉人为单位的，写明单位名称、住所地、法定代表人姓名、职务等）。

二、一审法院审判情况

×××人民法院于××××年××月××日作出×××（判决、裁定文号）判决（裁定）。该院查明，……（简要说明法院查明的事实）。该院认为，……（裁判理由及内容）。

三、审查意见

承办案件的检察官（检察官办案组）认为，……（结合审查认定的案件情况，依照法律、法规和司法解释相关规定，详细论述法院判决、裁定认定事实是否清楚、适用法律是否正确、审判程序是否合法，本案是否符合提出上诉的条件等）。

综上所述，……（概括说明是否符合提出上诉的条件。）根据《最高人民法院、最高人民检察院关于检察公益诉讼案件适用法律若干问题的解释》第十条和《人民检察院公益诉讼办案规则》第五十八条（或者第六十二条）的规定，建议……（提出审查处理建议，是否提出上诉。如一审被告上诉的，提出答辩意见）。

四、其他需要说明的情况

……（写明本案其他需要说明的情况，如案件风险评估、领导批示等其他重要情况）。

承办人：×××，×××
××××年×月×日

制作说明

一、本文书根据《最高人民法院、最高人民检察院关于检察公益诉讼案件适用法律若干问题的解释》第十条、《人民检察院公益诉讼办案规则》第五十八条的规定制作。由提起诉讼的人民检察院在一审裁判审查阶段对案件审查后制作审查报告时使用。

二、审查报告应当全面、客观、公正地叙述案件事实，依据法律规定提出处理建议。

2.4.2. 民事公益诉讼上诉书（民事公益诉讼上诉用）

××××人民检察院

民事公益诉讼上诉书

××检民公上诉〔20××〕××号

公益诉讼上诉人：×××人民检察院

被上诉人：……（写明姓名、性别、出生年月日、身份证号码、民族、职业或者工作单位及职务、住址等；被上诉人为单位的，写明单位名称、住所地、法定代表人姓名、职务等）。

×××人民法院以××号民事判决（裁定）书对被告×××（姓名）×××（案由）一案判决（裁定）……（判决、裁定结果）。本院依法审查后认为，该判决（裁定）……（认定事实错误或者认定基本事实不清、适用法律错误、审判程序严重违法），理由如下：

……（根据不同情况，理由从认定事实错误或者认定基本事实不清、适用法律错误和审判程序严重违法等几个方面阐述）。

综上所述……（概括上述理由），为维护社会公共利益，依照《最高人民法院、最高人民检察院关于检察公益诉讼案件适用法律若干问题的解释》第十条和《人民检察院公益诉讼办案规则》第五十八条的规定，特提出上诉，请依法裁判。

此致
×××人民法院

××××年×月×日
（院印）

附件：1. 检察卷宗 × 册；

2. 民事公益诉讼上诉书副本 × 份；

3. 其他需要附注的事项。

制作说明

一、本文书根据《最高人民法院、最高人民检察院关于检察公益诉讼案件适用法律若干问题的解释》第十条、《人民检察院公益诉讼办案规则》第五十八条的规定制作。人民检察院向人民法院提出民事公益诉讼上诉时使用。

二、本文书发送一审人民法院，并按照被上诉人数提出副本。

三、本文书加盖人民检察院印章。

2.4.3. 出庭意见书（民事公益诉讼上诉用）

×××× 人民检察院

出庭意见书

被告×××

案由×××

上诉书号×××

审判长、审判员：

根据《最高人民法院、最高人民检察院关于检察公益诉讼案件适用法律若干问题的解释》第十一条和《人民检察院公益诉讼办案规则》第六十三条的规定，我（们）受×××人民检察院的指派，代表本院出席法庭。现对本案事实、证据、程序和一审人民法院判决（裁定）发表如下意见，请法庭注意。

……

［一、论证本案违法事实清楚，证据确实充分，或者一审法院认定事实、证据疏漏、有误之处；

二、案件诉讼程序是否合法；

三、论证被告违法行为性质、造成损害社会公共利益的后果，评析（被告）上诉理由；

四、论证一审裁判适用法律、审判程序是否正确，有误的，应提出改判建议。］

检察员：

××××年×月×日当庭发表

制作说明

本文书根据《最高人民法院、最高人民检察院关于检察公益诉讼案件适用法律若干问题的解释》第十一条和《人民检察院公益诉讼办案规则》第六十三条的规定制作。由提起诉讼的人民检察院出庭人员在民事公益诉讼二审案件中发表出庭意见时使用。

2.4.4. 撤回上诉决定书（民事公益诉讼上诉用）

××××人民检察院
撤回上诉决定书

××检民公撤上〔20××〕×号

  本院以×××号民事公益诉讼上诉书提出上诉的×××一案，因……（写明撤回上诉的具体理由），本院决定撤回上诉。
  此致
×××人民法院

××××年×月×日
（院印）

制作说明

  一、本文书根据《人民检察院公益诉讼办案规则》制作。提出上诉的人民检察院在民事公益诉讼二审案件中撤回上诉时使用。
  二、本文书发送二审人民法院。
  三、本文书加盖人民检察院印章。

2.5. 刑事附带民事公益诉讼上诉

2.5.1. 上诉案件审查报告（刑事附带民事公益诉讼上诉用）

关于×××一案上诉的审查报告

×××一案，×××人民法院于××××年××月××日作出×××（判决、裁定文号）判决（裁定），×××人民法院于××××年××月××日将判决（裁定）书送达本院。（如一审被告上诉的，写明"一审被告×××于××××年××月××日提出上诉，×××人民法院于××××年××月××日将上诉状送达本院"。）现已审查终结。

一、一审被告基本情况

一审被告：……（写明姓名、性别、出生年月日、身份证号码、民族、职业或者工作单位及职务、住址等；被上诉人为单位的，写明单位名称、住所地、法定代表人姓名、职务等）。

二、一审法院审判情况

×××人民法院于××××年××月××日作出×××（判决、裁定文号）判决（裁定）。该院查明，……（简要说明法院查明的事实）。该院认为，……（裁判理由及内容）。

三、审查意见

承办案件的检察官（检察官办案组）认为，……（结合审查认定的案件情况，依照法律、法规和司法解释相关规定，详细论述法院判决、裁定认定事实是否清楚、适用法律是否正确、审判程序是否合法，本案是否符合提出上诉的条件等）。

综上所述，……（概括说明是否符合提出上诉的条件）。根据《最高人民法院、最高人民检察院关于检察公益诉讼案件适用法律若干问题的解释》第十条和《人民检察院公益诉讼办案规则》第五十八条（或者第六十二条）的规定，建议……（提出审查处理建议，是否提出上诉。如一审被告上诉的，提出答辩意见）。

四、其他需要说明的情况

……（写明本案其他需要说明的情况，如案件风险评估、领导批示等其他重要情况）。

承办人：×××，×××

××××年×月×日

制作说明

一、本文书根据《最高人民法院、最高人民检察院关于检察公益诉讼案件适用法律若干问题的解释》第十条、《人民检察院公益诉讼办案规则》第五十八条、第六十二条的规定制作。由提起诉讼的人民检察院在一审裁判审查阶段对案件审查后制作审查报告时使用。

二、审查报告应当全面、客观、公正地叙述案件事实，依据法律规定提出处理建议。

2.5.2. 刑事附带民事公益诉讼上诉书（刑事附带民事公益诉讼上诉用）

××××人民检察院

刑事附带民事公益诉讼上诉书

××检刑附民公上诉〔20××〕××号

公益诉讼上诉人：×××人民检察院

被上诉人：……（写明姓名、性别、出生年月日、身份证号码、民族、职业或者工作单位及职务、住址等；被上诉人为单位的，写明单位名称、住所地、法定代表人姓名、职务等）。

×××人民法院以××号民事判决（裁定）书对被告×××（姓名）×××（案由）一案判决（裁定）……（判决、裁定结果）。本院依法审查后认为，该判决（裁定）……（认定事实错误或者认定基本事实不清、适用法律错误、审判程序严重违法），理由如下：

……（根据不同情况，理由从认定事实错误或者认定基本事实不清、适用法律错误和审判程序严重违法等几个方面阐述）。

综上所述……（概括上述理由），为维护社会公共利益，依照《最高人民法院、最高人民检察院关于检察公益诉讼案件适用法律若干问题的解释》第十条和《人民检察院公益诉讼办案规则》第五十八条的规定，特提出上诉，请依法裁判。

此致
×××人民法院

××××年×月×日
（院印）

附件：1. 检察卷宗 × 册；
2. 刑事附带民事公益诉讼上诉书副本 × 份；
3. 其他需要附注的事项。

制作说明

一、本文书根据《最高人民法院、最高人民检察院关于检察公益诉讼案件适用法律若干问题的解释》第十条、《人民检察院公益诉讼办案规则》第五十八条、第六十二条的规定制作。人民检察院向人民法院提出刑事附带民事公益诉讼上诉时使用。

二、本文书发送一审人民法院，并按照被上诉人数提出副本。

三、本文书加盖人民检察院印章。

2.5.3. 出庭意见书（刑事附带民事公益诉讼上诉用）

××××人民检察院
出庭意见书

被 告×××

案 由×××

上诉书号×××

审判长、审判员：

根据《最高人民法院、最高人民检察院关于检察公益诉讼案件适用法律若干问题的解释》第十一条和《人民检察院公益诉讼办案规则》第六十三条的规定，我（们）受×××人民检察院的指派，代表本院出席法庭。现对本案事实、证据、程序和一审人民法院判决（裁定）发表如下意见，请法庭注意。

……

［一、论证本案违法事实清楚，证据确实充分，或者一审法院认定事实、证据疏漏、有误之处；

二、案件诉讼程序是否合法；

三、论证被告违法行为性质、造成损害社会公共利益的后果，评析（被告）上诉理由；

四、论证一审裁判适用法律、审判程序是否正确，有误的，应提出改判建议。］

检察员：

××××年×月×日当庭发表

《人民检察院公益诉讼办案规则》理解与适用

制作说明

本文书根据《最高人民法院、最高人民检察院关于检察公益诉讼案件适用法律若干问题的解释》第十一条和《人民检察院公益诉讼办案规则》第六十三条的规定制作。由提起诉讼的人民检察院出庭人员在刑事附带民事公益诉讼二审案件中发表出庭意见时使用。

2.5.4. 撤回上诉决定书（刑事附带民事公益诉讼上诉用）

××××人民检察院
撤回上诉决定书

××检刑附民公撤上〔20××〕×号

本院以×××号刑事附带民事公益诉讼上诉书提出上诉的×××一案，因……（写明撤回上诉的具体理由），本院决定撤回上诉。

此致
×××人民法院

××××年×月×日
（院印）

制作说明

一、本文书根据《人民检察院公益诉讼办案规则》制作。提出上诉的人民检察院在刑事附带民事公益诉讼二审案件中撤回上诉时使用。

二、本文书发送二审人民法院。

三、本文书加盖人民检察院印章。

2.6. 民事公益诉讼二审

2.6.1. 二审案件审查报告（民事公益诉讼二审用）

关于×××一案二审的审查报告

×××一案，×××人民法院于××××年××月××日作出×××（判决、裁定文号）判决（裁定）。×××人民检察院于××××年××月××日将判决（裁定）书报送本院，拟提出上诉。[如提起诉讼的检察机关已经上诉的，写明×××人民检察院于××××年××月××日以×××（上诉书文号）上诉书对该判决（裁定）向×××人民法院提出上诉；如一审被告上诉的，写明"一审被告×××于××××年××月××日提出上诉，×××人民检察院于××××年××月××日将上诉状报送本院"。]现已审查终结。

一、一审被告基本情况

一审被告：……（写明姓名、性别、出生年月日、身份证号码、民族、职业或者工作单位及职务、住址等；被上诉人为单位的，写明单位名称、住所地、法定代表人姓名、职务等）。

二、一审法院审判情况

×××人民法院于××××年××月××日作出×××（判决、裁定文号）判决（裁定）。该院查明，……（简要说明法院查明的事实）。该院认为，……（裁判理由及内容）。

三、上诉意见

×××人民检察院于××××年××月××日将判决（裁定）书报送本院，拟提出上诉。[如提起诉讼的检察机关已经上诉的，写明×××人民检察院于××××年××月××日以×××（上诉书文号）上诉书对该判决（裁定）向×××人民法院提出上诉。]该院认为，……[提起诉讼的检察机关（拟）提出上诉的事实、理由及具体意见。如一审被告上诉的，写明被告上诉理由]。

四、二审审查意见

承办案件的检察官（检察官办案组）认为，……（结合审查认定的案件情况，依照法律、法规和司法解释相关规定，详细论述法院判决、裁定认定事实是否清楚、适用法律是否正确、审判程序是否合法，本案是否符合支持上诉的条件等）。

综上所述，……（概括说明是否符合支持上诉的条件。）根据《最高人民法院、最高人民检察院关于检察公益诉讼案件适用法律若干问题的解释》第十一条、《人民检察院公益诉讼办案规则》第五十八条（或者第六十一条或者第六十二条）的规定，建议……（提出审查处理建议，是否支持上诉或者指令撤回上诉或者指令下级院提出上诉，或者提出答辩意见等）。

五、其他需要说明的情况

……（写明本案其他需要说明的情况，如案件风险评估、领导批示等其他重要情况）。

承办人：×××，×××

××××年×月×日

制作说明

一、本文书根据《最高人民法院、最高人民检察院关于检察公益诉讼案件适用法律若干问题的解释》第十一条、《人民检察院公益诉讼办案规则》第五十八条的规定制作。由提起诉讼的上级人民检察院检察官（检察官办案组）在二审阶段对案件审查后制作审查报告时使用。

二、审查报告应当全面、客观、公正地叙述案件事实，依据法律规定提出处理建议。

2.6.2. 支持上诉意见书（民事公益诉讼二审用）

××××人民检察院

支持上诉意见书

××检民公支上〔20××〕×号

×××人民法院：

　　×××人民检察院以××号上诉书对×××人民法院××号（写明当事人姓名、案由）一案的民事判决（裁定）提出上诉。本院审查后认为，上诉正确，应予支持。……（简要说明支持的理由，可以在原上诉书基础上改变或补充新的上诉理由，也可以变更原上诉请求）。

　　综上所述，为维护社会公共利益，依照《最高人民法院、最高人民检察院关于检察公益诉讼案件适用法律若干问题的解释》第十一条、《人民检察院公益诉讼办案规则》第六十三条的规定，请你院依法支持上诉理由。

××××年×月×日
（院印）

制作说明

　　一、本文书根据《最高人民法院、最高人民检察院关于检察公益诉讼案件适用法律若干问题的解释》第十一条、《人民检察院公益诉讼办案规则》第六十三条的规定制作。上级人民检察院在民事公益诉讼二审案件中支持上诉时使用。

　　二、本文书发送二审人民法院。

　　三、本文书加盖人民检察院印章。

2.6.3. 出庭意见书（民事公益诉讼二审用）

××××人民检察院
出庭意见书

被告×××

案由×××

上诉书号×××

审判长、审判员：

根据《最高人民法院、最高人民检察院关于检察公益诉讼案件适用法律若干问题的解释》第十一条和《人民检察院公益诉讼办案规则》第六十三条的规定，我（们）受×××人民检察院的指派，代表本院出席法庭。现对本案事实、证据、程序和一审人民法院判决（裁定）发表如下意见，请法庭注意。

……

[一、论证本案违法事实清楚，证据确实充分，或者一审法院认定事实、证据疏漏、有误之处；

二、案件诉讼程序是否合法；

三、论证被告违法行为性质、造成损害社会公共利益的后果，评析（被告）上诉理由；

四、论证一审裁判适用法律、审判程序是否正确，有误的，应提出改判建议根据庭审情况发表或补充意见。]

检察员：××

××××年×月×日当庭发表

制作说明

本文书根据《最高人民法院、最高人民检察院关于检察公益诉讼案件适用法律若干问题的解释》第十一条和《人民检察院公益诉讼办案规则》第六十三条的规定制作。由上一级人民检察院出庭人员在民事公益诉讼二审案件中发表出庭意见时使用。

2.6.4. 指令提出上诉决定书（民事公益诉讼二审用）

××××人民检察院

指令提出上诉决定书

××检民公指上〔20××〕×号

×××人民检察院：

你院办理的×××一案，经本院审查，……（写明指令提出上诉的理由），应当提出上诉，现根据《人民检察院公益诉讼办案规则》第六十一条第二款的规定，指令你院依法提出上诉。

××××年×月×日
（院印）

制作说明

一、本文书依据《人民检察院公益诉讼办案规则》第六十一条第二款的规定制作。为上级人民检察院在上诉期限内，发现下级人民检察院应当提出上诉而没有提出上诉时使用。

二、本文书需写明被指令提出上诉的人民检察院名称、具体案件名称、制作日期，并加盖文书制作单位公章。

三、本文书以案为制作单位，由办理案件的人民检察院制作。

四、本文书一式二份，一份送达下级人民检察院，一份保存备查。

2.6.5. 指令撤回上诉决定书（民事公益诉讼二审用）

××××人民检察院
指令撤回上诉决定书

××检民公指撤上〔20××〕×号

×××人民检察院：

你院以×××号民事公益诉讼上诉书提出上诉的×××一案，经本院审查，……（写明指令撤回上诉的理由），现根据《人民检察院公益诉讼办案规则》第六十一条第一款的规定，指令你院撤回上诉。

××××年×月×日
（院印）

制作说明

一、本文书根据《人民检察院公益诉讼办案规则》第六十一条第一款的规定制作。为上级人民检察院认为提出上诉的人民检察院上诉不当时使用。

二、本文书发送下级人民检察院。

三、本文书加盖人民检察院印章。

2.7. 刑事附带民事公益诉讼二审

2.7.1. 二审案件审查报告（刑事附带民事公益诉讼二审用）

关于×××一案二审的审查报告

×××一案，×××人民法院于××××年××月××日作出×××（判决、裁定文号）判决（裁定）。×××人民检察院于××××年××月××日将判决（裁定）书报送本院，拟提出上诉。[如提起诉讼的检察机关已经上诉的，写明×××人民检察院于××××年××月××日以×××（上诉书文号）上诉书对该判决（裁定）向×××人民法院提出上诉；如一审被告上诉的，写明"一审被告×××于××××年××月××日提出上诉，×××人民检察院于××××年××月××日将上诉状报送本院"。]现已审查终结。

一、一审被告基本情况

一审被告：……（写明姓名、性别、出生年月日、身份证号码、民族、职业或者工作单位及职务、住址等；被上诉人为单位的，写明单位名称、住所地、法定代表人姓名、职务等）。

二、一审法院审判情况

×××人民法院于××××年××月××日作出×××（判决、裁定文号）判决（裁定）。该院查明，……（简要说明法院查明的事实）。该院认为，……（裁判理由及内容）。

三、上诉意见

×××人民检察院于××××年××月××日将判决（裁定）书报送本院，拟提出上诉。[如提起诉讼的检察机关已经上诉的，写明×××人民检察院于××××年××月××日以×××（上诉书文号）上诉书对该判决（裁定）向×××人民法院提出上诉。]该院认为，……

［提起诉讼的检察机关（拟）提出上诉的事实、理由及具体意见］。

四、二审审查意见

承办案件的检察官（检察官办案组）认为，……（结合审查认定的案件情况，依照法律、法规和司法解释相关规定，详细论述法院判决、裁定认定事实是否清楚、适用法律是否正确、审判程序是否合法，本案是否符合支持上诉的条件等）。

综上所述，……（概括说明是否符合支持上诉的条件。）根据《最高人民法院、最高人民检察院关于检察公益诉讼案件适用法律若干问题的解释》第十一条、《人民检察院公益诉讼办案规则》第五十八条（或者第六十一条或者第六十二条）的规定，建议……（提出审查处理建议，是否支持上诉或者指令撤回上诉，或者提出答辩意见等）。

五、其他需要说明的情况

……（写明本案其他需要说明的情况，如案件风险评估、领导批示等其他重要情况）。

承办人：×××，×××

××××年×月×日

制作说明

一、本文书根据《最高人民法院、最高人民检察院关于检察公益诉讼案件适用法律若干问题的解释》第十一条、《人民检察院公益诉讼办案规则》第五十八条的规定制作。由提起诉讼的上级人民检察院检察官（检察官办案组）在二审阶段对案件审查后制作审查报告时使用。

二、审查报告应当全面、客观、公正地叙述案件事实，依据法律规定提出处理建议。

2.7.2. 支持上诉意见书（刑事附带民事公益诉讼二审用）

××××人民检察院
支持上诉意见书

××检刑附民公支上〔20××〕×号

×××人民法院：

×××人民检察院以××号刑事附带民事公益诉讼上诉书对×××人民法院××号（写明当事人姓名、案由）一案的民事判决（裁定）提出上诉。本院审查后认为，上诉正确，应予支持。……（简要说明支持的理由，可以在原上诉书基础上改变或补充新的上诉理由，也可以变更原上诉请求）。

综上所述，为维护社会公共利益，依照《最高人民法院、最高人民检察院关于检察公益诉讼案件适用法律若干问题的解释》第十一条、《人民检察院公益诉讼办案规则》第六十三条的规定，请你院依法支持上诉理由。

××××年×月×日
（院印）

制作说明

一、本文书根据《最高人民法院、最高人民检察院关于检察公益诉讼案件适用法律若干问题的解释》第十一条、《人民检察院公益诉讼办案规则》第六十三条的规定制作。上级人民检察院在刑事附带民事公益诉讼二审案件中支持上诉时使用。

二、本文书发送二审人民法院。

三、本文书加盖人民检察院印章。

2.7.3. 出庭意见书（刑事附带民事公益诉讼二审用）

××××人民检察院

出庭意见书

被告×××

案由×××

上诉书号×××

审判长、审判员：

根据《最高人民法院、最高人民检察院关于检察公益诉讼案件适用法律若干问题的解释》第十一条和《人民检察院公益诉讼办案规则》第六十三条的规定，我（们）受×××人民检察院的指派，代表本院出席法庭。现对本案事实、证据、程序和一审人民法院判决（裁定）发表如下意见，请法庭注意。

......

[一、论证本案违法事实清楚，证据确实充分，或者一审法院认定事实、证据疏漏、有误之处；

二、案件诉讼程序是否合法；

三、论证被告违法行为性质、造成损害社会公共利益的后果，评析（被告）上诉理由；

四、论证一审裁判适用法律、审判程序是否正确，有误的，应提出改判建议根据庭审情况发表或补充意见。]

检察员：××
××××年×月×日当庭发表

制作说明

本文书根据《最高人民法院、最高人民检察院关于检察公益诉讼案件适用法律若干问题的解释》第十一条和《人民检察院公益诉讼办案规则》第六十三条的规定制作。由上一级人民检察院出庭人员在民事公益诉讼二审案件中发表出庭意见时使用。

2.7.4. 指令提出上诉决定书（刑事附带民事公益诉讼二审用）

××××人民检察院
指令提出上诉决定书

××检刑附民公指上〔20××〕×号

×××人民检察院：

你院办理的×××一案，经本院审查，……（写明指令提出上诉的理由），应当提出上诉，现根据《人民检察院公益诉讼办案规则》第六十一条第二款的规定，指令你院依法提出上诉。

××××年×月×日

（院印）

制作说明

一、本文书依据《人民检察院公益诉讼办案规则》第六十一条第二款的规定制作。为上级人民检察院在上诉期内，发现下级人民检察院应当提出上诉而没有提出上诉时使用。

二、本文书需写明被指令提出上诉的人民检察院名称、具体案件名称、制作日期，并加盖文书制作单位公章。

三、本文书以案为制作单位，由办理案件的人民检察院制作。

四、本文书一式二份，一份送达下级人民检察院，一份保存备查。

2.7.5. 指令撤回上诉决定书（刑事附带民事公益诉讼二审用）

××××人民检察院
指令撤回上诉决定书

××检刑附民公指撤上〔20××〕×号

×××人民检察院：

你院以×××号刑事附带民事公益诉讼上诉书提出上诉的×××一案，经本院审查，……（写明指令撤回上诉的理由），现根据《人民检察院公益诉讼办案规则》第六十一条第一款的规定，指令你院撤回上诉。

××××年×月×日

（院印）

制作说明

一、本文书根据《人民检察院公益诉讼办案规则》第六十一条第一款的规定制作。为上级人民检察院认为提出上诉的人民检察院上诉不当时使用。

二、本文书发送下级人民检察院。

三、本文书加盖人民检察院印章。

2.8. 民事公益诉讼再审

2.8.1. 出庭意见书（民事公益诉讼再审用）

××××人民检察院

出庭意见书

被告×××

案由×××

审判长、审判员：

根据《人民检察院公益诉讼办案规则》第六十五条的规定，我（们）受×××人民检察院的指派，代表本院出席法庭。现对本案事实、证据、程序和一审人民法院判决（裁定）发表如下意见，请法庭注意。

……

[一、论证本案违法事实清楚，证据确实充分，或者一审法院、二审法院认定事实、证据疏漏、有误之处；

二、案件诉讼程序是否合法；

三、论证被告违法行为性质、造成损害社会公共利益的后果，评析（被告）上诉理由；

四、论证一审、二审裁判适用法律、审判程序是否正确，有误的，应提出改判建议。]

检察员：××

××××年×月×日当庭发表

制作说明

本文书根据《人民检察院公益诉讼办案规则》第六十五条的规定制作。同级人民检察院出庭人员在民事公益诉讼再审案件中发表出庭意见时使用。

2.9. 刑事附带民事公益诉讼再审

2.9.1. 出庭意见书（刑事附带民事公益诉讼再审用）

××××人民检察院

出庭意见书

被 告×××

案 由×××

审判长、审判员：

根据《人民检察院公益诉讼办案规则》第六十五条的规定，我（们）受×××人民检察院的指派，代表本院出席法庭。现对本案事实、证据、程序和一审人民法院判决（裁定）发表如下意见，请法庭注意。

……

［一、论证本案违法事实清楚，证据确实充分，或者一审法院、二审法院认定事实、证据疏漏、有误之处；

二、案件诉讼程序是否合法；

三、论证被告违法行为性质、造成损害社会公共利益的后果，评析（被告）上诉理由；

四、论证一审、二审裁判适用法律、审判程序是否正确，有误的，应提出改判建议。］

检察员：××
××××年×月×日当庭发表

制作说明

本文书根据《人民检察院公益诉讼办案规则》第六十五条的规定制作。同级人民检察院出庭人员在刑事附带民事公益诉讼再审案件中发表出庭意见时使用。

2.10. 请示案件（民事公益诉讼）

2.10.1. 请示（民事公益诉讼用）

××××人民检察院

关于××××一案的请示

××检民公请〔20××〕××号

××××人民检察院：

　　本院办理的××××一案，本院审查后认为：

　　……（该案的基本情况概述，以及案件存在的问题和请示事项内容）。

　　妥否，请批复。

××年×月×日
（院印）

制作说明

　　本文书根据《人民检察院公益诉讼办案规则》第一百零四条的规定制作，用于向上级人民检察院请示民事公益诉讼案件办理中的问题。

2.10.2. 请示案件审查意见书（民事公益诉讼用）

××××人民检察院
请示案件审查意见书

××××人民检察院于××年×月×日向本院请示的××××案，现已审查完毕，现报告如下：

一、案件基本情况

××××

二、请示的事项及理由

××××

××××

三、审查意见

××××

四、需要说明的问题

××××

承办人：×××
××年×月×日

制作说明

本文书根据《人民检察院公益诉讼办案规则》第一百零四条的规定制作，用于上级人民检察院对下级人民检察院请示的问题进行审查。

2.10.3. 批复（民事公益诉讼用）

××××人民检察院

关于×××一案的批复

××检民公批复〔20××〕×号

（请示单位名称）：

  你院请示的×××一案，本院审查后认为……（写明批复的具体内容）。

  此复

××年×月×日

（院印）

制作说明

  一、本文书根据《人民检察院公益诉讼办案规则》第一百零四条的规定制作，用于上级人民检察院对下级人民检察院请示的问题进行批复。

  二、本文书加盖人民检察院印章。

2.11. 指定管辖案件（民事公益诉讼）

2.11.1. 报请指定管辖意见书（民事公益诉讼用）

××××人民检察院
报请指定管辖意见书

××检民公报指〔20××〕×号

××××人民检察院：

本院于××××年××月××日受理的××××案，经审查，需报请你院指定管辖，现报告如下：

一、当事人基本情况

当事人：……（自然人写明姓名、性别、出生年月日、身份证号码、民族、职业或者工作单位及职务、住址等；当事人为单位的，写明单位名称、住所地、法定代表人姓名、职务等）。

二、案件基本情况

（一）案件线索来源情况

……（写明案件线索来源情况）。

（二）案件基本情况

……（写明案件基本情况）。

三、报请指定管辖的理由

……（写明报请本院/其他院指定管辖的具体理由）。

××年×月×日

（院印）

制作说明

  一、本文书根据《人民检察院公益诉讼办案规则》第十七条的规定制作。下级人民检察院向上级人民检察院报请民事公益诉讼案件指定管辖时使用。

  二、本文书加盖人民检察院印章。

2.11.2. 商请指定管辖函（民事公益诉讼用）

××××人民检察院
商请指定管辖函

××检民公商指〔20××〕×号

××××人民法院：

　　××××检察院办理的××××案，……（说明指定管辖理由）。经审查，本院拟指定××××人民检察院审查起诉。现商请你院指定××××法院审理。

××××年××月××日

（院印）

制作说明

　　一、本文书根据《人民检察院公益诉讼办案规则》制作。为人民检察院向同级人民法院商请审查起诉案件指定管辖时使用。

　　二、本文书一式两份，一份送达同级人民法院，一份保存备查。

　　三、本文书加盖人民检察院印章。

2.11.3. 报请指定管辖答复（民事公益诉讼用）

××××人民检察院
关于××××一案报请指定管辖的答复

××检民公指答〔20××〕×号

××××（报请指定管辖院）：

你院报请指定管辖的××××一案，经审查，现将该案指定××××人民检察院管辖。请你院在接到本答复后×日内，将该案件移送××××人民检察院。

××××年××月××日
（院印）

制作说明

一、本文书为上级人民检察院对下级人民检察院报请指定管辖意见，答复指定其他人民检察院管辖时使用。

二、本文书加盖人民检察院印章。

2.11.4. 指定管辖决定书（民事公益诉讼用）

××××人民检察院
指定管辖决定书

××检民公指管〔20××〕×号

××××人民检察院：

根据《人民检察院公益诉讼办案规则》第十七条（或者第十八条）的规定，现将××××××一案指定你院管辖。

××年××月××日
（院印）

制作说明

一、本文书根据《人民检察院公益诉讼办案规则》第十七条或者第十八条的规定制作。上级人民检察院将民事公益诉讼案件指定下级人民检察院管辖时使用。

二、本文书加盖人民检察院印章。

2.12.（不）批准延长审查起诉期限案件

2.12.1 批准延长审查起诉期限决定书（民事公益诉讼用）

××××人民检察院

批准延长审查起诉期限决定书

××检民公批延〔20××〕××号

××××人民检察院：

  你院于××××年××月××日提请批准延长××××案审查起诉期限，经审查认为，本案确有延长审查起诉必要。根据《人民检察院公益诉讼办案规则》第四十七条的规定，批准延长审查起诉期限一个月，自××××年××月××日至××××年××月××日。

××××年××月××日

（院印）

制作说明

  一、本文书根据《人民检察院公益诉讼办案规则》第四十七条的规定制作。上级人民检察院批准下级人民检察院延长审查起诉期限时使用。

  二、本文书加盖人民检察院印章。

2.12.2. 不批准延长审查起诉期限决定书（民事公益诉讼用）

××××人民检察院

不批准延长审查起诉期限决定书

××检民公不批延〔20××〕××号

××××人民检察院：

你院于××××年××月××日提请批准延长××××案审查起诉期限，经审查认为，本案没有需要延长审查起诉期限的情形。根据《人民检察院公益诉讼办案规则》第四十七条的规定，决定不批准延长该案审查起诉期限。

××××年××月××日

（院印）

制作说明

一、本文书根据《人民检察院公益诉讼办案规则》第四十七条的规定制作。上级人民检察院不批准下级人民检察院延长审查起诉期限时使用。

二、本文书加盖人民检察院印章。

3. 公用文书

3.1. 回避文书

3.1.1. 回避申请审批表（公益诉讼用）

××××人民检察院
回避申请审批表

案件名称	
回避申请人	
申请理由	
部门负责人意见	
检察长或检察委员会意见	
备注	

制作说明

本文书根据《人民检察院公益诉讼办案规则》第二十条的规定制作。人民检察院检察人员、翻译人员、鉴定人、勘验人等申请回避时使用。

3.1.2. 回避决定书（公益诉讼用）

××××人民检察院
回避决定书

××检公避〔20××〕×号

本院在办理××××一案中，×××（回避申请人）申请×××（承办人员）回避。本院经研究认为，回避理由成立。

根据《人民检察院公益诉讼办案规则》第二十三条的规定，决定×××（承办人员）对该案予以回避。

××××年×月×日

（院印）

制作说明

一、本文书根据《人民检察院公益诉讼办案规则》第二十三条的规定制作。人民检察院决定检察人员、翻译人员、鉴定人、勘验人等回避时使用。

二、本文书加盖人民检察院印章。

3.1.3. 驳回回避申请决定书（公益诉讼用）

××××人民检察院
驳回回避申请决定书

××检公驳避〔20××〕×号

×××（回避申请人）：

本院在办理××××一案中，×××（回避申请人）申请×××（承办人员）回避。本院经研究认为，回避理由不成立。根据《人民检察院公益诉讼办案规则》第二十三条的规定，决定驳回回避申请。

如不服本决定，可在接到决定时向原决定机关申请复议一次。复议期间，被申请回避的人员不停止参与本案工作。

××××年×月×日

（院印）

制作说明

一、本文书根据《人民检察院公益诉讼办案规则》第二十三条的规定制作。人民检察院驳回回避申请时使用。

二、本文书发送回避申请人。

三、本文书加盖人民检察院印章。

3.1.4. 回避复议决定书（公益诉讼用）

××××人民检察院
回避复议决定书

××检公避复〔20××〕×号

××××（复议申请人/被决定回避人）：

本院在办理×××一案中，×××不服本院作出的驳回回避申请的决定，申请复议。本院经研究认为，回避理由成立（或者不成立）。

根据《人民检察院公益诉讼办案规则》第二十三条的规定，决定×××（承办人员）对该案予以回避（或维持原驳回回避申请的决定）。

本决定为终局决定。

××××年×月×日

（院印）

制作说明

一、本文书根据《人民检察院公益诉讼办案规则》第二十三条的规定制作。人民检察院对回避复议申请作出决定时使用。

二、本文书根据具体内容区别发送情况：维持原驳回回避申请的决定的，发送回避申请人；决定回避的，发送当事人、被决定回避人。

三、本文书加盖人民检察院印章。

3.2. 调查类文书

3.2.1. 询问笔录（公益诉讼用）

××××人民检察院

询问笔录

询问时间：_____年_____月_____日_____时_____分至_____时_____分

询问地点：_____

询问人：_____记录人：_____

案由：_____

被询问人姓名：_____曾用名：_____性别：_____

年龄：_____民族：_____籍贯：_____受教育状况：_____

住址：_____

工作单位：_____

职务或职业：_____

联系方式：_____

告知：（出示工作证件）我们是××××人民检察院的检察人员，现依法对你进行询问。法律规定，凡是知道案件情况的人，都有作证的义务；你应当如实提供有关证言和其他证据，但是对于与本案无关的问题，你有拒绝回答的权利；故意提供虚假证言或者其他证据，故意隐匿、毁灭证据都要负相应的法律责任。

问：你清楚了吗？

答：

问：说说你的基本情况。

答：（姓名、曾用名、性别、出生年月日、身份证件种类及号码、民族、籍贯、文化程度、有无党派、是否人大代表或者政协委员、工作单位、职务级别或者职业、住址、有无犯罪记录等）。

问：

答：(询问的主要内容。)

问：本次询问中，有无非法羁押、刑讯逼供、威胁、引诱、欺骗或者以其他非法方法获取证言或者其他证据的情形？

答：

问：你还有何补充？

答：

问：你以上所讲是否属实？

答：属实。

[被询问人写：以上笔录我看过（向我宣读过），和我说的相符。]

被询问人：（签名、捺指印）　　　　询问人：（签名）
　　年　月　日　　　　　　　　　　记录人：（签名）
　　　　　　　　　　　　　　　　　　　年　月　日

制作说明

一、本文书为人民检察院询问时使用。

二、人民检察院派员调查询问，应当由两名以上检察人员共同进行。

三、询问笔录经被询问人校阅后，由询问人、被询问人签名或盖章。被询问人拒绝签名盖章的，应当记明情况。

3.2.2. 权利义务告知书（公益诉讼用）

××××人民检察院

证人权利义务告知书

根据《中华人民共和国行政诉讼法》《中华人民共和国民事诉讼法》《人民检察院公益诉讼办案规则》的相关规定，你作为本案的证人，依法享有的诉讼权利和承担的诉讼义务如下：

一、诉讼权利

1. 要求提供作证条件和保密的权利

检察机关应当保证你有客观充分地提供证据的条件，并为你保守秘密。如果你的作证内容涉及国家秘密、商业秘密、个人隐私，你有权要求保密。

2. 使用本民族语言文字进行诉讼及获得翻译的权利

你有权使用本民族语言文字进行诉讼。

如果你是聋、哑人或者不通晓当地通用语言文字，检察机关应当为你聘请通晓聋、哑手势或者当地通用语言文字且与本案无利害关系的人员为你提供翻译。

3. 控告权

如果办案人员有侵犯你诉讼权利和人身侮辱的行为，或者采用羁押、暴力、威胁、引诱、欺骗等非法方法收集证据的行为，你有权提出控告。

4. 获得保护和经济补助的权利

如果因在诉讼中作证，你或者近亲属的人身安全面临危险，你有权请求检察机关予以保护。

如果因在危害国家安全犯罪、恐怖活动犯罪、黑社会性质组织犯罪、毒品犯罪等案件中作证，你或者近亲属的人身安全面临危险，你有权请求检察机关予以保护。

如果因履行作证义务而支出交通、住宿、就餐等费用，你有权获得补助。如果你有工作单位，所在单位不得因你作证而克扣或者变相克扣你的工资、奖金及其他福利待遇。

5.知悉证明文件、核对笔录和亲笔书写陈述的权利

你有权要求对你进行询问的检察人员向你出示证明文件，询问时，检察人员、书记员不得少于二人。

询问笔录应当交你核对。如果你没有阅读能力，检察人员应当向你宣读。如果记载有遗漏或者差错，你有权要求补充或改正。

你有权请求自行书写证词，检察人员应当准许。

6.特殊情况不被强制出庭作证的权利

如果你是涉案人员的配偶、父母、子女，除非你同意，否则司法机关不能强制你出庭作证。

7.未成年证人的特殊权利

你若未满十八周岁，可以要求通知你的法定代理人询问时到场，法定代理人可以代为行使你的诉讼权利。无法通知，法定代理人不能到场或是共犯的，可以要求通知你的其他成年亲属，所在学校、单位或者居住地的村民委员会、居民委员会、未成年人保护组织的代表到场。

你若是未满十八周岁的女性，询问时应当有女工作人员在场。

二、诉讼义务

1.作证的义务

凡是知道案件情况的人，都有作证的义务。

2.如实提供证据、证言并出庭作证的义务

你应当如实地提供证据、证言，有意作伪证或者隐匿罪证，将承担相应的法律责任。

法院依法通知你出庭作证的，你应当出庭作证；没有正当理由不出庭作证，法院可以强制你出庭作证，但你是被告人的配偶、父母、子女的除外。

如果你无正当理由不出庭作证或者出庭后拒绝作证，你将承担相应的

法律责任。

3. 在询问笔录上签字和按要求书写证词的义务

经核对无误后，你应当在询问笔录上逐页签名、盖章或者捺指印。必要的时候，你应当按照检察人员的要求亲笔书写证词。

××××人民检察院
证人权利义务告知书
（回　执）

_____:

　　_____一案，现由本院依法审查。根据《中华人民共和国行政诉讼法》（或者《中华人民共和国民事诉讼法》）、《人民检察院公益诉讼办案规则》的相关规定，你作为本案的证人，现向你告知依法享有的诉讼权利和承担的诉讼义务。

××××年×月×日

　　本人已收到《证人权利义务告知书》，已阅读并完全理解相关诉讼权利和义务。

被告知人（签名）：_____
_____年____月____日

制作说明

　　一、本文书根据《人民检察院公益诉讼办案规则》第三十七条的规定制作。人民检察院告知证人诉讼权利义务时使用。
　　二、本文书发送当事人，回执附卷。
　　三、本文书加盖人民检察院印章。

3.2.3. 调取证据通知书（公益诉讼用）

××××人民检察院

调取证据通知书

××检公调证〔20××〕×号

×××（个人或主送单位名称）：

本院因履行公益诉讼职责需要，根据《人民检察院公益诉讼办案规则》第三十五条的规定，请你（你单位）协助调取以下证据：

……（此部分写明需要协助调取证据名称及要求。内容较多的，可单独附页）。

请予协助配合。

联系人：×××、×××，办公电话：××××；

地址：××××××××。

××年×月×日
（院印）

制作说明

一、本文书根据《人民检察院公益诉讼办案规则》第三十五条、第三十八条的规定制作。人民检察院调取证据通知相关单位或个人时使用。

二、本文书发送需要调取证据的单位或个人。

三、本文书加盖人民检察院印章。

3.2.4. 调取证据清单（公益诉讼用）

×××× 人民检察院

调取证据清单

编号：（与调取证据通知书同）

第　页　共　页

序号	证据名称	数量	特征	备注

提交人：×××（签字）

签收人：×××（签字）

××年×月×日

（院印）

制作说明

一、本文书根据《人民检察院公益诉讼办案规则》第三十八条的规定制作。本文书是人民检察院向有关单位和个人收集、调取证据时所开列的清单。在调取证据较多的情况下配合《调取证据通知书》使用。

二、本文书提交人一份，附卷一份。人民检察院返还证据时收回提交人所持收据附卷，并注明返还时间，由提交人签字。

三、本文书加盖人民检察院印章。

3.2.5. 勘验笔录（公益诉讼用）

××××人民检察院
勘验笔录

一、基本情况

勘验事由：_____

勘验起始时间：_____ 勘验结束时间：_____

勘验地点：_____

勘验环境情况：（天气、光线、温度、风向等）_____

现场指挥人：_____ 到场时间：_____

勘验人：_____ 到场时间：_____

勘验人：_____ 到场时间：_____

见证人：_____ 证件名称/号码：_____

见证人：_____ 证件名称/号码：_____

其他人员：（包括笔录人、制图人、照相人、录像人、录音人、全程录音录像人等）_____

勘验设备和软件工具的名称、型号、版本号：_____

二、勘验过程

勘验情况：（发现、提取、分析、固定证据的形式、方法和步骤）

_____

_____

_____

_____

三、勘验结果

（提取固定痕迹、物证情况，制图和照相的数量，录像、录音的时间）

　　　　　　　　现场指挥人：（签名）×××
　　　　　　　　勘　　验　人：（签名）×××

　　　　　　　　见　　证　人：（签名）×××

　　　　　　　　　　20××年××月××日

附件：（现场照片、物证照片、设备照片、现场图、录音录像、物品列表等）

制作说明

本文书根据《人民检察院公益诉讼办案规则》第三十五条、第四十二条的规定制作。人民检察院勘验物证、现场时使用。

3.2.6. 财产（证据、行为）保全建议书（公益诉讼用）

××××人民检察院
财产（证据、行为）保全建议书

××检公财（证、行）保建〔20××〕×号

×××人民法院：

本院于××年×月×日以×××号×××书向你院提起××××××一案，根据《最高人民法院、最高人民检察院关于检察公益诉讼案件适用法律若干问题的解释》第六条的规定，建议你院对下列财产（证据、行为）进行诉讼保全：

1.……

2.……［写明财产（证据）的位置、数量、金额等情况，建议法院责令被监督行政机关作出一定行为或者禁止其作出一定行为等情况］。

××年×月×日
（院印）

制作说明

一、本文书根据《最高人民法院、最高人民检察院关于检察公益诉讼案件适用法律若干问题的解释》第六条的规定制作。人民检察院建议人民法院对财产、证据、行为进行诉讼保全时使用。

二、本文书应当发送人民法院。

三、本文书加盖人民检察院印章。

3.2.7. 协助查询金融财产通知书（公益诉讼用）

×××× 人民检察院

协助查询金融财产通知书

×× 检公协查财〔20××〕×× 号

因_____，根据《中华人民共和国行政诉讼法》（或者《中华人民共和国民事诉讼法》）的相关规定，需向你单位查询_____的存款/汇款/股票/债券/基金份额等财产，特派本院工作人员_____前往你处查询，请予协助。

××年×月×××日
（院印）

第一联　送达金融机构或邮电部门

×××× 人民检察院

协助查询金融财产通知书
（回　执）

_____人民检察院：

_____号协助查询金融财产通知书收悉，现将_____在我单位的存款/汇款/股票/债券/基金份额等财产情况提供如下：

年　月　日
（公章）

第二联　退回后附卷

制作说明

一、本文书根据《最高人民法院、最高人民检察院关于检察公益诉讼案件适用法律若干问题的解释》第六条的规定制作。人民检察院向银行或其他金融机构查询当事人金融财产时使用。

二、本文书第一联送达金融机构或邮电部门，第二联退回后附卷。

三、本文书加盖人民检察院印章。

3.2.8. 委托协助调查函（公益诉讼用）

××××人民检察院
委托协助调查函

××检公协查〔20××〕×号

×××（主送单位的名称）：

本院因履行公益诉讼法律监督职责需要，现委托你（你单位）协助调查有关情况：

……（此部分写明需要委托协助调查的事项及要求。内容较多的，可单独附页。）

请予协助配合。

联系人：×××、×××，办公电话：××××；

地址：××××××××。

××年×月×日
（院印）

制作说明

一、本文书根据《人民检察院公益诉讼办案规则》第四十三条的规定制作。人民检察院需要委托异地同级人民检察院调查有关情况时使用。

二、本文书发送委托协助调查的人民检察院。

三、本文书加盖人民检察院印章。

3.3. 听证类文书

3.3.1. 提请听证审批表（公益诉讼用）

××××人民检察院

提请听证审批表

被监督行政机关/当事人	名称/姓名		法定代表人	
	单位地址/住址			
	联系方式			
受理听证申请日期				
提请听证日期				
案件基本情况				
提请理由				
部门负责人意见				
主管检察长意见				

制作说明

本文书依据《人民检察院公益诉讼办案规则》第四十四条案件调查、审查过程中进行听证的有关规定制作。提请案件听证审批时使用。

3.3.2. 听证通知书（公益诉讼用）

××××人民检察院

听证通知书

_____：

通知你（单位）于____年____月___日___时到_____地参加_____案件的听证。

联系人：

联系电话：

××年×月×日

（院印）

制作说明

一、本文书依据《人民检察院公益诉讼办案规则》第四十四条的规定制作。人民检察院通知被监督行政机关、当事人参加听证时使用。

二、人民检察院组织听证，应当在听证三日前通知参加听证的被监督行政机关、当事人，并告知听证的时间、地点。

三、本文书加盖院章。

3.3.3. 听证权利义务告知书（公益诉讼用）

××××人民检察院

听证权利义务告知书

一、在听证活动中，当事人及其委托代理人依法享有下列权利：

1. 申请受邀人员回避；

2. 阐述理由和依据；

3. 在法定范围内，与原案其他当事人协商、和解。

二、在听证活动中，当事人及其委托代理人依法承担下列义务：

1. 未经主持人允许，不得发言或者提问；

2. 如实回答提问，客观陈述事实；

3. 不得吵闹、侮辱、谩骂他人；

4. 听从主持人指挥，遵守会场纪律。

××年×月×日

制作说明

本文书供组织听证的人民检察院告知参加听证的被监督行政机关、当事人权利义务时使用。

3.3.4. 听证邀请函（公益诉讼用）

××××人民检察院
听证邀请函

_____（受邀人员）：

邀请您于_____年____月____日____时到_____地参加_____案件的听证。如届时不能参加，请及时告知。

联系人：

联系电话：

××年×月×日

（院印）

制作说明

一、本文书依据《人民检察院公益诉讼办案规则》第四十四条的规定制作。人民检察院邀请有关人员参加听证时使用。

二、根据案件具体情况，可以邀请与案件没有利害关系的人大代表、政协委员、人民监督员、特约检察员、专家咨询委员、人民调解员或者当事人所在单位、居住地的居民委员会、村民委员会成员以及专家、学者等其他社会人士参加听证。

三、本文书加盖人民检察院印章。

3.3.5. 听证会场纪律（公益诉讼用）

××××人民检察院
听证会场纪律

一、未经允许，不得录音录像和拍照；

二、禁止使用移动电话及其他通讯工具；

三、不得作虚假发言，不得侮辱、诽谤、谩骂他人；

四、未经主持人同意，不得中途退场；

五、不得鼓掌、喧哗、吵闹及进行其他妨碍会场秩序行为；

六、对哄闹、冲击会场，侮辱、诽谤、威胁、殴打检察人员、受聘人员及其他参加人员，严重扰乱会场秩序的，依法追究法律责任。

××年×月×日

制作说明

本文书依据《人民检察院公益诉讼办案规则》第四十四条的规定制作，为组织听证的人民检察院告知参加听证人员会场纪律时使用。

3.3.6. 听证笔录（公益诉讼用）

<h1 style="text-align:center">××××人民检察院</h1>

<h1 style="text-align:center">听证笔录</h1>

时　　间：_____年___月___日___时___分至___时___分_____

地　　点：_____

主持人：_____书记员：_____

听证员：_____

当事人：_____委托代理人：_____

案由：_____

其他出席听证会的人员：_____

听证会内容：_____

_____

_____

_____

_____

（每页应由当事人签名或者盖章）

（听证员、主持人、书记员在尾页签名或者盖章）

制作说明

一、本文书依据《人民检察院公益诉讼办案规则》第四十四条的规定制作，为人民检察院办理公益诉讼案件组织听证时使用。

二、本文书经当事人校阅后，在每页签名或者盖章，听证员、主持人、书记员在尾页签名或者盖章。当事人拒绝签名或盖章的，应当记明情况。

3.3.7. 听证评议笔录（公益诉讼用）

<h2 style="text-align:center">××××人民检察院</h2>

<h1 style="text-align:center">听证评议笔录</h1>

时　间：＿＿＿年＿月＿日＿时＿分至＿时＿分＿＿
地　点：＿＿＿＿＿＿＿＿＿＿＿＿＿＿＿＿＿＿＿＿
听证案件：＿＿＿＿＿＿＿＿＿＿＿＿＿＿＿＿＿＿＿
听证员：＿＿＿＿＿＿＿＿＿＿＿＿＿＿＿＿＿＿＿＿
记录人：＿＿＿＿＿＿＿＿＿＿＿＿＿＿＿＿＿＿＿＿
听证评议意见：＿＿＿＿＿＿＿＿＿＿＿＿＿＿＿＿＿

（听证员签名）

制作说明

一、本文书依据《人民检察院公益诉讼办案规则》第四十四条的规定制作，为组织听证的人民检察院记录听证评议意见时使用。
二、本文书由评议员签字确认。

3.4. 其他文书

3.4.1. 报请备案表（公益诉讼用）

××××人民检察院

报请备案表

案件名称	
备案文书及文号	
备注	

制作说明

本文书根据《人民检察院公益诉讼办案规则》第二十五条、第四十六条、第五十八条、第七十五条、第七十八条等条款制作，对公益诉讼案件重大案件线索、公益诉讼起诉书、检察建议书、中止审查决定书、一审判决裁定、二审判决裁定等文书向上级院备案时使用。

3.4.2. 案件审查报告（公益诉讼用）

案件审查报告

本院于××年×月×日受理的××××一案，现已审查终结。现将案件审查情况报告如下：

一、案件基本情况

……（写明案件查明的基本情况）。

二、审查意见

……（写明对案件的审查意见）。

三、其他需要说明的问题

……（写明本案其他需要说明的情况，如案件风险评估、领导批示等其他重要情况）。

承办人：××，××

××年×月×日

制作说明

一、本文书为公益诉讼公用文书，对案件进行审查时用。

二、公益诉讼相应阶段有阶段性审查报告文书时，优先使用阶段性文书，确无阶段性审查报告可用时，可以使用本文书。

3.4.3. 案件讨论笔录（公益诉讼用）

××××人民检察院
案件讨论笔录

时　　间:_____

地　　点:_____

案件名称:_____

主持人:_____承办人:_____

参加人:_____

_____

记录人:_____

承办人审查意见:_____

讨论内容:_____

_____

_____

_____

_____

_____

（参加人员签名）

制作说明

本文书为公益诉讼公用文书，办理公益诉讼案件需要集体讨论时使用。

3.4.4. 函（公益诉讼用）

关于××××的函

××年×月×日
（院印）

制作说明

本文书为公益诉讼公用文书，办理案件需要发函时使用。

3.4.5. 送达回证（公益诉讼用）

××××人民检察院

送达回证

受送达人				
送达地址				
案　号				
文件名称	份数	收到时间	受送达人签名或盖章	
		年　月　日		
		年　月　日		
		年　月　日		
		年　月　日		
备　注				
填发人		送达人		
回邮地址				

制作说明

　　一、本文书为人民检察院依法向相关单位或个人送达检察机关有关法律文书时使用。

　　二、使用本文书时，应在文书首部正中处加盖人民检察院印章。

　　三、本文书应由收件人签名或盖章，收件人拒绝签收的，应在备注中注明，不能送达的，应写明理由。

　　四、本文书收回后附卷。

附　录

宋　米芾　方圆庵记

汉　礼器碑

隋　智永
真草千字文

东晋　王羲之
此事帖

东晋　王羲之
集字圣教序

北魏　寇霊成造像記

宋　黄山谷
三希堂法帖

隋　张公礼
龙藏寺碑

唐　褚遂良
雁塔圣教序

人民检察院公益诉讼办案规则

（2020年9月28日最高人民检察院第十三届检察委员会第五十二次会议通过，现予公布，自2021年7月1日起施行）

目 录

第一章 总 则
第二章 一般规定
 第一节 管 辖
 第二节 回 避
 第三节 立 案
 第四节 调 查
 第五节 提起诉讼
 第六节 出席第一审法庭
 第七节 上 诉
 第八节 诉讼监督
第三章 行政公益诉讼
 第一节 立案与调查
 第二节 检察建议
 第三节 提起诉讼
第四章 民事公益诉讼
 第一节 立案与调查
 第二节 公 告
 第三节 提起诉讼
 第四节 支持起诉
第五章 其他规定
第六章 附 则

第一章 总则

第一条 为了规范人民检察院履行公益诉讼检察职责，加强对国家利益和社会公共利益的保护，根据《中华人民共和国人民检察院组织法》《中华人民共和国民事诉讼法》《中华人民共和国行政诉讼法》等法律规定，结合人民检察院工作实际，制定本规则。

第二条 人民检察院办理公益诉讼案件的任务，是通过依法独立行使检察权，督促行政机关依法履行监督管理职责，支持适格主体依法行使公益诉权，维护国家利益和社会公共利益，维护社会公平正义，维护宪法和法律权威，促进国家治理体系和治理能力现代化。

第三条 人民检察院办理公益诉讼案件，应当遵守宪法、法律和相关法规，秉持客观公正立场，遵循相关诉讼制度的基本原则和程序规定，坚持司法公开。

第四条 人民检察院通过提出检察建议、提起诉讼和支持起诉等方式履行公益诉讼检察职责。

第五条 人民检察院办理公益诉讼案件，由检察官、检察长、检察委员会在各自职权范围内对办案事项作出决定，并依照规定承担相应司法责任。

检察官在检察长领导下开展工作。重大办案事项，由检察长决定。检察长可以根据案件情况，提交检察委员会讨论决定。其他办案事项，检察长可以自行决定，也可以授权检察官决定。

以人民检察院名义制发的法律文书，由检察长签发；属于检察官职权范围内决定事项的，检察长可以授权检察官签发。

第六条 人民检察院办理公益诉讼案件，根据案件情况，可以由一名检察官独任办理，也可以由两名以上检察官组成办案组办理。由检察官办案组办理的，检察长应当指定一名检察官担任主办检察官，组织、指挥办案组办理案件。

检察官办理案件，可以根据需要配备检察官助理、书记员、司法警察、检察技术人员等检察辅助人员。检察辅助人员依照法律规定承担相应的检察辅助事务。

第七条 负责公益诉讼检察的部门负责人对本部门的办案活动进行监督管理。需要报请检察长决定的事项，应当先由部门负责人审核。部门负责人可以主持召开检察官联席会议进行讨论，也可以直接报请检察长决定。

第八条　检察长不同意检察官处理意见的，可以要求检察官复核，也可以直接作出决定，或者提请检察委员会讨论决定。

检察官执行检察长决定时，认为决定错误的，应当书面提出意见。检察长不改变原决定的，检察官应当执行。

第九条　人民检察院提起诉讼或者支持起诉的民事、行政公益诉讼案件，由负责民事、行政检察的部门或者办案组织分别履行诉讼监督的职责。

第十条　最高人民检察院领导地方各级人民检察院和专门人民检察院的公益诉讼检察工作，上级人民检察院领导下级人民检察院的公益诉讼检察工作。

上级人民检察院对下级人民检察院作出的决定，有权予以撤销或者变更；发现下级人民检察院办理的案件有错误的，有权指令下级人民检察院予以纠正。

下级人民检察院对上级人民检察院的决定应当执行。如果认为有错误的，应当在执行的同时向上级人民检察院报告。

第十一条　人民检察院办理公益诉讼案件，实行一体化工作机制，上级人民检察院根据办案需要，可以交办、提办、督办、领办案件。

上级人民检察院可以依法统一调用辖区的检察人员办理案件，调用的决定应当以书面形式作出。被调用的检察官可以代表办理案件的人民检察院履行调查、出庭等职责。

第十二条　人民检察院办理公益诉讼案件，依照规定接受人民监督员监督。

第二章　一般规定

第一节　管　辖

第十三条　人民检察院办理行政公益诉讼案件，由行政机关对应的同级人民检察院立案管辖。

行政机关为人民政府，由上一级人民检察院管辖更为适宜的，也可以由上一级人民检察院立案管辖。

第十四条　人民检察院办理民事公益诉讼案件，由违法行为发生地、损害结果地或者违法行为人住所地基层人民检察院立案管辖。

刑事附带民事公益诉讼案件，由办理刑事案件的人民检察院立案管辖。

第十五条 设区的市级以上人民检察院管辖本辖区内重大、复杂的案件。公益损害范围涉及两个以上行政区划的公益诉讼案件，可以由共同的上一级人民检察院管辖。

第十六条 人民检察院立案管辖与人民法院诉讼管辖级别、地域不对应的，具有管辖权的人民检察院可以立案，需要提起诉讼的，应当将案件移送有管辖权人民法院对应的同级人民检察院。

第十七条 上级人民检察院可以根据办案需要，将下级人民检察院管辖的公益诉讼案件指定本辖区内其他人民检察院办理。

最高人民检察院、省级人民检察院和设区的市级人民检察院可以根据跨区域协作工作机制规定，将案件指定或移送相关人民检察院跨行政区划管辖。基层人民检察院可以根据跨区域协作工作机制规定，将案件移送相关人民检察院跨行政区划管辖。

人民检察院对管辖权发生争议的，由争议双方协商解决。协商不成的，报共同的上级人民检察院指定管辖。

第十八条 上级人民检察院认为确有必要的，可以办理下级人民检察院管辖的案件，也可以将本院管辖的案件交下级人民检察院办理。

下级人民检察院认为需要由上级人民检察院办理的，可以报请上级人民检察院决定。

第二节 回 避

第十九条 检察人员具有下列情形之一的，应当自行回避，当事人、诉讼代理人有权申请其回避：

（一）是行政公益诉讼行政机关法定代表人或者主要负责人、诉讼代理人近亲属，或者有其他关系，可能影响案件公正办理的；

（二）是民事公益诉讼当事人、诉讼代理人近亲属，或者有其他关系，可能影响案件公正办理的。

应当回避的检察人员，本人没有自行回避，当事人及其诉讼代理人也没有申请其回避的，检察长或者检察委员会应当决定其回避。

前两款规定，适用于翻译人员、鉴定人、勘验人等。

第二十条 检察人员自行回避的，应当书面或者口头提出，并说明理由。口头提出的，应当记录在卷。

第二十一条 当事人及其诉讼代理人申请回避的，应当书面或者口头提出，并说明理由。口头提出的，应当记录在卷。

被申请回避的人员在人民检察院作出是否回避的决定前，不停止参与本案工作。

第二十二条 检察长的回避，由检察委员会讨论决定；检察人员和其他人员的回避，由检察长决定。检察委员会讨论检察长回避问题时，由副检察长主持。

第二十三条 人民检察院对当事人提出的回避申请，应当在收到申请后三日内作出决定，并通知申请人。申请人对决定不服的，可以在接到决定时向原决定机关申请复议一次。人民检察院应当在三日内作出复议决定，并通知复议申请人。复议期间，被申请回避的人员不停止参与本案工作。

第三节 立 案

第二十四条 公益诉讼案件线索的来源包括：

（一）自然人、法人和非法人组织向人民检察院控告、举报的；

（二）人民检察院在办案中发现的；

（三）行政执法信息共享平台上发现的；

（四）国家机关、社会团体和人大代表、政协委员等转交的；

（五）新闻媒体、社会舆论等反映的；

（六）其他在履行职责中发现的。

第二十五条 人民检察院对公益诉讼案件线索实行统一登记备案管理制度。重大案件线索应当向上一级人民检察院备案。

人民检察院其他部门发现公益诉讼案件线索的，应当将有关材料及时移送负责公益诉讼检察的部门。

第二十六条 人民检察院发现公益诉讼案件线索不属于本院管辖的，应当制作《移送案件线索通知书》，移送有管辖权的同级人民检察院，受移送的人民检察院应当受理。受移送的人民检察院认为不属于本院管辖的，应当报告上级人民检察院，不得自行退回原移送线索的人民检察院或者移送其他人民检察院。

人民检察院发现公益诉讼案件线索属于上级人民检察院管辖的，应当制作《报请移送案件线索意见书》，报请移送上级人民检察院。

第二十七条 人民检察院应当对公益诉讼案件线索的真实性、可查性等进行评估，必要时可以进行初步调查，并形成《初步调查报告》。

第二十八条 人民检察院经过评估，认为国家利益或者社会公共利益受到侵害，可能存在违法行为的，应当立案调查。

《人民检察院公益诉讼办案规则》理解与适用

第二十九条 对于国家利益或者社会公共利益受到严重侵害,人民检察院经初步调查仍难以确定不依法履行监督管理职责的行政机关或者违法行为人的,也可以立案调查。

第三十条 检察官对案件线索进行评估后提出立案或者不立案意见的,应当制作《立案审批表》,经过初步调查的附《初步调查报告》,报请检察长决定后制作《立案决定书》或者《不立案决定书》。

第三十一条 负责公益诉讼检察的部门在办理公益诉讼案件过程中,发现涉嫌犯罪或者职务违法、违纪线索的,应当依照规定移送本院相关检察业务部门或者其他有管辖权的主管机关。

第四节 调 查

第三十二条 人民检察院办理公益诉讼案件,应当依法、客观、全面调查收集证据。

第三十三条 人民检察院在调查前应当制定调查方案,确定调查思路、方法、步骤以及拟收集的证据清单等。

第三十四条 人民检察院办理公益诉讼案件的证据包括书证、物证、视听资料、电子数据、证人证言、当事人陈述、鉴定意见、专家意见、勘验笔录等。

第三十五条 人民检察院办理公益诉讼案件,可以采取以下方式开展调查和收集证据:

(一)查阅、调取、复制有关执法、诉讼卷宗材料等;

(二)询问行政机关工作人员、违法行为人以及行政相对人、利害关系人、证人等;

(三)向有关单位和个人收集书证、物证、视听资料、电子数据等证据;

(四)咨询专业人员、相关部门或者行业协会等对专门问题的意见;

(五)委托鉴定、评估、审计、检验、检测、翻译;

(六)勘验物证、现场;

(七)其他必要的调查方式。

人民检察院开展调查和收集证据不得采取限制人身自由或者查封、扣押、冻结财产等强制性措施。

第三十六条 人民检察院开展调查和收集证据,应当由两名以上检察人员共同进行。检察官可以组织司法警察、检察技术人员参加,必要时可以指派或者聘请其他具有专门知识的人参与。根据案件实际情况,也可以商请相关单位协助进行。

在调查收集证据过程中，检察人员可以依照有关规定使用执法记录仪、自动检测仪等办案设备和无人机航拍、卫星遥感等技术手段。

第三十七条　询问应当个别进行。检察人员在询问前应当出示工作证，询问过程中应当制作《询问笔录》。被询问人确认无误后，签名或者盖章。被询问人拒绝签名盖章的，应当在笔录上注明。

第三十八条　需要向有关单位或者个人调取物证、书证的，应当制作《调取证据通知书》和《调取证据清单》，持上述文书调取有关证据材料。

调取书证应当调取原件，调取原件确有困难或者因保密需要无法调取原件的，可以调取复制件。书证为复制件的，应当注明调取人、提供人、调取时间、证据出处和"本复制件与原件核对一致"等字样，并签字、盖章。书证页码较多的，加盖骑缝章。

调取物证应当调取原物，调取原物确有困难的，可以调取足以反映原物外形或者内容的照片、录像或者复制品等其他证据材料。

第三十九条　人民检察院应当收集提取视听资料、电子数据的原始存储介质，调取原始存储介质确有困难或者因保密需要无法调取的，可以调取复制件。调取复制件的，应当说明其来源和制作经过。

人民检察院自行收集提取视听资料、电子数据的，应当注明收集时间、地点、收集人员及其他需要说明的情况。

第四十条　人民检察院可以就专门性问题书面或者口头咨询有关专业人员、相关部门或者行业协会的意见。

口头咨询的，应当制作笔录，由接受咨询的专业人员签名或者盖章。书面咨询的，应当由出具咨询意见的专业人员或者单位签名、盖章。

第四十一条　人民检察院对专门性问题认为确有必要鉴定、评估、审计、检验、检测、翻译的，可以委托具备资格的机构进行鉴定、评估、审计、检验、检测、翻译，委托时应当制作《委托鉴定（评估、审计、检验、检测、翻译）函》。

第四十二条　人民检察院认为确有必要的，可以勘验物证或者现场。

勘验应当在检察官的主持下，由两名以上检察人员进行，可以邀请见证人参加。必要时，可以指派或者聘请有专门知识的人进行。勘验情况和结果应当制作笔录，由参加勘验的人员、见证人签名或者盖章。

检察技术人员可以依照相关规定在勘验过程中进行取样并进行快速检测。

第四十三条　人民检察院办理公益诉讼案件，需要异地调查收集证据的，可以自行调查或者委托当地同级人民检察院进行。委托时应当出具委托书，载明需要调查的对象、事项及要求。受委托人民检察院应当在收到委托书之日起三十日内完成调查，并将情况回复委托的人民检察院。

第四十四条 人民检察院可以依照规定组织听证，听取听证员、行政机关、违法行为人、行政相对人、受害人代表等相关各方意见，了解有关情况。

听证形成的书面材料是人民检察院依法办理公益诉讼案件的重要参考。

第四十五条 行政机关及其工作人员拒绝或者妨碍人民检察院调查收集证据的，人民检察院可以向同级人大常委会报告，向同级纪检监察机关通报，或者通过上级人民检察院向其上级主管机关通报。

第五节 提起诉讼

第四十六条 人民检察院对于符合起诉条件的公益诉讼案件，应当依法向人民法院提起诉讼。

人民检察院提起公益诉讼，应当向人民法院提交公益诉讼起诉书和相关证据材料。起诉书的主要内容包括：

（一）公益诉讼起诉人；

（二）被告的基本信息；

（三）诉讼请求及所依据的事实和理由。

公益诉讼起诉书应当自送达人民法院之日起五日内报上一级人民检察院备案。

第四十七条 人民检察院办理行政公益诉讼案件，审查起诉期限为一个月，自检察建议整改期满之日起计算。

人民检察院办理民事公益诉讼案件，审查起诉期限为三个月，自公告期满之日起计算。

移送其他人民检察院起诉的，受移送的人民检察院审查起诉期限自收到案件之日起计算。

重大、疑难、复杂案件需要延长审查起诉期限的，行政公益诉讼案件经检察长批准后可以延长一个月，还需要延长的，报上一级人民检察院批准，上一级人民检察院认为已经符合起诉条件的，可以依照本规则第十七条规定指定本辖区内其他人民检察院提起诉讼。民事公益诉讼案件经检察长批准后可以延长一个月，还需要延长的，报上一级人民检察院批准。

第四十八条 人民检察院办理公益诉讼案件，委托鉴定、评估、审计、检验、检测、翻译期间不计入审查起诉期限。

第六节 出席第一审法庭

第四十九条 人民检察院提起公益诉讼的案件,应当派员出庭履行职责,参加相关诉讼活动。

人民检察院应当自收到人民法院出庭通知书之日起三日内向人民法院提交《派员出庭通知书》。《派员出庭通知书》应当写明出庭人员的姓名、法律职务以及出庭履行的职责。

人民检察院应当指派检察官出席第一审法庭,检察官助理可以协助检察官出庭,并根据需要配备书记员担任记录及其他辅助工作。涉及专门性、技术性问题,可以指派或者聘请有专门知识的人协助检察官出庭。

第五十条 人民法院通知人民检察院派员参加证据交换、庭前会议的,由出席法庭的检察人员参加。人民检察院认为有必要的,可以商人民法院组织证据交换或者召开庭前会议。

第五十一条 出庭检察人员履行以下职责:

(一)宣读公益诉讼起诉书;

(二)对人民检察院调查收集的证据予以出示和说明,对相关证据进行质证;

(三)参加法庭调查、进行辩论,并发表出庭意见;

(四)依法从事其他诉讼活动。

第五十二条 出庭检察人员应当客观、全面地向法庭出示证据。根据庭审情况合理安排举证顺序,分组列举证据,可以使用多媒体等示证方式。质证应当围绕证据的真实性、合法性、关联性展开。

第五十三条 出庭检察人员向被告、证人、鉴定人、勘验人等发问应当遵循下列要求:

(一)围绕案件基本事实和争议焦点进行发问;

(二)与调查收集的证据相互支撑;

(三)不得使用带有人身攻击或者威胁性的语言和方式。

第五十四条 出庭检察人员可以申请人民法院通知证人、鉴定人、有专门知识的人出庭作证或者提出意见。

第五十五条 出庭检察人员在法庭审理期间,发现需要补充调查的,可以在法庭休庭后进行补充调查。

第五十六条 出庭检察人员参加法庭辩论,应结合法庭调查情况,围绕双方在事实、证据、法律适用等方面的争议焦点发表辩论意见。

第五十七条 出庭检察人员应当结合庭审情况，客观公正发表出庭意见。

第七节 上 诉

第五十八条 人民检察院应当在收到人民法院第一审公益诉讼判决书、裁定书后三日内报送上一级人民检察院备案。

人民检察院认为第一审公益诉讼判决、裁定确有错误的，应当提出上诉。

提出上诉的，由提起诉讼的人民检察院决定。上一级人民检察院应当同步审查进行指导。

第五十九条 人民检察院提出上诉的，应当制作公益诉讼上诉书。公益诉讼上诉书的主要内容包括：

（一）公益诉讼上诉人；

（二）被上诉人的基本情况；

（三）原审人民法院名称、案件编号和案由；

（四）上诉请求和事实理由。

第六十条 人民检察院应当在上诉期限内通过原审人民法院向上一级人民法院提交公益诉讼上诉书，并将副本连同相关证据材料报送上一级人民检察院。

第六十一条 上一级人民检察院认为上诉不当的，应当指令下级人民检察院撤回上诉。

上一级人民检察院在上诉期限内，发现下级人民检察院应当上诉而没有提出上诉的，应当指令下级人民检察院依法提出上诉。

第六十二条 被告不服第一审公益诉讼判决、裁定上诉的，人民检察院应当在收到上诉状副本后三日内报送上一级人民检察院，提起诉讼的人民检察院和上一级人民检察院应当全面审查案卷材料。

第六十三条 人民法院决定开庭审理的上诉案件，提起诉讼的人民检察院和上一级人民检察院应当共同派员出席第二审法庭。

人民检察院应当在出席第二审法庭之前向人民法院提交《派员出庭通知书》，载明人民检察院出庭检察人员的姓名、法律职务以及出庭履行的职责等。

第八节 诉讼监督

第六十四条 最高人民检察院发现各级人民法院、上级人民检察院发现下级人民法院已经发生法律效力的公益诉讼判决、裁定确有错误，损害国家利益或者社会公共利益的，应当依法提出抗诉。

第六十五条　人民法院决定开庭审理的公益诉讼再审案件，与人民法院对应的同级人民检察院应当派员出席法庭。

第六十六条　人民检察院发现人民法院公益诉讼审判程序违反法律规定，或者审判人员有《中华人民共和国法官法》第四十六条规定的违法行为，可能影响案件公正审判、执行的，或者人民法院在公益诉讼案件判决生效后不依法移送执行或者执行活动违反法律规定的，应当依法向同级人民法院提出检察建议。

第三章　行政公益诉讼

第一节　立案与调查

第六十七条　人民检察院经过对行政公益诉讼案件线索进行评估，认为同时存在以下情形的，应当立案：

（一）国家利益或者社会公共利益受到侵害；

（二）生态环境和资源保护、食品药品安全、国有财产保护、国有土地使用权出让、未成年人保护等领域对保护国家利益或者社会公共利益负有监督管理职责的行政机关可能违法行使职权或者不作为。

第六十八条　人民检察院对于符合本规则第六十七条规定的下列情形，应当立案：

（一）对于行政机关作出的行政决定，行政机关有强制执行权而怠于强制执行，或者没有强制执行权而怠于申请人民法院强制执行的；

（二）在人民法院强制执行过程中，行政机关违法处分执行标的的；

（三）根据地方裁执分离规定，人民法院将行政强制执行案件交由有强制执行权的行政机关执行，行政机关不依法履职的；

（四）其他行政强制执行中行政机关违法行使职权或者不作为的情形。

第六十九条　对于同一侵害国家利益或者社会公共利益的损害后果，数个负有不同监督管理职责的行政机关均可能存在不依法履行职责情形的，人民检察院可以对数个行政机关分别立案。

人民检察院在立案前发现同一行政机关对多个同一性质的违法行为可能存在不依法履行职责情形的，应当作为一个案件立案。在发出检察建议前发现其他同一性质的违法行为的，应当与已立案案件一并处理。

第七十条　人民检察院决定立案的，应当在七日内将《立案决定书》送达行政机关，并可以就其是否存在违法行使职权或者不作为、国家利益或者社会公共利益受到侵害的后果、整改方案等事项进行磋商。

磋商可以采取召开磋商座谈会、向行政机关发送事实确认书等方式进行，并形成会议记录或者纪要等书面材料。

第七十一条 人民检察院办理行政公益诉讼案件，围绕以下事项进行调查：

（一）国家利益或者社会公共利益受到侵害的事实；

（二）行政机关的监督管理职责；

（三）行政机关不依法履行职责的行为；

（四）行政机关不依法履行职责的行为与国家利益或者社会公共利益受到侵害的关联性；

（五）其他需要查明的事项。

第七十二条 人民检察院认定行政机关监督管理职责的依据为法律法规规章，可以参考行政机关的"三定"方案、权力清单和责任清单等。

第七十三条 调查结束，检察官应当制作《调查终结报告》，区分情况提出以下处理意见：

（一）终结案件；

（二）提出检察建议。

第七十四条 经调查，人民检察院认为存在下列情形之一的，应当作出终结案件决定：

（一）行政机关未违法行使职权或者不作为的；

（二）国家利益或者社会公共利益已经得到有效保护的；

（三）行政机关已经全面采取整改措施依法履行职责的；

（四）其他应当终结案件的情形。

终结案件的，应当报检察长决定，并制作《终结案件决定书》送达行政机关。

第二节 检察建议

第七十五条 经调查，人民检察院认为行政机关不依法履行职责，致使国家利益或者社会公共利益受到侵害的，应当报检察长决定向行政机关提出检察建议，并于《检察建议书》送达之日起五日内向上一级人民检察院备案。

《检察建议书》应当包括以下内容：

（一）行政机关的名称；

（二）案件来源；

（三）国家利益或者社会公共利益受到侵害的事实；

（四）认定行政机关不依法履行职责的事实和理由；

（五）提出检察建议的法律依据；

（六）建议的具体内容；

（七）行政机关整改期限；

（八）其他需要说明的事项。

《检察建议书》的建议内容应当与可能提起的行政公益诉讼请求相衔接。

第七十六条　人民检察院决定提出检察建议的，应当在三日内将《检察建议书》送达行政机关。

行政机关拒绝签收的，应当在送达回证上记录，把《检察建议书》留在其住所地，并可以采用拍照、录像等方式记录送达过程。

人民检察院可以采取宣告方式向行政机关送达《检察建议书》，必要时，可以邀请人大代表、政协委员、人民监督员等参加。

第七十七条　提出检察建议后，人民检察院应当对行政机关履行职责的情况和国家利益或者社会公共利益受到侵害的情况跟进调查，收集相关证据材料。

第七十八条　行政机关在法律、司法解释规定的整改期限内已依法作出行政决定或者制定整改方案，但因突发事件等客观原因不能全部整改到位，且没有怠于履行监督管理职责情形的，人民检察院可以中止审查。

中止审查的，应当经检察长批准，制作《中止审查决定书》，并报送上一级人民检察院备案。中止审查的原因消除后，应当恢复审查并制作《恢复审查决定书》。

第七十九条　经过跟进调查，检察官应当制作《审查终结报告》，区分情况提出以下处理意见：

（一）终结案件；

（二）提起行政公益诉讼；

（三）移送其他人民检察院处理。

第八十条　经审查，人民检察院发现有本规则第七十四条第一款规定情形之一的，应当终结案件。

第三节　提起诉讼

第八十一条　行政机关经检察建议督促仍然没有依法履行职责，国家利益或者社会公共利益处于受侵害状态的，人民检察院应当依法提起行政公益诉讼。

第八十二条 有下列情形之一的，人民检察院可以认定行政机关未依法履行职责：

（一）逾期不回复检察建议，也没有采取有效整改措施的；

（二）已经制定整改措施，但没有实质性执行的；

（三）虽按期回复，但未采取整改措施或者仅采取部分整改措施的；

（四）违法行为人已经被追究刑事责任或者案件已经移送刑事司法机关处理，但行政机关仍应当继续依法履行职责的；

（五）因客观障碍导致整改方案难以按期执行，但客观障碍消除后未及时恢复整改的；

（六）整改措施违反法律法规规定的；

（七）其他没有依法履行职责的情形。

第八十三条 人民检察院可以根据行政机关的不同违法情形，向人民法院提出确认行政行为违法或者无效、撤销或者部分撤销违法行政行为、依法履行法定职责、变更行政行为等诉讼请求。

依法履行法定职责的诉讼请求中不予载明行政相对人承担具体义务或者减损具体权益的事项。

第八十四条 在行政公益诉讼案件审理过程中，行政机关已经依法履行职责而全部实现诉讼请求的，人民检察院可以撤回起诉。确有必要的，人民检察院可以变更诉讼请求，请求判决确认行政行为违法。

人民检察院决定撤回起诉或者变更诉讼请求的，应当经检察长决定后制作《撤回起诉决定书》或者《变更诉讼请求决定书》，并在三日内提交人民法院。

第四章　民事公益诉讼

第一节　立案与调查

第八十五条 人民检察院经过对民事公益诉讼线索进行评估，认为同时存在以下情形的，应当立案：

（一）社会公共利益受到损害；

（二）可能存在破坏生态环境和资源保护，食品药品安全领域侵害众多消费者合法权益，侵犯未成年人合法权益，侵害英雄烈士等的姓名、肖像、名誉、荣誉等损害社会公共利益的违法行为。

第八十六条 人民检察院立案后，应当调查以下事项：

（一）违法行为人的基本情况；

（二）违法行为人实施的损害社会公共利益的行为；

（三）社会公共利益受到损害的类型、具体数额或者修复费用等；

（四）违法行为与损害后果之间的因果关系；

（五）违法行为人的主观过错情况；

（六）违法行为人是否存在免除或者减轻责任的相关事实；

（七）其他需要查明的事项。

对于污染环境、破坏生态等应当由违法行为人依法就其不承担责任或者减轻责任，及其行为与损害后果之间不存在因果关系承担举证责任的案件，可以重点调查（一）（二）（三）项以及违法行为与损害后果之间的关联性。

第八十七条 人民检察院办理涉及刑事犯罪的民事公益诉讼案件，在刑事案件的委托鉴定评估中，可以同步提出公益诉讼案件办理的鉴定评估需求。

第八十八条 刑事侦查中依法收集的证据材料，可以在基于同一违法事实提起的民事公益诉讼案件中作为证据使用。

第八十九条 调查结束，检察官应当制作《调查终结报告》，区分情况提出以下处理意见：

（一）终结案件；

（二）发布公告。

第九十条 经调查，人民检察院发现存在以下情形之一的，应当终结案件：

（一）不存在违法行为的；

（二）生态环境损害赔偿权利人与赔偿义务人经磋商达成赔偿协议，或者已经提起生态环境损害赔偿诉讼的；

（三）英雄烈士等的近亲属不同意人民检察院提起公益诉讼的；

（四）其他适格主体依法向人民法院提起诉讼的；

（五）社会公共利益已经得到有效保护的；

（六）其他应当终结案件的情形。

有前款（二）（三）（四）项情形之一，人民检察院支持起诉的除外。

终结案件的，应当报请检察长决定，并制作《终结案件决定书》。

第二节 公 告

第九十一条 经调查，人民检察院认为社会公共利益受到损害，存在违法行为的，应当依法发布公告。公告应当包括以下内容：

（一）社会公共利益受到损害的事实；

（二）告知适格主体可以向人民法院提起诉讼，符合启动生态环境损害赔偿程序条件的案件，告知赔偿权利人启动生态环境损害赔偿程序；

（三）公告期限；

（四）联系人、联系电话；

（五）公告单位、日期。

公告应当在具有全国影响的媒体发布，公告期间为三十日。

第九十二条 人民检察院办理侵害英雄烈士等的姓名、肖像、名誉、荣誉的民事公益诉讼案件，可以直接征询英雄烈士等的近亲属的意见。被侵害的英雄烈士等人数众多、难以确定近亲属，或者直接征询近亲属意见确有困难的，也可以通过公告的方式征询英雄烈士等的近亲属的意见。

第九十三条 发布公告后，人民检察院应当对赔偿权利人启动生态环境损害赔偿程序情况、适格主体起诉情况、英雄烈士等的近亲属提起民事诉讼情况，以及社会公共利益受到损害的情况跟进调查，收集相关证据材料。

第九十四条 经过跟进调查，检察官应当制作《审查终结报告》，区分情况提出以下处理意见：

（一）终结案件；

（二）提起民事公益诉讼；

（三）移送其他人民检察院处理。

第九十五条 经审查，人民检察院发现有本规则第九十条规定情形之一的，应当终结案件。

第三节 提起诉讼

第九十六条 有下列情形之一，社会公共利益仍然处于受损害状态的，人民检察院应当提起民事公益诉讼：

（一）生态环境损害赔偿权利人未启动生态环境损害赔偿程序，或者经过磋商未达成一致，赔偿权利人又不提起诉讼的；

（二）没有适格主体，或者公告期满后适格主体不提起诉讼的；

（三）英雄烈士等没有近亲属，或者近亲属不提起诉讼的。

第九十七条 人民检察院在刑事案件提起公诉时，对破坏生态环境和资源保护，食品药品安全领域侵害众多消费者合法权益，侵犯未成年人合法权益，侵害英雄烈士等的姓名、肖像、名誉、荣誉等损害社会公共利益的违法行为，可以向人民法院提起刑事附带民事公益诉讼。

第九十八条 人民检察院可以向人民法院提出要求被告停止侵害、排除妨碍、消除危险、恢复原状、赔偿损失等诉讼请求。

针对不同领域案件，还可以提出以下诉讼请求：

（一）破坏生态环境和资源保护领域案件，可以提出要求被告以补植复绿、增殖放流、土地复垦等方式修复生态环境的诉讼请求，或者支付生态环境修复费用，赔偿生态环境受到损害至修复完成期间服务功能丧失造成的损失、生态环境功能永久性损害造成的损失等诉讼请求，被告违反法律规定故意污染环境、破坏生态造成严重后果的，可以提出惩罚性赔偿等诉讼请求；

（二）食品药品安全领域案件，可以提出要求被告召回并依法处置相关食品药品以及承担相关费用和惩罚性赔偿等诉讼请求；

（三）英雄烈士等的姓名、肖像、名誉、荣誉保护案件，可以提出要求被告消除影响、恢复名誉、赔礼道歉等诉讼请求。

人民检察院为诉讼支出的鉴定评估、专家咨询等费用，可以在起诉时一并提出由被告承担的诉讼请求。

第九十九条 民事公益诉讼案件可以依法在人民法院主持下进行调解。调解协议不得减免诉讼请求载明的民事责任，不得损害社会公共利益。

诉讼请求全部实现的，人民检察院可以撤回起诉。人民检察院决定撤回起诉的，应当经检察长决定后制作《撤回起诉决定书》，并在三日内提交人民法院。

第四节 支持起诉

第一百条 下列案件，人民检察院可以支持起诉：

（一）生态环境损害赔偿权利人提起的生态环境损害赔偿诉讼案件；

（二）适格主体提起的民事公益诉讼案件；

（三）英雄烈士等的近亲属提起的维护英雄烈士等的姓名、肖像、名誉、荣誉的民事诉讼案件；

（四）军人和因公牺牲军人、病故军人遗属提起的侵害军人荣誉、名誉和其他相关合法权益的民事诉讼案件；

（五）其他依法可以支持起诉的公益诉讼案件。

第一百零一条 人民检察院可以采取提供法律咨询、向人民法院提交支持起诉意见书、协助调查取证、出席法庭等方式支持起诉。

第一百零二条 人民检察院在向人民法院提交支持起诉意见书后，发现有以下不适合支持起诉情形的，可以撤回支持起诉：

（一）原告无正当理由变更、撤回部分诉讼请求，致使社会公共利益不能得到有效保护的；

（二）原告撤回起诉或者与被告达成和解协议，致使社会公共利益不能得到有效保护的；

（三）原告请求被告承担的律师费以及为诉讼支出的其他费用过高，对社会公共利益保护产生明显不利影响的；

（四）其他不适合支持起诉的情形。

人民检察院撤回支持起诉的，应当制作《撤回支持起诉决定书》，在三日内提交人民法院，并发送原告。

第一百零三条 人民检察院撤回支持起诉后，认为适格主体提出的诉讼请求不足以保护社会公共利益，符合立案条件的，可以另行立案。

第五章 其他规定

第一百零四条 办理公益诉讼案件的人民检察院对涉及法律适用、办案程序、司法政策等问题，可以依照有关规定向上级人民检察院请示。

第一百零五条 本规则所涉及的法律文书格式，由最高人民检察院统一制定。

第一百零六条 各级人民检察院办理公益诉讼案件，应当依照有关规定及时归档。

第一百零七条 人民检察院提起公益诉讼，不需要交纳诉讼费用。

第六章 附 则

第一百零八条 军事检察院等专门人民检察院办理公益诉讼案件，适用本规则和其他有关规定。

第一百零九条 本规则所称检察官，包括检察长、副检察长、检察委员会委员、检察员。

本规则所称检察人员，包括检察官和检察辅助人员。

第一百一十条 《中华人民共和国军人地位和权益保障法》《中华人民共和国安全生产法（2021修正）》等法律施行后，人民检察院办理公益诉讼案件的范围相应调整。

第一百一十一条 本规则未规定的其他事项，适用民事诉讼法、行政诉讼法及相关司法解释的规定。

第一百一十二条 本规则自2021年7月1日起施行。

最高人民检察院以前发布的司法解释和规范性文件与本规则不一致的，以本规则为准。